U0154466

公共政策——
本土議題與概念分析
Public Policy: Local Issues and Conceptual Analysis

林水波 著

自序

開創本土化根本性的公共政策研究

　　公共政策的研究歷經一甲子以上的時間，吸引全世界不少的學子對之耕耘，生產、擴散及應用學科產出的知識，提供解決公共問題的啓蒙，抑或實際可資落實的處方。不過，這項至為創價性的學科，受到網路興起的衝擊，新興議題的牽引，在美國社會業已出現研究的赤字，萎縮理論建構的文本，轉移電子治理的研究議題。正當這個議題移轉的歷史時刻，一群歐陸學者承襲過往規範性研究的傳統，創造出豐富的研究文本，呈現歐陸學術文化的風格，補實美加地區研究的稀疏。

　　這項公共政策的學術移轉，抑或研究的緩慢停滯，台灣處在全球化，尤其是美國化的境遇裡，要能從中的發展趨勢脫逃，實在不可能。筆者身為台灣公共政策研究的一份子，隨時醒覺這項研究中斷的可怕性，乃從不間斷、一直接續地發揮「藍海」的研究工程，產出合適本土學子感興趣的文本，進而希望他或她射準台灣社會最根本的議題，從事多元角度的探究，用以建構公共政策研究的主體性，在某些程度上擺脫學術依賴，且發展另一條研究的路徑，誘引他國的研究趨同。

　　「公共政策：本土議題與概念分析」的出台，乃對準前述的研究演化，試圖開創研究的新視野，鎖定本土議題作為各章敘述的案例，同時應用對稱的概念進行解析的工程，其最終的想望在於：開創本土化的政策知識，解析台灣最根本的議題，激刺政府職司從中探勘發掘對應台灣政經社

文科技環境及法律系絡的解決方案，俾益於全球競爭力的提升。

　　本書是由十一篇文章組構而成，學子或可根據自己的關注焦點著手，亦可對全書加以精讀，相信從閱讀中，得能發現明顯而立即的啓發，一則有益於研究的突破，二則有助於實務問題的處置。而這本書的構築乃在六大驅力的威逼下而成：

　　一、發掘本土議題：台灣如要建立公共政策研究的主體性，迅速驅離學術依賴，就要以本土議題作為研究的主軸，生產特殊在地化的知識，成為知識移植與擴散的標的。

　　二、創造分析概念：概念本是驅動有價值研究的羅盤，由其解釋相關的社會現象，比較類似概念所指涉面向的異同，回溯探究概念本身推導的成因，進而與其他概念建構研究命題，再由命題代表的概念轉換成可供經驗研究的假設，最後再以不同概念築造研究架構，引領論述的重點。

　　三、建構根本知識：台灣的政經不斷在轉型，且所面對、遭遇及碰觸的議題，均有其特殊性、差異性及異質性，必須對之從事根本性的化解，再提供其他區域臨近文化雷同政治體系的經驗汲取。

　　四、尋找政策機會：政策成敗的關鍵在於把握住政策窗的開啓，從互動交流過程中化解破壞性衝突，而創造適時、適刻與適地的政策推出，對準問題的解決。

　　五、歸零政策衝突：政策成效最重視時宜性，因強烈對立衝突造成時宜的不當，抑或時間的延宕，有可能促使政策失去鑲嵌的系絡，導致生態理性的缺乏，而致成效流失出現的路徑。

　　六、審慎抉擇政策：政策抉擇的優質端賴三種判斷的均衡，即事實、價值，與後果判斷的力求權重一致。蓋稍一傾斜，就無法做對的事，失去成效勝出的先決條件。

　　本書在前面六大催逼因素的壓力下，得能順時順勢完成，要感謝學術

社群的創價性互動，石振國與邱靖鈜的策略性協力，先父先母在世時的勖勉性激勵，以及內子的辛勤照顧，謹在書成之日表示誠摯的謝意。

　　本書雖由作者盡心盡力的完成，惟個人因視框距離全局性的境界猶有一段幅度，片面性、獨斷性及疏漏性也在所難免，尚祈學術方家不吝指正，以祈不斷的優質化、演進化及創價化。

林水波

謹識於俊邦書屋

2011年6月

目錄

第一章　政策代溝 001

　第一節　政策代溝的屬性 002

　第二節　政策代溝的成因 009

　第三節　政策代溝的防止 015

　結論 021

　參考書目 024

第二章　政策內爆 027

　第一節　屬性 028

　第二節　後果 034

　第三節　策略 040

　結論 045

　參考書目 048

第三章　政策參商 051

　第一節　衝突成因 052

　第二節　衝突衝擊 059

　第三節　衝突緩和 065

　結論 070

參考書目 073

第四章　政策疑惑 075

第一節　原因指涉 076

第二節　引發影響 084

第三節　解惑之道 090

結論 095

參考書目 098

第五章　視框反省與政策機會窗 101

第一節　政策赤字 103

第二節　反省內涵 109

第三節　反省策略 114

第四節　機會開啟 124

結論 128

參考書目 131

第六章　選舉密度與政策機會 133

第一節　現象特性 134

第二節　現象後果 139

第三節　後果超越 144

結論 149

參考書目 152

第七章　政策篩選 **155**

第一節　必要性的分析 156

第二節　合理性的檢定 162

第三節　說服力的考驗 170

結論 175

參考書目 177

第八章　政策領導 **179**

第一節　六要 180

第二節　六不 187

第三節　角色 194

結論 199

參考書目 202

第九章　政策希望 **205**

第一節　希望所在 206

第二節　角色扮演 212

第三節　希望障礙 218

結論 223

參考書目 225

第十章　政策轉軌 **227**

第一節　促成動力 228

第二節　轉軌效用 234

第三節 積極作為 239

結論 245

參考書目 248

第十一章 任務編組：議題處理的組織性工具 251

第一節 成立因素 253

第二節 基本屬性 259

第三節 角色扮演 264

第四節 潛在風險 270

結論 275

參考書目 278

第一章　政策代溝

　　謝曦在「仇富？代溝？」一文中，他特別強調：「在三十年，同樣的強行徵地蓋高樓，同樣的破壞環境蓋別墅，大多數香港市民馬上聯想到的，可能是『發展』和『繁榮』。但今天，高樓林立，不少屏風樓嚴重影響城市的空氣流通，破壞市民的健康，並將美好的大自然阻擋在市民起居飲食之外。時代不一樣，人民追求美好生活的標準，已經不再是三餐溫飽，而是一個有素質的生活環境，一個公平的工作條件，還有一些能夠保障老年生活的政策（2011）」。

　　不過，當香港各類利害關係人面對這些異於往昔的要求，「特區政府的保守官員，身家百億的富商，甚至是部分香港人，其類皆認為這是一種人們不知足的搞事行為」（Ibid.）。但這種認知的差異，其實意在明確展示：政治系統的成員對生活價值、社會價值的判斷或評估，出現了代溝症候群，如系統在政策形成之際，政策衝擊到的各類利害關係人，與政策的職司者，無法提升前者對後者的問責階梯，以合夥或協力的方式，建構或發現共同得以接受與認同的方案，支持方案的假定，試圖成就的目標，與對問題情境的界定，而全由政策職司者的政策視框單獨壟斷最終的政策內容，就會出現政策代溝的現象（Rixon, 2010）。

　　政策制定的宗旨往往是為了解決荊棘難理的政策問題，過程中難免會遇到大小不一的衝突情勢，如對之忽視，未能妥善處理各利害關係人認知、情感及評價取向的差異，無形中就潛存嚴重的政策代溝問題，製造職司者所必須面對的另類問題，排擠可資運用的各類資源（Forester, 2009; Ney, 2009）。因之，這個政策研究所出現的白地空間（white space），就

需要趕緊加以開拓耕耘，以填補這個研究缺口，提供相關職司者關注。

政策代溝究何所指，本是首先要突破的標的。這項突破一則供給實務人員以之檢視：現行政策是否在形成階段，無法規避代溝的宰制，而出現一些不易執行抑或不利影響，損害政策原本構想的追求目標；二則提示研究者一些線索或面向，藉以找出存有代溝基因的政策，警醒對之加以迫切的關注，形構出政策變遷的標的，以事先做好政策損害控管的部署。

再者，政策代溝本非憑空而至，向皆有出現的背景，推波助瀾的原因，至須加以審慎的釐清，以爲政策抉擇的關鍵時刻得能加以掌控，不致浸染決策的氛圍，影響政策工具的組構與安排，成爲政策弊端的大小前提。蓋原因的掌控，本是克服代溝問題尋找處方的有利基礎，從原因中分解或釋放出對策的線索。

三者，既然政策代溝給政治系統帶來的代價不輕，非在資源困窘時代所能輕易的承擔，是以在系統職司者知悉其嚴重性之時，糾集專業知識與融合在地經驗，想方設法加以防止或解決，藉以減少政策利害關係人之間的衝突與矛盾，認定政策得以共同支持的基礎，徹底舒解爲者和社會上已經握有豐厚資源而爲了保守一己的價值觀和權勢者之間的政策衝突，並促使各方政策利害關係人之間，順時順勢發現共同想望的政策方向。

第一節　政策代溝的屬性

在數位化經濟運營的時代，每個政治系統的成員，有的猶然是數位化時代的「原住民」，有的是每日面對資訊爆炸的網路族，所以主事者與其抵制代溝這種無法抗拒的自然演化力量，不如嚴肅加以對待，而以富建設性的視框凝視多元世代間、不同政策利害關係人，其對擬定中的政策，

所提出的互異主張，姑不論是政策工具的組合，抑或是政策意圖追求的價值，再進行有效的差異管理，導致系統產出的政策，成爲道地與目標相互連結的政策。不過，在目標與政策出現失聯的情勢，政策本身脫臼於政經社文與科技系絡，抑或利害關係人對問題情境所持的界定範圍與嚴重性的不同思維及認知，乃本文所謂的政策代溝現象。這種現象究竟存在哪些屬性，乃列序爲最優先要處理的議題。

一、脫離時空

政策效應的產出，其關鍵的前提之一在於：政策本身呼應其所運行的政治、經濟、社會、科技、環境與法律的系絡，與其具有相當程度的鑲嵌性，才能配合其他要件，裝備效應產出的驅動力（Bovaird & Löffler, 2009）。不過，這些驅使政策效應產出的系絡，總是在變遷更調之中，如受其制約的政策，未能由負責政策轄區的人員，以靈敏的偵測機制，適時偵測出上該六項系絡的變化，再射準之且重新安排次要的政策改革，就出現政策與系絡脫臼的現象，而無法生產原本期欲的目標。

尤有甚者，由於政策轄區所治理的公共事務至爲分歧複雜，非但不易即時警覺到重大系絡的變遷，致使支撐政策的原本假定，開始失去其效度，亦顯現出蘊含假定的脆弱性，逐步面臨風險的情勢；而且主事者每以政策的開拓作爲優先的課題，而置已定政策的評估、反省與學習於次要的任務，再加上政策合法化的過程，並非行政部門得以完全控制的情形，每需外控於國會的行動配合，是以政策改革的延宕業已常態化，連帶加長政策與系絡失去連結的時間，惡化政策效應難以產出的窘境。

何況，一個政策同時有不同的政策轄區共同管轄，希冀共管的轄區同步注視到政策與系絡的脫離，並採取一致的行動以資修補，在管轄機關

迫切意識感嚴重殊異的情況下，協力合夥意願不高的狀況下，本就殊爲困難，導致原本政策無法隨著系絡的變遷而從事對應性的改革，出現政策代溝就極具自然。

二、價值衝突

任何公共政策的制定均有其致力要追求的價值，因爲價值本是政策推動者的強烈動機，並以之作爲他們的導航工具，藉之尋找可以接受的政策工具，否定不被認同的政策方案，且以可接受的政策工具誘引執行機關輸送政策所提供的各類公共服務（Shah, 2005; Stewart, 2009）。何況，價值也是決策者政策抉擇的基礎，以之衡量各個被提出的政策方案是否可以考慮，而值得作爲執行落實的客體。

不過，公共政策的追求價值，由於所涉利害關係人所受政治社會化過程的不同，每每形成殊異的價值偏好，不易在互動的過程中，形構出共同的理解，建立起價值的共識，而陷入政策衝突之中。亦即各類政策利害關係人，在政策形成的階段，不僅在程序價值有了不同的看法，而且在實質價值上亦有互異的想望，造成多元不同的政策代溝，乃是極爲常見的事情。

再者，公共政策所追求的價值，有的利害關係人重視成本效益分配的公平；有的強調效率：以最低的成本成就最高的效益；有的重視安全或風險的歸零，不致造成不可承受的政治風險；有的強調平等、人權及自由的保障，不致受到公權力的入侵（Stone, 2002）。一旦，各類利害關係人無法透過機制形成某種程度的妥協，政策代溝乃是無法逃避的窘境。換言之，在人類價值偏好不一，政治顧慮不同，判斷依據有異的情況下，政策共識若在各個主體高度堅持下，並不容易透由溝通互動來形塑，反而有賴

政治智慧的運用而作出可接受的妥協，才不致於常處在政策衝突之中，造成急待處置問題情境的政策眞空。

三、認知差異

當代的公共治理業已走向以問題處理作爲透視的焦點，並以治理的過程上，要求標的團體的政治參與，與政策職司機關密切合作，試圖將政治系統所遭遇的問題得到舒緩，避免民怨的滋生，權力的流失，與選舉空間的窄縮（Hoppe, 2010）。不過，公共治理的啓動點在於：多元政策利害關係人對問題的理解、界定；分析問題情境所牽涉的標的團體及其普及的範圍；認定對之處理時間的迫切度；設計可資移植、可以創造或可自原本方案分枝出來的方案；釐清各項方案所要承擔的成本，與所能創造的效益；以及各方案在政治、經濟及行政方面的可行性。

上述這些重大處理面向的分析，利害關係人之間，每由自己習慣的視框來透視，每每滋生不同的情境認知，也可能引發重大的公共爭議，各自編擬互異的問題演化劇本，形成嚴重的政策代溝。這種情勢的湧至，設若政治系統未能設有機制加以調解、整合，政策共識不易建立，以致政策延遲欠缺圍堵的防火牆（Forester, 2009）。

尤有甚者，不同政策利害關係人，有的藉由問題界定的機會，進行核心問題與其他問題的連結，藉以擴大問題的影響範圍，引發更多人的關切注意；不過，也有政策利害關係人，不希望系爭問題的擴大，引起更大的政策衝突，遂設法將問題的範圍盡量縮小，甚至將問題孤立起來，表示並無任何問題與之連結，試圖將問題簡單化，循序找到問題的處理安排。然而，一旦問題擴大及圍堵的兩造之間，並沒有政策中人或政策銀舌進行溝通協調的工程，兩造之間的政策代溝，就不易找到可資磨合的橋樑

（Pralle, 2006）。

四、料想差異

政策利害關係人不僅對問題處理的治理投入注意，亦對擬定推出的政策，其對社會狀況所能創造的將來，事先推出各種料想、推測或預期。有的人料想到可能的將來，即政策在制定與執行之後，其可能創造而出的社會，究竟社會上的財富分配更加平均，抑或加劇貧富之間的差距；不過，這項可能的將來並不一定等同於實際出現的將來（Dunn, 2008）。有的人料想合理的將來，即根據自然與社會所形塑的因果關係，從中推出各項假定，並以上該假定爲基礎制定政策，則將出現受到假定所制約的將來，但前提條件在於：決策者不在政策執行過程中，試圖介入並扭轉原本的政策走向（Ibid.）；有的料想應然的將來，即可能和合理的將來，與政策分析者對將來所構想的需要、價值和機會，二者相互一致的將來；這種應然構想的將來，就限縮了可能與合理將來的範圍，以致將事先的政策料想指向特定的目標（Ibid.）。

而當政策利害關係人所料想的將來，出現幅度蠻大的落差，就顯示他們之間擁有不小的政策代溝存在，不時出現政策衝突的情景。畢竟，政策的未來永未能事先測準，除非其已實際發生。是以，每個人乃以各自學習旅程所沈澱的資訊庫與認同的政治理念，編織或建構自己所想像中的未來，那能輕易導出共同交集的將來。例如，ECFA醞釀簽訂期間，國民兩黨所料想的將來及遠景，眞是南轅北轍，只是在少數黨無法施展專制的狀況下，多數黨藉機將該協議予以合法化，就待國民認定推測那種將來可以伺機勝出。

尤有甚者，政策推出並執行後所能產生對政治系統及其成員的衝擊，

在每位政策利害關係人的透視上，類皆有別，經常出現衝突的景象，非但在經濟的衝擊、人民就業的機會、與產業的發展，就算在政治的影響上，均沒有圍堵代溝出現的空間。蓋有的政治團體根本將ECFA僅限縮在經濟問題的處理，而排除政治問題的連結；但有的政治團體深信政經問題根本無法切割，彼此相互影響，兩者均是相互衝擊的手段與目的，於是政策代溝極為顯著，只能透由非典型的合法化過程取得政策的正當性，等待將來帶動更多的協議效益，再鞏固政策的地位（吳榮義，2010）。

五、論證殊異

政策形成過程中，各個政策主張的倡導團體，為了行銷團體的政策主張，每每建構多元不同的政策論證，試圖說服不同的倡導團體，形塑共同政策陣線，以利政策取得合法化的地位。不過，在對立團體各自堅持己見的情況下，所推出的論證非但既無交集，又相互找到可資相互駁斥的佐證，於是政策代溝就會出現，斯時政策的地位不是處在未決之中，就是由擁有強大政治權力的團體，運用自己的多數力量克服合法化場域的議程阻絕（Pfeffer, 2010）。

而在政策論證的對立時，為使對立團體避免零和競賽，尋找彼此可以接納的政策中人，從中進行異點調和的工程，適時建構出共同得以接受的描述性、評估性及倡導性的政策主張，則政策代溝就得到銜接。然而，在政治團體極端對立，彼此惡性競爭的社會，要尋找各方信任的政策中人，發揮高效信任力，改變政策代溝所形成的政策僵局，姑不論是政策使用知識的僵局，抑或政策結構安排所出現的不能融通（Covey, 2006; Weiss & Molinaro, 2005）。

何以，每個政治團體對政策論證所依據的理據，無論是出自資料、

資訊或知識，可能存有選擇性的偏好，於是有的政治團體構想支持政策主張的優勢願景，有的政治團體指出立論依據的偏誤，而提出政策的潛在風險，作為示警的作用，以喚起政策的再思。不過，由於雙方權力的懸殊，這種示警的聲音或訊息，可能會出現注意赤字的現象，無法得到影響政策主張的權力。換言之，政策代溝得不到權力優勢政治團體的注意，甚至因其背反政治系統的政策議程而加以忽視，成為另一政策世代爭議的焦點（De Vries, 2010）。

六、侷限思考

比如森林有些樹開始枯萎，設若管理者只聚焦於樹的某些特定細節而忽視整座森林的生態情況，得能周詳地擬定出拯救樹木的良策嗎？答案似乎是否定。蓋主事者僅進行局部的觀察，設定透視的視框，難以得出全局性的結論，進而部署全面性的拯救計畫，以不同計畫之間的協力，才能得到樹木的復甦。由是觀之，主事者不能只見樹而不見林，更要洞穿整個森林及其生存的環境，才能理解持續維持花開林盛的情景及處方。尤有甚者，他們更要知悉森林每部分之間的互動，才是樹木生長或枯萎的根本原因所在。

同理，不同的政治團體如若只對問題情境進行局部的思考，切割問題之間的同步影響性、忽視不同問題之間往往具有一定程度的關聯性，而自然形成問題系統，問題的治理者本就必須養塑系統思維，整全性的分析問題系統內，各問題之間的相互影響性，再由問題系統的視框思索對應之策，同時加以執行落實。因之，政策代溝的出現，政策交集的等於零，衝突對立的滋生，乃是各自獨立的問題思維所致。

歸結言之，政治團體每每根據不同的世界觀，從事事實判斷、價值判

斷與後果判斷，經由三項判斷建構論證，透過分析瞭解問題情境。這樣一來，每個團體針對同一個政策問題，作出極為歧異的建構與詮釋，提出優先列序不同的政策方案，設定殊異的價值追求，而形成嚴重的政策代溝。

再者，政治團體在面對社會情況之際，每以自己偏好的視框，觀察複雜的社會情勢，一則加以解釋該情勢的內涵，組構相關的形成因素，選擇關注的面向，釐清情勢所概括的意義，用以提供瞭解、分析及行動的標竿（Rein & Schon, 1994）。不過，每個視框對於問題情境的透視，可能無法透視出問題情境的全貌，甚至對之做出不夠整全的界定，無法得到共鳴的驚奇，而致政策代溝在黨際對立的社會逐步常態化，造成在攸關政治系統生存問題的處置上，無法經由視框的交流，而補偏救弊，形塑政策設計的合超效應，不致任令政策盲點始終依附在以單一視框作成的政策上。

第二節　政策代溝的成因

政策代溝的出現，乃是政治團體受限於自身的能力，一則只見樹而不見林，無法吸納不同見解、整合殊異看法，二則政治團體的領導者不善於四不作風，即不自見、不自是、不自矜與不自我，以致於忽視他人不同的政策見解，堅持自己見解的優勢，而最終導致不同政策視框之間，無法進行互動管理，促進開誠布公的商議氣氛，達致見解相互碰撞而開發出創意的觀念，贏得更豐厚的政策支持。至於，這個現象的驅動力，或可由六個向度觀察之。

一、信任闕如

　　政治權力競爭激烈的社會，缺乏權力相互分享的文化，政治團體向來在選戰的過程中，各自傾全力相互較勁，再加上各自形成的歷史背景互異，自行建構出一套自認合理的政治意識形態，並由它主導政策形成的思維，以致不易養塑互信的質素。如遇到重大政策的發展之際，乃各依自己的視框從事問題觀、方案觀、目標觀及環境觀的建構，代溝或衝突自然潛藏其中。

　　信任本擁有驅動力，足以促成任何變遷，包括政策變遷在內，因為信任所提供化解衝突的速度及動力，政治系統內似乎並沒有其他的力量得與之匹敵（Covey, 2006）。蓋信任足以協助同理性的傾聽，聽出不同理心政策見解的緊要性；信任亦可消除對政策見解的誤解，而深信不同視框的提出，旨在進行政策風險的事先管理；信任亦能洞穿不同政策認知或對時機的質疑，並非為反對而反對，而是刺激更強化的政策學習，爭取永續競爭優勢的部署。然而，政治團體之間設若流失了信任這項協助政策形成的潤滑劑，則其正面的效益就找不到出口的路徑，政策代溝就有了滋生的溫床。換言之，信任的缺乏，在政治上的代價是相當昂貴的。

二、職能領導

　　政治系統的職能分別由不同的政策轄區推動，且於長期推動的過程中，逐步形塑一套特殊職能的治理模式，而在重複運作的狀況下，乃鞏固了職能領導的風格（Weiss & Molinaro, 2005）。這項領導風格在承平的時代，問題連結度不高的時候，內外在環境殊為穩定的狀況下，職司者猶能游刃有餘，適時適刻地完成份內的職能。

　　然而，在全球化的今天，公共事務日趨複雜、動態與不確定，且時常跨越不同職能的範圍；何況，今日各項職能的領導人，無法避免各項變化性的挑戰，如若猶以本身專業的視框來對待已經問題混雜的公共事務，難免形成各職能之間不能通融的尷尬，政策見解的差異或代溝就自然出現，甚至出現濃厚的組織本位主義的作風。

　　這項長期運行的職能領導及其思維，在相當程度上阻礙組織領導人對問題情境的透視，不能由全局性的觀察，理出問題系統的各項關係要素，再結構相互協力的配套解決方案。因為，職能領導對問題的處置方式，著重於類似因素分解式的問題切割，再一一進行微觀調控。這樣一來領導者就無法站在問題情境之上，綜觀組織的全局，而採行宏觀調控的系統性作為。因之，職能領導受制於關注層面的單一化，採取由上而下的決策模式，可能會帶來負功能的領導。

　　在公共政策的制定上，由於政策之提出，本是針對特殊標的團體的需求而來，若政策的形成單獨出自政策轄區的視框，並無注入標的團體的問責過程，恐無機會完全掌握他們的想望，所建構的方案亦不易引起對其政策共鳴。尤有甚者，由於政策的作成出自單方面的思維，又每易忽略在地化的經驗知識，背反長期以來標的團體與系統互動的習慣模式，導致不小的執行缺口。

三、疏忽引起

　　注意力是一項稀少的資源，在問題時起又面向多元的情況下，政策轄區受限於管轄領域的廣泛，時間的有限，並無法適時注意到各種問題的演化，推出針對性的政策調整。因之，政策才有世代之分，當事態日趨顯著化時，政策不滿之聲大聲化，要求改革之聲明朗化，主事者就要針對原本

的政策疏忽，時代環境的演化，填補原本的政策代溝或落差。

政策作成有時是解決問題的開始，因應標的對象需求的肇端。不過，政策作成也可能附隨新問題的誕生，因為在推動之際，決策者向來聚焦於政策所能創造的優勢及機會，甚少注意及政策可能隨勢，或與其他政策互動之後而衍生的劣勢與威脅。是以，政治系統強化民主的投資，在協力治理的時代，引進民主公民的政策參與，或可降低決策者的注意赤字，減少政策的疏忽（Sirianni, 2009）。

公民社會其實埋藏著不少的政策知識，這些知識擁有的公民，其之所能在政策設計上，補足專業政策轄區的認知，每仰賴於擬策者的充權、啓蒙及提供參與平台，使其扮演政策發生的角色，揭穿政策盲點，供給不同的方案，投入共同生產的行列，分享其所有的資源與確保相互之間的問責。

四、偵測虛擬

政治系統之能提出對應內外在環境演化的對策，抑或有效而立即克服變化性政經社文與科技之挑戰，就在政策能力的發揮，於發現現行政策出現代溝或缺口之際，就採必要而可靠有效的診治之策。不過，這項原本民主公民期待的想望，由於政治系統受限於環境偵測能力的不足，抑或職司偵測機關的惰性，無法適時偵測出環境的潛在變化，或以敷衍的方式對待偵測的作為，以致無法促使正確的政策變遷。

本來國會的職權亦有監測政策的執行之權，但因這項職責在其視框認定上向來的優先順序不高，蓋其向以制定前瞻性的政策為首要的課題，以致造成對偵測工作的疏忽或不作為，無法預警政策的脫軌，督促職司機關的導正。於是，國會本身在監測注意力的幅度調整，增加對政策轄區的問

責，或可減少政策落伍的可能性。

　　跨國性政策的制定，每有程度不一的風險潛存，或逐步出現現在未明而將來會將蘊含於政策內的後遺症，決策時若能在更加透明的境況下完成，則因政策之透明，而提供追究責任的依據，可由其他關注的利害關係人敏感到政策的潛在危機，提醒相關政策職司的視框反省，隨勢調整政策的取向。比如，ECFA的運轉至為攸關臺灣未來的政治命運與發展機會，職司者並不是在其取得合法化之後，政策任務即已完成，還要關注執行遊戲所發生的各種狀況，採取立即的因應措施，其並無權力任令執行的遊戲改變原本的政策宗旨，流失重要的政經資源。

五、黨際疏離

　　政黨之間本是要不斷互動，俾以形塑策略夥伴關係，以同理性的理解，制定政策系統回應內外在環境演化的政策，以紓解系統所無法逃避的問題。換言之，經由選民定位的執政黨與在野黨，必須共同面對系統隨境所滋生的問題，建構治理網絡，並以協力治理的方式創造協力優勢，消除各黨在政策透視時，可能存在的盲點，抑或注意不及的面向，以相對上較為優質的路徑產出公共治理所必須的策略（Koliba, Meek & Zia, 2010）。

　　然而，政黨之間如若缺乏信任的基礎，時常在國會這個政治場域發生類似戰爭的情況，各自往不同方向的極化發展，而政治系統又欠缺鋪排政黨互動的平台，不易透由協商對話的過程創造雙贏的政策共識，乃造成單一政黨的政策思考主宰整個政策議程的進展（Sinclair, 2006）。換言之，政黨之間的無法相互遊說，導致共信的政策變遷不易，政策在政黨之間的代溝就找到出現的通路。

　　政黨就是政府與人民之間的橋樑，如若政黨受制於政治理念的影響，

則問責式或回應型政府就不易實現。而這樣運作的政治系統，就會出現民主赤字或倒退的現象。尤有甚者，在政黨因黨際疏離的結果，再加上直接民主的有名無實，民主赤字恐有更加惡化的可能性。因此，政黨既然是人民的代理人，而不同被代理人之間又未發生嚴重的衝突，代理人之間根本沒有交戰的溫床，反須順著政治系統進化的需要，拋棄零和競賽的思維，扮演相互遊說的艱難任務，推動對應環境的政策變遷。

六、多數宰制

國會選舉的結果，選民付託某個政黨絕對多數的席次，但憑自己黨內的意識力量就足於締結政策制定的多數聯盟，這種政治際會每每較無耐性聽進他黨不同的政策聲音。如此一來，政策的形成恐會出現兩種極端的情勢：單眼思考及單向溝通。前者泛指負責執政的政黨，單憑自己的政策視框，劃定問題的疆界，設定政策適格的標的團體，設計多元政策工具的配套，擬定致力追求的目標。在這樣的境況下，恐不易掌握政策的全局樣貌，甚至偏重問題情境的單一面向。

而在政治動能充沛、動員力量足夠的當下，決策之前所需要的黨際溝通，並非相互貢獻、並肩領導的溝通，而是單向的決策告知，不求不同政策聲音的回應，不吸納他人的政策見解，只賴單一政黨的決策設計。是以，這樣的溝通只在講究象徵性或儀式性的作為，對於降低團體盲思的作用不大，因為黨內不同的聲音受到壓制，黨外的見解無法穿透防火牆，而深信或幻想自己政策見解的健全性，並沒有任何的脆弱性。於是，一黨的政策見解主宰決策的全局，政策脫臼內外在環境的存在，乃輕易找到出口。

在單眼思考及單向溝通的情況，主事者對可資選擇方案的搜尋並不

完全，對偏好的政策選擇之風險並未檢視，在資訊處理上恐有選擇性的偏好，甚至並未思及權變性的方案以對應政策失靈的出現（Janis, 1982）。如此一來，政策的大災難就植入了基因，隨時均可能促使政治系統的運作失靈。

政策代溝或落差總有其導引的推力，這些推力設未能加以消除，而一直主導最終決策的形成，政策失靈的情勢極為可能，政治系統及其成員類皆要承擔政治代價。因之，姑不論政黨力量如何懸殊，多數黨應站在反映全體民意的高度，構思規範全體成員的政策，而非只代表一方的政策代理人。何況，政策吸納而非政策自戀，乃是政策民主化的精髓，政策代溝或衝突的疏通劑，政策風險的事先管理。

政策代溝的危機，本是轉機與惡化的分水嶺，且與契機也是一線之隔，其中的關鍵在於主事者的應對之道。如主事者誠摯加以面對，講究政策共鳴化的追求，不同政策視框的交流，從中反省各自的偏誤，再設法添入去除盲點的部分，或可建構相對較為周全的全局性決策。

第三節　政策代溝的防止

在資源相對稀少的時代，政策不易逆轉的時刻，以及政策代價的昂貴負擔，政治系統的主事者除了要徹底認清政策代溝的屬性，掌握其形成的原因情節，進而深刻體悟到其衍生的衝擊，養塑應付多元變化而來的挑戰之能力，最好事先備妥防止政策代溝之道，以杜絕其風險的趁隙發生，負擔隨之而來的代價。

一、全警蒐集

決策所需要的資訊至為多元，政策可能出現的警訊亦以不同的形式流露，為使嶄新政策的優質制定，政策變遷的扣緊方向與重點，職司決策的人員就要將各種警種的資訊蒐羅殆盡，並對之進行策略性的分析，縷析出箇中的涵意，警訊所涉及的面向，對準資訊所示意的問題，再以設計為導向的變遷，推出對應的政策（Brown, 2009）。蓋任何突破性的觀念，用以解決政治系統所面對的問題情境，乃是職司者要不斷研究及擁抱各項挑戰的訊息，從中設計出克服挑戰的政策套案安排。因為政策設計要求政策的效用性、可能性與需求性，務必關照到內外環境的制約，所需配置的資源，能否與標的團體的想望一致，以及究竟對問題的解決方案可以產生那種效應。

雖然，吾人有時亦憑著直覺及經驗作出因應各類問題情境的決策，但由於這種決策模式過於主觀性，每有脫離實境的情勢，易導致政策與問題之間失去連結性，以致不是迷失了方向，就是演變成災難的結局。因之，為防止政策代溝的沈重代價，資訊的全警式蒐集與分析，避免作成資訊不足的決定，再來承載無法負荷的代價之重。

二、聞毀反省

政治系統的作為或不作為行為，有時因為相互影響的情形，而出現一些與過往不同的情況，斯時有人示警相關職司要維持隨時的警覺，勢必針對這些情況進行模擬可能演化的路徑，造成的潛在原因，觀察到原本所未發現的癥結，傾聽過往未言及的說法，再以審慎務實的態度，著手對問題的處理。

　　換言之，政治系統的成員願對他人的政策透視，提出建設性的批評，並非為批評而批評，而是針對問題的嚴重性提出示警，揭露原本政策真空所已出現的病症，現行政策原先的疏忽所滲出的後遺症，對社會的失業、薪資倒退、所得分配惡化、人口結構的失調與高齡少子化問題的論述，主事者皆得立即反思，不演責任規避的遊戲，而要對問題立即進行損害控制，不留問題慢性化的空間。

　　政治系統的成員對政策的評估與對問題的發掘，本是至為常態的作為，更是系統啟動轉化投入過程的材料。因之，主事者以宏觀的角度視之，有雅量地接受，並視為採取政策行動的觸媒劑，方是正當的做法。何況，政治系統的聞毀本是民主社會的問責表現，它本當對之回應，採取必要的政策作為，並讓政策在無痛的情況下變遷，不因聞毀而移志，造成改革的延宕，問題的惡質化，民怨的升高化，治理正當性的磨損化。

三、大心虛心

　　「大其心，容天下之物；虛其心，受天下之善（明朝呂坤呻吟語）。」推估其在當下政策形成的場域裡，所要透露的啟示，乃泛指各項政策轄區的職司者，非但要形塑寬宏的胸襟，包容各項政策異聲，讓各家的政策主張爭鳴，從中擇出或交流出多數人可接受的政策方案，進行問題緩和的爭戰；而且要實踐策略性的謙虛，在政策願景的設定上得能基於廣泛的協力過程，分享政策權力，高度肯認永續性的政策成就，關鍵在於受政策影響的人擁有權能感，並建立具體共同主導政策形成的共識。蓋這樣一來，職司者釋放公眾參與的空間，有機會在眾聲喧嘩的交流中，找到最能契合時境，回應標的對象需求的政策選擇。

　　政策是對政治系統所有的成員執行的，透過他們的參與，作成較佳的

決定始較有可能，所以具大心虛心的政策職司者，恐要有心胸振興公民參與的影響，不可再陷入公共冷漠的困境。因為，各方才華匯聚於決策的流勢，那種洞識力才有機會爆發。是以，政策回應落差的產生，恐是決策過程標的對象的觀點、需求及價值，未能納入時際所導致的，甚至是虛擬參與（即對參與者提供決策資訊而已，並不能對最終的政策抉擇有所影響）所引發的。

四、對話講究

對話治理的適時啟動，藉以溝通各造間對擬定中的政策，各自所持的見解，如有趨同者就成為決策的共同基礎，而彼此趨異者再進行另一個回合的對話，逐步化解衝突，相互吸納合理的視框，轉化成為策略性政策夥伴，共同協力緩和政治系統所面臨的問題。

不過，為了達成對話而促成的代溝轉型之魔術力量，參與對話者要擁有平等的地位，自由自在地提出政策看法，並沒有受到任何壓制性的影響，迫使他人勉強接受業已鎖定的政策路徑；再者，相關的對話參與者，要展現毫無保留的同理心，站在他人的立場來分析其政策立場的合理性或不足性，進而對之同理性理解的回應，以理出共同交集的政策安排；三者，各方政策主張所立基的假定，以開誠布公的方式透明化，藉以比較那些假定較為合理、妥當，並非各造一廂情願的想法，以調適政策安排的結構，使其在合理假定支撐下，得能透過執行過程的連結，成就原本謀定的政策目標（Yankelovich, 1999）。

換言之，對話開放了政策利害關係人互相商議的空間，每人在傾聽及理解的過程中形塑共同的理解，再藉著這種共同的理解，調整原本各自認為理所當然的假定，重新建構出相對上較為妥當的假定，進而安排對應重

新建構之假定的政策要素（Roberts, 2002）。蓋無人有適格自以爲是，每每透過相互學習之旅程，演化信任意識，建立共同的政策信念，進而改變政策觀點、透視及行動，致使原本的政策代溝消失。是以，各造政策利害關係人不能一直鎖在自行劃界的思維範圍內，無能化解歧見，未能分享協力的果效。

五、液體領導

　　每個政治系統均由多元不同的世代組構而成，有的人得以維基百科全書的資訊，對政策興革提出建議；有的人必須藉著面對面的對話方式，溝通彼此互異的政策理解，逐步形塑共同的政策基礎。是以，政策轄區要能體認各個世代溝通管道的不同，同步架設不同的政策互動平台，俾讓不同政策世代的政策治理思維，都能以自己熟悉的路徑展現出來，從中的互動、交流與互補，理出改變政策運行的方式（Szollose, 2011）。

　　換言之，在當今網際網路甚爲發達的世代，標的團體對於研擬中的政策，如有與政策轄區不同的政策見解，要盡可能的表示出來，不能再抱持宿命論的觀點，任由他人的控制。而政策轄區也要充分認識他們的政策想法，將其納入於政策結構中，使其感受政策權能感，得能影響相關的決策，而積極扮演互動、積極與進取的執行合夥人，提升政策執行的績效。

　　尤有甚者，政策領導人在今日多元世代組合的政治社會，不僅在發展創造性的工作環境，以利於政策創新的推展；抑或應用社會承諾感的強化，促成不同世代的工作者，得能有效地一起工作，滋生合超的工作績效；甚至社會化成員對政策的投入情，以滋潤廣泛不同、才華洋溢的工作團隊，就要運行液體領導，充分展現政策運作的彈性，獲取政策創新的洞識，在即將來臨、且令人興奮與期待的各項可能性中，得以掌握到優勢，

並充分應用這項機會。

六、全局觀察

　　政策主事者對問題情境的任意切割或孤立，而分別採取不同的對策處置，極可能陷入見樹不見林的窘境。是以，他們對迫切必須處理的問題情境，要有平衡的思維，絕不可受到單一思維的宰制，而不易掌控問題的全貌，何況單眼思考，由於思考者的慣性及選擇偏好，對問題面向的疏忽在所難免。再者，政策領導者一定要體認：政策所面對的內外在環境，總是在持續地變動，任何政策惰性，均致使政策失去環境的鑲嵌性，不易產出標的對象期欲的目標。三者，政策領導者對縱向的觀點與橫向的透視，類皆同樣的重視，絕不可加以偏廢，從二者的整合中合適地理出問題情境的全貌，而且在作成決定之前，各項資訊每要上下及左右流通，以利共識的形成。四者，政策領導人藉由不同問題及其形成的變數，彼此之間相互依賴及相互關聯情況的檢視，而把全體要處置的問題加以統合，再由政策系統加以對抗，此亦即他們致力於整合的事工，認清政策環境所發生的問題模式及主題，再對之採取必要的行動，以較為整合性的方式對待問題（Weiss & Molinaro, 2005）。

　　政治系統為了強化自身的競爭優勢，傳統局部性的問題探討，每易忽略不顯的問題，未能部署對策對應這項缺口，導致政治系統承擔政策構想不足的後果。於是，為了防止政策代溝的發生，還是要透由全局觀察來釐清問題情境的全貌，將其內蘊的互賴及互連的問題面向探勘出，再鋪排政策系統加以迎戰。

　　政策代溝並非對後遺症完全免疫，多少均會衝擊政策的成就，於是政策轄區勢必維持警戒之心，偵測內外在環境的變化，洞穿現行政策的被

忽略面向，以及逐步衍生的問題，標的團體的政策不滿足感，進行彈性調適、修復及補強的政策工程。不過，政策代溝的防止，事前的作為恐重於事後的修補，蓋有時政策所已造成的情勢，本是不可逆轉的，正如優質環境一旦遭受破壞就不易恢復一般，所以還是以戒慎恐懼的態度推動政策的導航，絕不可在倉促、草率及一廂情願的情勢下作成代溝不小的政策。

結　論

政治系統內存在多元不同的組織及組織社群，並由上下不同世代結構而成，如何促使其中運作的成員，姑不論是何種老中青的組合，乃是主事者創造組織績效的首要課題，而首要之事乃克服或「退休」代溝的現象，由成員共同協力找尋共同運作的基礎，解決所有蘊存的衝突（Deal, 2007）。同理，政治系統的構成人員，對政策的視框亦不見得雷同，甚至出現程度不一的歧見，世代之間對政策價值的追求，亦以不同的方式或議題來表達。如何對這項政策代溝進行有效的管理，恐要認清其存在的屬性，根本的形成之因及突圍之道，更希望每一位成員均需要留下學習的空間，學習他人的政策視框，體悟自己視框的不足，誠摯吸納他人的政策見解。嗣經前述三段的論述，吾人在知識的啟蒙上該有這六項的洞識。

1. **社會建構**的不同性：政治系統自然由不同世代的人群，強迫要求他們之間在政策視框上的**趨**同，恐有違自然運作之理。是以，各政策領域的管轄職司，就得以高超的策略進行差異處理，由各個政策利害關係人，領會出較為正確的政策走向，就易於取得老中青對政策的認同。
2. **情境變遷**的必然性：全球化的時代，政治系統每日受到國內及國際情境

的衝擊，原本支撐政策的假定，其效度會毀損，其脆弱性會逐步萌芽。是以，政策若不能順應情境變遷而調適，依然維持惰性的情況，政策脫臼情境的現象勢無避免之可能，主事者恐要不時偵測情境變遷的幅度，政策需要調適的面向。

3. **政策代溝的開創性**：政策職司者若能即時警覺政策變遷的歷史時刻，而永續維持政策對應內外環境的狀況，俾讓政策得能隨勢演化創新。因之，他們與其視政策代溝對政治系統構成威脅，不如將之視為政策創新的機會。這樣的思維轉折，把政策代溝視為政策學習的起端或觸發，將對政治系統具積極正面的效應。

4. **對話問責的積極性**：政策代溝的出現，極有可能因為政策壟斷、單眼思考或單向溝通所導致。這是問責階梯的級數過低所致。於是，在每個政策視框或許均有盲點，每個政治團體均有盲思的狀況下，注重對話的磨合，共同基礎的發現，或可縮小團際之間的政策代溝，事先管理由代溝而生的風險。

5. **歷史時刻的緊要性**：政策變遷本要射準政策的時宜性，不致過於超前或落伍，而導致政策根基的不穩，無法鋪排水到渠成效應產出的路徑。由是，政策職司者就要運用各項機制，找到類似「史普尼克時刻」（Sputnik Moment），一路想方設法彌補政策代溝，致使鑲嵌的幅度揚升，脫節的距離縮小，而由政策創新中緩和各項政策問題。

6. **代間正義的追求性**：當代政治系統的成員要有平衡的政策思維，絕對不可為當代人的福祉而犧牲未來世代的權益。是以，在政策形成或變遷之際，對於不同世代之間的政策觀念，以及未來世代潛而未顯的想法，均要對之平衡的考慮，並盡可能從未透顯的想法中提煉，再融合各方想法之後才踏出政策的關鍵一步。

　　政策代溝隨時均可出現，任何職司均無法逃避，所以在維護最低限度的職能治理之餘，如何兼顧到全局治理的講究，二者之間並非全然互斥，而要在理解全局治理的系絡中，有效運用職能治理，以期後者的後座力找不到爆發的窗口，而由全局治理的協力下，導致政策衝突的免疫，職能治理偏頗受到圍堵，世代之間的視框得到均衡性的關照，理出權重適量的政策工具組合，不致造成嚴重的M型社會，以及加速中產階級的消失，社會階級的懸殊化。

參考書目

一、中文部分

謝曦，2011。「仇富？代溝？」。美國世界日報2月5日香港瞭望專欄。

吳榮義主編，2010。解構ECFA：臺灣的命運與機會。臺北市：新臺灣國策智庫。

二、英文部分

Bovaird, T. & E. Löffler. 2009. "The Changing Context of Public Policy," in T. Bovaird & E. Löffler (eds.) *Public Management and Governance*. London: Routledge.

Brown, T. 2009. *Change by Design*. NY: Harper Business.

Covey, S. M. R. 2006. *The Speed of Trust*. NY: Free Press.

Deal, J. J. 2007. *Retiring the Generation Gap: How Employees Young & Old Can Find Common Ground*. NY: John Wiley & Sons.

De Vries, M. S. 2010. *The Importance of Neglect in Policy-Making*. NY: Palgrave.

Dunn, W. N. 2008. *Public Policy Analysis*. Upper Saddle River, NJ: Prentice Hall.

Forester, J. 2009. *Dealing with Difference: Dramas of Mediating Public Disputes*. NY: Oxford Univ. Press.

Hoppe, R. 2010. *The Governance of Problems*. Bristol, UK: The Policy Press.

Janis, I. H. 1982. *Groupthink*. Boston: Houghton Mifflin Co.

Koliba, C., J. W. Meek & A. Zia. 2010. *Governance Networks in Public Administration and Public Policy*. Boca Raton, FL: CRC Press.

Ney, S. 2009. *Resolving Messy Policy Problems*. London: Earthscan.

Pfeffer, J. 2010. *Power*. NY: Harper Business.

Pralle, S. 2006. *Branching Out, Digging In: Environmental Advocacy and Agenda*

Setting. Washington, D. C.: Georgetown Univ. Press.

Rein, M. & D. Schon. 1994. *Frame Reflection: Towards the Resolution of Intractable Policy Controversies.* NY: Basic Books.

Rixon, D. 2010. "Stakeholder Engagement in Public Agencies: Ascending the Rungs of the Accountability Ladders," *International Journal of Public Administration,* 33: 347-356.

Roberts, N. C. 2002. "Calls for Dialogue," in N. C. Roberts (ed.) *The Transformative Power of Dialogue.* Boston: JAI: 3-24.

Shah, A. (ed.) 2005. *Public Services Delivery.* Washington, D. C.: The World Bank.

Sinclair, B. 2006. *Party Wars.* Norman: The Univ. of Oklahoma Press.

Sirianni, C. 2009. *Investing in Democracy: Engaging Citizens in Collaborative Governance.* Washington, D. C.: Brookings Institution Press.

Stewart, Z. 2009. *Public Policy Values.* NY: Palgrave

Stone, D. 2002. *Policy Paradox.* NY: W. W. Norton & Co.

Szollose, B. 2011. *Liquid Leadership.* Austin, TX: Greenleaf Book Group Press.

Weiss, D. S. & V. Molinaro. 2005. *The Leadership Gap.* Mississauga, ON: John Wiley & Sons Canada Ltd.

Yankelovich, D. 1999. *The Magic of Dialogue: Transforming Conflict into Cooperation.* NY: Simon & Schuster.

第二章　政策內爆

　　在公共政策的制定及公共管理的因應上，時間向來是一個重要、廣泛存在的面向，至為攸關上二者最終績效的勝出，以及針對的問題情境，在主事者深具時機敏感性、警覺事態的嚴重性，不作為行為所滋生而為系統不堪承受的衝擊性，而於關鍵時刻締結多數聯盟，瞭解政策衝突的所在及緣由，並竭盡所能經由可資運用的對話平台，凝聚共識，推出對應方案，一則利用方案執行後的發酵而將原先憂慮的衝擊減緩，甚至加以化解，二則擺脫政策衝突的窘境，圍堵政策衝突於可控制的規模，不致使政策在時間上的延宕，導致處置問題情境的政策真空，影響政治系統的治理正當性，進而引發更多爭議，人民的政治不信任（Pollitt, 2008）。是以，時間因素是相關職司者，在治理工程上不得忽視的課題。

　　這次全球金融危機（2008-2009）之所以釀成全球性的經濟大災難，乃因世界經濟大國在金融秩序已出現重重問題之際，因警覺性的嚴重不夠，抱持能拖則拖的態度，試圖謀求拖延的利益，以致延宕問題的處理，釀成問題的各種負面影響不斷連結，集中匯合造成對政治系統的內爆，非但經濟生產力下降，產業因出口量減少而採取裁員、減產等影響就業機會的因應措施，進而波及社會的穩定，引起諸多民怨，而對領導人產生諸多質疑或信任動搖，內閣團隊的更迭。從這次的金融風暴經驗中，最值得學習的教訓，或許是問題的適時處置，問題的改善絕對沒有空間可拖，主事者更應發蹤指示而對問題的解決指揮領導，並堅定地、誠摯地、用心地及全局地一個個加以面對，用以逐漸發散各項問題對政治系統所造成的負面能量，不致影響政治系統的權威性。

　　這種因對問題的拖延解決，忽視時間和時機，對問題解決的重要性，而帶來更多政治系統荊棘難理的問題，噬化政治系統的能力，引發反對勢力的強烈質疑，主權者的政策滿足感逐步滑落，加重問題的解決難度，需要投入更多的政經資源，降低系統自身的政策內控，這本是學理上的一種政策內爆現象。換言之，今日政治系統的權力互動關係日趨複雜，隨時滋生不少問題，須由系統在時間所能容忍的範圍內盡速加以處理，否則因遲延而與後續發生的其他問題緊密連結，構成對系統的極大壓力，降低政治系統對正當性的管理能力。因之，政治系統本應對各項問題情境或改革需求不能抱持猶疑瞻顧以拖待變的態度，蓋當今的行事拖延，已永遠不可能讓不可避免的問題成為不存在，拖延愈久可能成為盜取時間之賊（procrastination is the thief of time），而拖得愈久和拖的問題愈多，它們將因互動連結而造成的內爆威力也就愈大，危及或引發諸多不能治理的政策內爆現象（南方朔，2010；Mancini, 2003）。因之，對忽視時間因素而引發不可治理的政策內爆現象，乃殊值關注與鑽研，一則分析現象本身蘊含的屬性，二則探究現象所滋生的後果，三則研擬防止內爆的四A作為，用以減緩內爆的壓力，增強系統的治理能力，降低不可治理性所產生的政治風險。

第一節　屬　性

　　治理系統面臨各項問題情境的產生，有必要發揮治理能力，針對問題情境發生的被治理系統，其究竟在何處及哪些面向可以著手的層面加以改善，並與之進行治理互動，商討對應之策，以恢復正常的運作，展現接受問責的風範（Kooiman, 2010）。不過，被治理系統問題之解決，時宜性

的講究至關重要，如若其未受治理系統的關注，而出現嚴重的注意赤字，就會因這項注意赤字，反而影響治理系統的穩定性及受評性，甚至爆發更為嚴重的正當性挑戰問題。茲以政策內爆形成過程所涉及的本質剖析其重要屬性。

一、忽視問題存在

被治理系統在不斷受到內外在環境的演化衝擊，滋生不同問題本是常態之事，斯時治理系統如設有完善有效的偵測機制，就會輕易發覺潛在問題的存在，並在事先的防範措施運營下加以妥適地化解，不致傷及人身及財產的安全。反之，治理系統如被其他問題佔據大部分時間，而欠缺對其他問題情境、醞釀發展之注意，也未對之環節進行詳盡的梳理，設定決策議程，極有可能讓問題的惡化或飽和，而有一發不可收拾的現象。蓋任何公共管理及政策問題向來皆存有時間這個不得忽視的面向，如若治理系統在進行對策分析之際，未能考慮到過去的種種已沈澱作為的影響，以及未來創造願景所需的時間，則要求該系統尋找感應問題的解決方案，鑲嵌情境系絡的政策工具就至為不易（Pollitt, 2008）。尤有甚者，在未顧及時間這個變化快速的面向或因素下，忽略了問題的演變，也沒有政策企業家倡導必要政策的採行，形成問題與對策之間的隔絕，任令問題的存在。

2010年4月25日在國道三號高速公路的走山災難，岩錨的生鏽腐蝕以及建物在順向坡的安全警示問題，一直並未受到相關當局的關注，進而出現對應隔絕的現象，就於地質無法堪受的情況下發生山體崩塌的災難。廢除死刑本是馬英九總統大選的主要政見之一，更是前法務部長王清峰向來的政策主張，因之馬政府若於開始運作之際，不對這個問題加以避諱而敢於面對，原本有整整一年九個月的時間來進行相關必要的部署，設計周全

的法律安排，且透由各種對話平台，進行各方意見的交流及相互的說服，也不致於引爆社會爭論，興起內閣震盪。這兩個案例讓吾人見識到延宕的危害。

二、不顧問題連結

　　各類政策問題雖可能獨立發生，但因受到影響的標的團體可能是同一批人，更因利害關係人的高密度互動，時間一久就使各類問題連結在一起，形成問題系統，一旦這種情勢出現，乃會增加問題處理的困難度，問題衝擊的影響層面，資源依賴的傾斜度，治理系統因應能力的檢驗。因之，治理系統與被治理系統爲了治理的成效，提升問題的解決度，降低問題之間的關聯性，平日就不可或缺互動的機會，那些被治理者，透由參與互動的場域，運用各種可能的努力，試圖影響治理者及治理機構，採取對應自身需求的政策，適時化解問題的糾纏，減輕問題的密度，以及相互連結的風險性。

　　金融風暴所帶來的失業問題，進而形成可再雇用的訓練問題，犯罪升高的社會治安問題，無力生活而攜子女燒炭自殺的問題，獎勵企業雇用失業者的經費，勞委會創造各項就業機會問題。由此可知，問題之間並不相互獨立或排斥，而是緊密地連結在一起，唯有以系統性的因應，方有機會獲得適度的減輕。不過，延宕問題的解決，則所有牽連的問題就隨之爆發開來，造成治理系統情節不一的不可治理現象，嚴重影響自身的形象管理。

三、未語關鍵層面

每當治理系統出現問題情境之際，利害關係人往往根據自己的歷史記憶抑或過往經驗、儲存知識述說問題的一個面向，但因缺乏吸引力而未引起關注，而在上述三者疆界之外的問題面向，就成為未語的標的，靜默並未建構的部分，如果這一部分為問題核心的素質，但因未被述及，以致無法引領重要關係人的注意，進而提出迫切的論述，擴大議程設定的空間，安排政策企業家促成問題、政治及政策三個發展流勢的匯聚，產出對應與鑲嵌問題情境的政策，一舉攻克問題、成就目標（Kingdon, 2003）。

不語的部分可能與已說的同等重要，有時甚至更為重要，因為欠缺這一部分的述說，不僅無法設計針對性的方案加以攻克，也可能致令相關決策者產生注意的缺口，未能將該問題列入決策議程，導致政策的真空，任其蔓延擴大，而反噬到治理系統的發榮滋長。是以，在面對問題情境的解決之際，築構理想的言談情境，讓共同治理的夥伴沒有不願說、不敢說、沒有想到要說的情形出現，更不會受到團體思維的壓抑而不能說，而以開誠布公的態勢，作全局性的問題觀察，才不致於產生問題認知的盲點。

四、畏首畏尾太多

有時治理系統亦會發覺過往對問題層面的照顧不甚周全而對重要部分有所疏忽（neglect）之際，逕自形成與執行政策，但因情勢的巨幅變遷，時空環境的大幅更迭，當時支撐政策的背景業已流失，主事者鑑於分配正義已深受質疑，原本政策也已瀕臨政策變遷的關鍵時刻，非大力興革不易保持政治支持者的底盤結構，但在議論變革之際，又顧及既得利益者的政治反彈，並在全然政治盤算的制約下，又捨棄專業知識的價值，而將已列

為政策改革的優先順序進行調整，一再展延政策調適的時程。不過，這種正當性稍嫌不足的政策遲延，恐會降低主權者的政策滿意度，帶來不少的民怨，也增加了游移不定的選民。

治理系統在運轉政策變遷之際，除了要建構、調查及分析面對的議題優先順序之外，並要想方設法找尋當時決策為主事者所疏忽或遺漏的問題面向。換言之，主事者不能只分析現行政策的優劣勢或機會威脅，更要分析政策所未關注但應關注的內容，以備政策變遷之際作為調適的標的（De Vries, 2010），即政策的基本性變遷，其要重視的核心要點，乃要改變問題注意的焦點，密切關注先前政策長期以來忽視的焦點，抑或關鍵的問題面向，徹底組構解決方案的配套，確實呈現分配正義的政策。蓋在過往或現在所忽略的面向，極為可能在未來的政策發展上成為關注的主軸，因為新政策世代的出現，其所運用的政策工具，在追求價值上必須趨同於主流世代的價值。

五、不以價值說服

政務官對自己歷經政治社會化過程所信任的價值，本就應展現領導力，一則接受各方挑戰，二則安排實現的機制，三則依循證據或理由說服對政策主張有所疑慮的利害關係人，形成合法的政策或制度，用以落實自己所信任價值的追求。蓋價值本是人類行為領航的指針，引領吾人透視問題情境，認定那些作為或不作為行為是可以接受，那些並不被認同，俾以提供人們選擇的基礎（Stewart, 2009）。換言之，價值本身具資訊性、引導性的效應，並有能力扮演行動載體的角色，從中支撐人類採取必要行動的心理能源（Rokeach, 1979）。

前法務部長王清峰雖秉持追求人道主義的價值，但自就任以來並未將

廢死主張排入優先議程，積極部署廢死政策倡導的落實，僅以暫緩簽署死刑執行因應，但因斯項作為並不符合依法行政的原則，並被認定為第四審而引起反彈，乃成為被問責的對象。由此個案可知，政務官在設定追求的價值激勵下，實應對之設定優先議程，組構推動機制，從過程中發現政策終止的障礙所在，安排溝通對話的平台，釐清過往刑事苦主的憂慮，且針對憂慮的標的，在法律結構上安排有效的防火牆機制。這樣運用時間的流程，設法排除政策變遷的抵制力量，方不致引來政策內爆，波及治理系統所出現的不能治理現象，並毀損其與被治理系統已建立的建設性關係。

六、欠缺說服智商

　　由於公共政策的效應並不能於制定的階段就充分地展現，而是依賴未來的執行轉化才奠定產出的效應，所以政策原本就是未來導向，制定之時向來充滿不確定。尤有甚者，政策又是治理系統對價值的權威性分配，凡受到分配影響的人，每會透過多元不同的管道，試圖遊說或影響政策的內容抑或工具的組合，如若這些政策見解的立基假定不夠統整或不甚合理，抑或對提議的政策主張有了不當的解讀與認知，主持政策的政務官就要展露說服智商（persuasion IQ）（Mortensen, 2008），快速讀出利害關係人的意向與企圖，展現同理情懷以創造信任的氛圍，以循證影響標的團體接受政策觀點的機會，提升與利害關係人的關係密度進而取得推動政策的動能，排除抵制政策變遷的障礙，順勢推展治理互動以利相互擷取優勢的想法、構思較具全局視野的政策結構，事先備妥執行的合產力量。

　　不過，政務官如若欠缺說服智商，甚至紋風不動並未積極從事政策的倡導工程，比如爭取時間成立「廢除死刑政策研究推動小組」，蒐集比較資訊及支持的論證，各國的因應配套，舉行不同團體之間的對話，進行公

共爭論的調解及差異管理，極有可能引發政策反彈，因為消極作為本是欠缺同理心的象徵。蓋公共政策的制定或變遷自然會引起公共爭議，只有盡力互動共同找尋各方認同的方案，才不致引發政策內爆，對職司者採取問責過重的情勢（Forester, 2009）。因之，無論政策轄區試圖推動那種政策主張，如職司者未能充備說服智商及人際互動的技巧，就如汽車缺乏汽油一般，無法走向任何目的地，從事與自己相信的價值之政策變遷。

政策內爆因主事者在問題處理時間的運用上，未能做好時間管理，妥適安排職司任務的優先順序，設定處事的期待期程，並且適時因應延宕的問題，就會持續發生。這樣一來，治理系統的治理能力難免受到質疑，甚至發生不能治理的尷尬。是以，在政策密集面臨變遷壓力之際，價值衝突無可避免之時，為防止內爆影響系統形象，主事者本負有溝通的義務，運用時間與利害關係人對話，並傾聽他人的重要訴求，因為資訊的互通有無本是推動政策的動力；再者，主事者也要尊敬利害關係人的合理論述，汲取他們的論述成為政策內容的一部分，這才是差異管理的要旨；最後，主事者更要展現誠摯正直的作風，而與利害關係人精誠協商，建構協力治理團隊，方不致造成政策內爆的窘境（Cohan, 2003）。

第二節　後　果

政策的研擬無法在期待的時間內完成，抑或於最佳估計的必要時間內發展成功，克服一切可能的障礙，治理系統就要面臨超載的問責，更表示其在面對社會與環境多元化、複雜化與動態化的歷史時刻，無法完整發揮促成、組織及執行治理活動的能力。尤有甚者，這種情勢的演展，也一併顯露互動治理的效能不彰，無法在治理系統上納入被治者的想法、經驗與

知識，成為優質政策的啟示工具（Kooiman, 2010）。因之，政策內爆的頻繁，對治理系統是有一定程度的衝擊。

一、失去政策人才

　　廢止死刑政策因為未能於期待時間內進行差異管理，認識政策參商（衝突）的所在，非但引發刑事苦主的痛苦陳述，也出現政見允諾無法兌現的尷尬。不過，代價最高的負擔乃是政務人才的流失，以及往後徵才的難度。蓋在一個極端不確定性的年代，人才的管理、培植及運用本是治理系統的一項要務，更是其面對荊棘難理公共議題挑戰得能應付的前提要件。於是為了回應主權者的授權、想望與期許，治理系統時時刻刻要發掘、延攬、慰留與發展推動使命的人才（Cappelli, 2008）。

　　人才管理本是治理系統在人力資本需求甚殷的時代，發掘可用之人，擔任適才適所的政策使命，並於政策發展過程中扮演政策企業家的責任，一則扮演說服溝通的職能、化解政策視框的衝突，二則倡導行銷政策的時境鑲嵌性，三則吸引各方人士的注意、協力提供政策優質的創見，四則締結多數聯盟以利政策通往合法化之徑。然而，在人才相對匱乏與晉用不易之際，任隨政策內爆而流失人才，恐與人才管理的本質背道而馳。

二、延誤解決時機

　　政策內爆本是原本治理系統承諾要為之政策，未能於期待時間完成政策的興革，俾讓系統走向追求不同公共價值與公共利益的境界，而中和信仰經濟個人主義者所追求的個人價值，達及社會公共性的治理（Bozeman, 2007）。這項政策延誤的危機，導致政策真空的現象，缺乏政策工具完成

治理系統所設定的政策目標，致令政策目標的虛懸，無法滿足相關利害關係人的政策需求。

　　而在支持廢除死刑理念的政務人才流失之後，繼承法務部的部長，恐有不同的價值追求，或將廢死的議程降低優先順序，任令廢除死刑政策研究推動小組的自由發展，將該任務編組形式化，延緩相關議題的研發及設計對應議題的規制，則這項政策承諾的實現恐就無限地推遲。是以，治理系統的主要職司者，勢必要把時間因素列入考量，使其在吾人思考公共抉擇扮演關鍵的角色，盡可能衡量最樂觀、最有可能及最悲觀的時間推估，而計算出預計政策出現的時間，並做好時間管理的控管工程，擺脫延宕的掣肘，方可部署或育成政策產出的路徑（Pollitt, 2008）。

三、發生寧靜危機

　　治理系統的領導人，在從事治理經營的過程，對於已知和主權者立下的政策契約，本應配合議程的設定，將政見允諾轉換成政策，並由執行過程展現彰明較著的績效，以回饋主權者的權力授權，完成對問責的交待。不過，一旦政策推動的迫切意識不足，未能展現超標的毅力，企圖實踐先前的承諾，成就重要的願景，同時減少其他並不相關的活動或作為，加速核心遠景的推動，就會將允諾實現的期程拖延下來，而湧出政策內爆的偌大壓力，無形中就逐步降低對治理系統的信賴，形成寧靜的危機（Kotter, 2008; Morse & Buss, 2008）。

　　寧靜危機最值得關注的面向，乃是治理系統所出現的領導危機，即主事職司者能否統籌各方力量、資源與知識，致力於政策允諾的實現，引領不同政策見解的溝通，誠摯接受公共問責的義務，盡可能運用機會解釋和證成自己的政策行為，避免他人的不當誤解，打開政策推動的任督二脈。

設若主事職司者未能展現這樣的行事風格或政策風格，每每導致政策無法於期待的時間內完成，陷入紛擾、延宕、擴大公共爭議的氛圍，無法加速政策的發展。

尤有甚者，二十一世紀的治理不但講究協力領導、跨域領導與認定形塑共同價值作爲領導的基礎，而且要以嶄新的方略建構各種議題的能力，以及激勵他人共事的能力，如若主事者無法彰顯這些方面的能力及領導特質，均是呈現寧靜危機的徵候，有待對之快速警覺，並應用各種機會展現對政策轉型的迫切感，引領利害關係人和治理系統把握機會，避免政治風險，呈現出與過往不同的作爲與績效，扭轉主權者的政治疏離。與此同時，堅定不移地擺脫低階活動的枷鎖，全心衝刺重大的政策允諾，避免延宕帶來的內爆。

四、引起嚴重民怨

廢除死刑政策允諾的跳票，所引發的民怨或內爆，不僅反對廢死的利害關係人的質問，強調法務部長並沒有第四審的權力，並謂不簽死刑執行令乃是逾越法定職權的行爲，而在極大的政治壓力下乃爲自己在意追求的公共價值去職。然而，支持認同廢死的人道主義者，亦因政策猶在原地踏步，主事者並未展現迫切意識，任令政見允諾的轉型停滯不前，也開始埋怨不滿主事者於一年九個月內始終毫無作爲與進展。因之，雙方的利害關係人均對這樣的政策發展表示不滿。

誠然，政策變遷的路程向來不易，每有不同的障礙，但既與主權者立下政治契約，顯已認定斯項公共政策價值，已爲多數治理系統認同的價值，職司者就要以之作爲政策的導航，選擇的基礎，想方設法化解政策歧見，安排機制杜絕反對者的疑慮，感同身受他們的遭遇，同時引進價值趨

同的人士，參與政策的合產者，一則提供廢死的支持論證，二則解釋反對者的誤解與誤知，三則協力建立防火牆圍堵人命再度受侵犯的可能性，順時順勢完成政策允諾的兌現，這才是化解政策內爆的處方，斷不可為拖延所害，無為所苦。

五、遲延政策變遷

　　政策在制定當時的政經社文系絡，不因政策本身已進入執行階段而一成不變，而是隨著內外環境的不同運行動態的演化，不僅出現不同的政策菁英，提出不同的政策觀念，述說政策立基假定的效度，歷經系絡的變化而遞減，有必要調整，甚至終結時過境遷的政策，用以創造更為社會認同的價值。尤有甚者，決策者亦有注意赤字的現象，並未能在決策之際洞鑒各個問題的層面，安排全局性的套案射準問題，但在資訊及經驗的不斷厚實下，當時疏忽遺漏之處，就在斯二者的對照顯露出來，提供政策變遷的迫切性（De Vries, 2010）。

　　廢死這項政策變遷是終結的類型，相關職司在推動終結工程時本會受到抵制或杯葛，並進行力量的結合，動員輿論支持他們的認知，如主事者未能於適當時機接受他們的問責，詳加解釋和論證終結的時代意義，並將他們的想望以安全的機制加以落實，就會陷入終結的困境之中。廢死的政策變遷，因為職司機關的延宕，浪費太多說理對話的時間，以致反對終結聯盟運用訴求改變全國的政策氛圍，致讓政策終結的機會窗雖不致關閉，但至少一段時間內難以重新啟動。因之，倡導政策終結者，一定要認清終結的路徑佈滿荊棘的障礙，非要用心、用策及用理加以克服不行（deLeon, 1978）。

六、鬆動支持底盤

治理系統之能取得主權者的政治委付，運營治理的事功，乃領導者所提出的政見願景得到多數聯盟的肯認，並冀望於治理之際一一加以兌現，持續維持治理的立基，擴廣政治支持的底盤，快速凝聚政策興革的功能。

然而，治理系統取得治理權之後，其實各項挑戰抑或超載的問題才正式開始。如若先前的政策承諾，因為行動的惰性而未有任何啟動的指標，只是消極的不作為，並沒有將原本的政策徹底地轉型，難以滿足支持者的期待，進而在後續的不同選舉中投下懲罰性的投票，藉以警示治理系統，認識到自身所已面對的政治風險，必須劍及履及地啟動政策變遷工程。

新治理系統在面對多次政策內爆後，自主、效用、警示、績效、經濟、游移選民，已在各類不同選舉上，發出系統不得疏忽的政治訊息，期待在後續的治理工程上，為了活絡治理空間，不能只在象牙塔內作業，而要採取主動與不同標的團體進行治理互動，充分得知他們的政策想望，並以實質政策內容加以反映，不得以由上而下的方式要求他們的被動接受。蓋政策之能在競爭的態勢下勝出，本要通過效度（技術可行性）、價值可受性、成本容忍度、公共認同度及政治接受度的檢驗（Kingdon, 2003）。如若治理系統單獨建構的政策方案，無法通過這些標準的檢驗，猶強力推出受到政治反彈本是常態，所以適度降低政策的壟斷權，而釋出權力與人分享，或可降低政策內爆的反彈力量，加速政策的形成（Baumgartner & Jones, 1993）。

由於政策行動的遲緩，浪費不少可資運用的時間，未能瞭解政策衝突的所在，想方設法加以化解，抑或將其圍堵在可以控管的範圍，再研擬出各方意見含入的政策套案，於是一有政策變遷的指標出現，反對者就集結力量、動員民意來加以抵制，以致政策轄區的政務官無力抵擋這股政治力

量而不再扮演政策變革的角色。因之，吾人必須體認：遲延恐是政策內爆的元凶，而內爆更使治理系統承擔前述六種不輕的政策代價。

政策內爆的代價並非不可避免，職司者本要體認治理的外控性，在相當程度內需要倚賴外在的資源，以他人的政策見解來破除自身的盲點，以治理互動分享決策權化解政策歧異，以接受問責的方式疏通政治敵意。是以，體認治理系統的侷限性，放大決策的格局，開放參與的管道，事先備足政策發展的前提要件，方可減輕抵制變遷的力量，防止內爆的驅力。

第三節　策　略

政策遲延本是政策內爆的關鍵導火線，而遲延就已消磨不少的時間，許多不同的利害關係人，自然對政策興革的提議，抑或治理系統擬推出的政策作為或不作為，提出維護各自利益的主張，試圖影響政策變遷的取向，引發不少的公共爭議，如未能對之進行即時的差異管理（Forester, 2009），就產生反彈的力量，衝擊治理系統的生存空間，內爆出系統難以承受的壓力，滋生出前面述及的後果，是以為了減經內爆的反作用力，主事者乃要啟動內爆的管理。Paul C. Light（2005）曾對強健的組織，究竟該如何成就特別卓越的成果，建構組織創造上等績效的四大脊柱理論，此處就以其作為論述的基礎，從中思考防止或化解政策內爆的策略。蓋政策衝突的化解，旨在促進合理政策的合法化，並藉由政策執行產生政策績效，兌現爭取治理權所提出而具競爭力的政見。

一、警覺情境變化（alertness）

　　治理系統畢竟受制於不確定的內外環境，不斷進行動態的演化，原本賴以支撐的政策，其所立基的假定極可能面臨兩種威脅，進而傷及政策的結構，不再引人認同政策所追求的價值，也無力於解決原本冀圖緩和的問題，即言之原定政策已失去技術、社會及實質的理性（Dunn, 2009）。一為假定效度隨著系絡的更迭而弱化，逐步出現失靈的情勢，導致原定政策所循證的假定，逐步失去妥當性，不能再領航政策的執行之旅。在這種情勢的演展下，或許是政策變遷的時機，治理系統就要有偵測的機制，適時發掘這項變化的情形，並在不拖延的作為下，將此項威脅加以化解。因為延宕本是盜取時間的元凶，滋生反對變革聯盟的掣肘。

　　另外一種威脅是，政策假定在不確定性的影響下，系絡巨幅變遷的演化下，增強假定的易受攻擊性或站不住腳性，而讓假定不斷處在風險的境況下，極可能動搖政策的生命力或持續力。這本是預警原定政策如再繼續運行，有損治理系統的形象，未能與世界主流價值同步追求。因之，治理系統斷不能對這種威脅失去敏感性，抑或發生嚴重注意赤字的情形，盡早規劃政策變遷，圍堵這種威脅政策果效的現象。

　　這兩種威脅確實傷害到政策的正當性及妥當性，所以要以環境審計的機制，進行相關資訊的蒐集與分析，民意取向變化的掌握，互動治理的運行，均是提升治理系統增強環境警覺的能力，時時維持政策立基在不失靈與不脆弱的假定下，方能提高系統的治理威信。

二、敏捷反應變化（agility）

　　治理系統備足偵測機制，並由偵測過程上探索原本政策所立基的假定，其忍受挑戰的幅度已及最低門檻，並對系統警示必須採取行動因應的

時間，否則滋生社會不穩的情勢就在眼前。這時系統若未能根據警示，敏捷地採取因應策施，則該警示的出現亦未見得引起各項配合的作為，則政策內爆的機率就不低。

　　治理系統為了鞏固反應敏捷的能力，做好時間管理俾讓一連串的議程，有了完成的優先順序，並於一定的期程內或一段時間的經過，投入必要與充分的資源，完成前導與後續的使命，再築造關係資本以利政策的執行，部署關鍵的人力，使其適才適所，而在正確時間採取行動，做所該做的事，而完成政策興革與落實的工程。

　　其次，治理系統一定要審慎用心處理延宕的問題，事先掌握延宕背後的原因與面向，並想方設法加以克服。如系統恐懼變革的啟動，深切在意未來取向的政策變革，究竟會帶來正面或負面的衝擊，斯時或可以權威、因果及比較論證來化解這項疑慮。如畏憚政策變革的失靈，產生系統不易負荷的問責，主事者就要細心驗證政策倡導所根據的假定，並設有日落條款得能對政策進行後顧性的評估，以及政策內容的評估，理出可繼續運作的政策面向，不讓政策出現惰性現象。

　　第三，治理系統要不斷學習：政策變遷過程上，每一階段所要處理的任務，其最後完成的期限，並督促職司務必要依限完成，甚或提早完成，以接續隨後的行動，最後期限的設定，乃在匯聚職司者的注意焦點，並投入必要的作為，致使政策興革順時順勢完成，靜待果效的勝出。

　　總結言之，敏捷反應變化所要求的，乃在發掘政策假定出現問題之際，治理系統就感受到這種警示的存在，於是展現時間管理的技能，對要推動的政策專案列序，設定完成的時限，再匯集資源投入推動專案，並於過程上隨時關注可從延宕的結點與因素，安排攻克的設計，使其沒有發生的管道，而完成合理的政策變遷，規避政策內爆扳機（triggers）的扣動。

三、對應環境調適（adaptability）

政策所鑲嵌的內外在環境，既然至為動態，隨著時間的向前推移，社會結構的轉型，以及資訊科技的創新、治理型態的改變，既存的政策在遇到這樣的變化衝擊時，治理系統除了適時警覺環境的改變，敏捷地做出反應外，更要養塑快速調適政策內容用以配合環境上的各種變化之能力。如若治理系統欠缺這項快速反應的能力，則因政策已失去技術的可行性，無法再發揮問題解決的作用，甚至讓新生成的環境衍生不少的難題，由於對應政策的真空，乃對治理系統產生無法負荷的情勢。

中國自1980年以來，一直推動嚴格管制生育政策。不過，這三十年來中國人口形勢與社會結構產生巨幅的變化。未來十多年，將快速轉入人口總量負成長的態勢，中國治理系統如未能體認社會的深刻轉型，當初嚴格管控生育的立論已滋生不少的反證，不能再支撐一胎化的政策。何況，這項政策帶來人口的減少，男女比例的失調，教養方式的差異，再加上人口老化的情形嚴重，對治理系統發生前所未有的影響，非快速改變原定的政策取向不行。換言之，過去中國有關於人口及生育控制政策的立論，已不能接受經驗的檢證，治理系統非要重新思考不可，否則系統在知識經濟時代所要的人力資源，恐會出現嚴重不足。尤有甚者，在社會進入高齡化的時代，如少子化的情勢持續發酵，則系統就要面對問題不斷爆發的狀況。

由是觀之，中國過往「晚、稀、少」（晚育、間隔、少生）為主的計畫生育政策，導致總體生育率出現世所罕見的、空前的下降。這種下降將會產生一連串的問題，治理系統絕對無法對之忽視，而要全神加以關注，以不同的政策世代來規劃對應當今情勢的政策工具，以維護治理系統面對發展所需要的人力資源。

四、全力推動使命（alignment）

　　防止政策內爆的首要前提，在於治理系統備有環境偵測機器，隨時掌握環境變化的指標，敏捷地從事政策調適或反應，適時對變化加以控管，但空有政策變遷，若未能連結分擔政策使命的職司，協力投入政策變遷的執行轉化工程，抑或只停留於完成政策調適的時程，各個職司在本位主義的思維宰制下，並未調整任務的排序，政策變遷的使命猶無法成就。

　　組際之間的妥適溝通、協調、合作與協力，本為政策變遷創造合超效應的關鍵。蓋不同組織之間，或同一組織不同單位之間，設若各自追求自己的使命，存在衝突的目標追求，且在政策績效的獲致上未能達成協議，本至為容易失去內外在環境所提供的機會，浪費稀少的財力資源，無法運用政策與執行之間無縫隙地連造競爭優勢，得到執行的高值回饋（Kaplan & Norton, 2006; Kaplan & Norton, 2008）。是以，為了高度落實政策變遷所創造的執行價值，治理系統要發揮協力治理的能力，澄清政策追求的目標，以為執行行動的指引，設定主題的政策行為用以校準政策在正確的軌道上運轉，以對話平台連結各職司的同步作為，設定任務排序及配置對應資源，關注與學習政策的效度，再依據實情進一步地調整，俾使政策主要職司機關得能快速地及可靠地從事政策執行，從中得到真實的執行價值。

　　政策內爆既然會致使治理系統難以逃避沈重的負擔，所以事前的防止準備，以及事後的補救、反省及學習就成為系統所要作為的標的。不過，治理系統不時地警覺到原本政策立基假定效度的流失及脆弱性；進而敏捷地對之從事回應，扣準環境警示的時間；調適過時的政策內容，射準環境變遷的面向，不讓已變的環境，再度醞釀不同的問題情境，增加系統的政策負荷量；連結不同政策轄區，共同推動政策執行，鞏固彼此之間的策略性夥伴關係，發揮協力治理的綜合效應。是以，政策本身本隨勢進行動態

的演展，治理系統非針對這項演展，而做出回應不可；尤有甚者，其更須超前預測環境的變化，未雨綢繆必要的政策調適，制止政策內爆出現的空間。

結　論

政策內爆的現象在治理系統處置環境變遷受到延宕之後，就有發生的極大空間，因為支持與反對政策變遷的利害關係人，恐會對系統施加壓力，以致明顯的政策方向就乏勢可撐，演化政策僵局態勢，進而讓系統承受不少的代價，以及治理正當性的基礎。此時主事者就要誠摯面對這個事實，警覺到內爆存在的嚴重性，敏捷地採取回應性的政策作為，採取適當的政策調整，並整合執行體系糾集全力加以執行，防止政策遲延，避免政策內爆。經由前面三個面向的分析，吾人或可產出六項知識啟蒙。

1. **惰性衍生內爆**：政策一旦誕生之後，並未能保證維持解決問題的效度，因為當初支持的假定很可能因情勢變遷，無法再扮演支撐的角色，並在政策選擇之際，由於主事者受制於注意赤字之故，導致建構假定的依據存有致命的弱點。上該二者向皆扮演催促政策變遷的動力。惟治理系統若未警覺變遷的迫切性，進而延宕政策的必要興革，很可能衍生政策內爆。

2. **適時掌握機會**：在情勢發生巨幅變遷，政策改革已成治理系統必須面對的選項，斯時順勢推動改革的動力，乃在共同治理的夥伴凝聚迫切意識，且由領導人引領人民掌握改革的各項機會，避免橫亙在前的障礙，盡可能催生必要的改革，以因應世界主流價值的追求，進而擺脫位階

較低的議題，致使重要的興革可以較快的速度及較機敏的作風完成。是
以，主事者不僅要洞悉政策變遷的標的，猶要形塑迫切意識，捉住改革
的契機。尤有甚者，他們更不能陷入於自滿的情境，不覺改革的壓力。

3. **厲行時間管理**：政策變遷所要處置的議題至為多元而廣泛，每每需要時
間來進行見解差異的管理，更需要跨越政策認知障礙，從反對改革者的
立場來思考政策變遷，搜尋他或她可以接受的政策安排，以免政策變遷
的延宕，滋生另外重大的待理的議題。蓋利害關係人的政策認同歷史不
同，往往得賴時間來化解趨異，以便加速邁向趨同。是以，在政策變遷
的歷程上，主事者就要隨時關注盜取時間之賊，減低它們的殺傷力。

4. **備妥因應對策**：當治理系統以追求當代主流價值作為政策變遷的激勵因
素，抑或作為政策重新抉擇的基礎，每會有利害關係人出面質疑或挑戰
政策變遷的妥當性，斯時職司者及贊成者就要提出循證的基礎，並針對
質疑之處提出防火牆的機制，管理政策制定時所出現的價值衝突問題。
因之，設想利害關係人反對的標的，以及由過往經驗社會化的過時認知
或不當誤解，進而加以解釋及說服政策變遷的必要性、時宜性及系絡
性，並由關注全局的方案圍堵變遷的可能後遺症。

5. **鬆綁認知偏差**：每個人多少均習得獨特的認知，並以之作為思維或行動
的基礎，但是這種認知並非放諸四海而皆準，有時也出現注意的盲點，
發生未識的死角，進而建構抵制政策變遷的論述。這時主事政策變遷者
就要發揮說服智商，運用對話平台，進行同理性傾聽，建構認知偏差者
所能認同的政策安排，鬆綁他們抵制的「磚牆」，進而接受政策變遷。
蓋每個人可能無法體悟到自身的認知偏差，惟有賴互動治理來加以鬆
綁。

6. **運用4A以對**：政策內爆的代價不低，非但引發他人對治理能力的質
疑，而且影響再度政治委付的意願，是以治理系統要隨時警覺政策假定

的效度變化；敏捷地針對這項變化採取必要的因應措拖；因爲只有警覺但沒有行動，可能快速超過示警的時間，而無法避免內爆的衍生；因應已變化的環境，就要展現政策調整的能力，在與環境脫節的政策及執行工具上做出對應的調適，以免因政策失去環境的鑲嵌而造成失靈的危機，製造更多的問題；建構組織之間的協力連結，形塑心甘情願的執行合夥人，破除聯合行動引發與執行背離的現象，創造卓越的政策績效。

政策內爆乃值得治理系統警覺的課題，因爲系統一有疏忽，能注意但未加注意時間的延宕，導致政策變革的停滯，抵制力量的集結，不僅對政策變革的時間再度延宕，加深內爆考驗治理系統的治理能力，不斷產生難以負荷的問責，甚至有負荷超載的現象。因之，治理系統或可廣泛部署多元不同的監測機制，適時監測出政策隨著環境演化所生的變化，研擬政策調適的套案劇本，並不謀求短期拖延的利益，而是對之愼謀能斷，即刻採取緊要的因應方案，彌合已現的政策缺口，圍堵政策衝突的範圍。

參考書目

一、中文部分

南方朔，2010。「內爆概念值得為政者警覺」。中國時報3月16日言論廣場。

二、英文部分

Baumgartner, F. R. & B. D. Jones. 1993. *Agendas and Instability in American Politics*. Chicago: The Univ. of Chicago Press.

Bozeman, B. 2007. *Public Values and Public Interest: Counterbalancing Economic Individualism*. Washington, D. C.: Georgetown Univ. Press.

Cappelli, P. 2008. *Talent on Demand: Managing Talent in an Age of Uncertainty*. Boston, MA: Harvard Univ. Press.

Cohan, P. S. 2003. *Value Leadership*. San Francisco: Jossey-Bass.

deLeon, P. 1978. "Public Policy Termination: An End and a Beginning," *Policy Analysis,* 4(2): 379-386.

De Vries, M. S. 2010. *The Importance of Neglect in Policy-Making*. NY: Palgrave.

Dunn, W. N. 2009. *Public Policy Analysis*. Upper Saddle River, NJ: Prentice Hall.

Forester, J. 2009. *Dealing with Difference: Dramas of Mediating Public Disputes*. NY: Oxford Univ. Press.

Kaplan, R. S & D. P. Norton. 2006. *Alignment*. Boston, MA: Harvard Business School Press.

Kaplan, R. S. & D. P. Norton. 2008. *The Execution Premium*. Boston, MA: Harvard Business School Press.

Kingdon, J. W. 2003. *Agendas, Alternatives, and Public Policies*. NY: Longman.

Kooiman, J. 2010. "Governance and Governability," in S. P. Osborne (ed.) *The New Public Governance?* London: Routledge: 72-86.

Kotter, J. P. 2008. *A Sense of Urgency.* Boston, MA: Harvard Business School Press.

Light, P. C. 2005. *The Four Pillars of High Performance.* NY: McGraw-Hill.

Mancini, M. 2003. *Time Management.* NY: McGraw-Hill.

Morse, R. S. & T. F. Buss. 2008. "Introduction," in R. S. Morse & T. F. Buss (eds.) *Innovation in Public Leadership Development.* Armonk, NY: AMACOM.

Mortensen, K. W. 2008. *Persuasion IQ.* NY: AMACOM.

Pollitt, C. 2008. *Time, Policy, Management: Governing with the Past.* NY: Oxford Univ. Press.

Rokeach, M. 1979. *Understanding Human Values.* NY: Free Press.

Stewart, Z. 2009. *Public Policy Values.* NY: Palgrave.

第三章　政策參商

　　參商本為兩顆星名，參一直處在西方，商則處在東方，永遠無法相見。因之，吾人時以參商二字比喻無法相見的人間憾事，抑或人與人之間，政黨與政黨之間的意見不合，導致相互衝突的情勢，流失經由交流互動的平台，而形塑出一體共識的見解，彼此協力解決重大問題，發揮合超的效應。

　　臺灣與中國之間洽商經濟合作協議，以面對東亞區域經濟整合對臺灣可能造成被邊緣化的衝擊，不論在協議的內容，合法化的過程，究竟是否須經人民公投作成決定，抑或只須立法院以逕付二讀的程序，進行合法化的審議，國、民兩黨始終類如參商二星所站的位置一般，無法建立溝通、對話的平台，彼此欠缺機會傾聽對方的立場，以發現各方政策見解的優勢和價值之所在；雙方不能各自重新審視自己及他人的政策主張，各自所立基的假定，與由假定所推出而對應經濟情勢演展的方案；雙方甚至各自堅持政策立場，未能體認：雙方其實得能透由不同的意見交流，進行知識學習之旅，藉以改進各方的政策思維，彌補各自識見的落差，吸納對方優質的問題透視，而對政策的全局結構，進行必要的整合革命，不致出現黑手及黑洞的協議條款，而隱藏對臺灣的政策風險。尤有甚者，雙方在強烈堅持己見的態勢下，無法出現共同學習的機會，並藉這個機會建立信任意識，形塑共同的政策指向，進而促使雙方在觀點、透視及行動上產生大轉型，而以協力的政策合夥人，推動政策的落實，分享預期政策效應的勝出，俾讓政治系統更加強健、更具國際競爭力，創建更高的經濟發展價值。

　　這項政策參商的現象，乃代表國、民兩黨的主事者，在臺灣與中國經

貿往來的問題上，由於對政策存有的不確定性之認知，以及未來可能面對政經風險的推估，而產生強烈而固執的公共衝突。這種政策衝突若不能有效化解，衝突兩造之間的政治能量，如無法適度疏解，冀望破壞性衝突得能轉型，似乎類如緣木求魚之難。蓋兩造間均存有對議題提出抱怨，破壞議題的商議，阻擋議題對話及強列辯論議題得失的好鬥人士，一直扮演政策蟋蟀的角色，以致造成最終只由單角作成政策審議的決定，在正當性上就略有不足之疑。於是，政策衝突在個案特別顯著的歷史時刻，引起不少學子的關注，試圖理解這項類如參商的衝突，究竟如何形成？其又對政策治理產生怎樣的衝擊？有哪些對策可以緩和這項破壞程度蠻高的衝突，而走向較具共識的政策結構，共同承擔未來的政策風險，並於政策執行的過程中，隨時監測政策的演化，鞏固其在正軌上運轉，不致產生政策脫軌的情勢。上述三個向度，乃構成本文討論的焦點。

第一節　衝突成因

政策之制定向來均是：針對一項特殊的問題或情境，而由主事者透由自己的視框理出鑲嵌於特定制度和系絡的問題，其所指涉的內涵，進而設想採取對應的政策行動（Ney, 2009）。換言之，政策利害關係人歷經不同的政治社會化過程，形塑一套政策視框，並以之來認識社會現象，選擇關注的現象層面，解讀現象的緣由與所涉的標的，組構相關及得須同時解決的議題，與理出複雜社會現象的內涵，進而提供透視、分析、說服及行動的標竿（Rein & Schon, 1994）。不過，每個人的政策視框均融合了事實、價值、理論和利益，以致對同一社會現象的體悟，難有一致的見解，甚至有南轅北轍的透視，而發生底下六個面向的衝突：

一、缺乏交集

在政策利害關係人之間，一旦以不同的視框來建構政策所要追求的價值，就有可能出現各造所追求的價值有了不可共量性，並沒有一體的追求方向，共同努力企圖成就的標的。比如，國民黨人士認為：簽訂臺灣與中國的經濟合作架構協議，可以促進臺灣經貿投資的「國際化」，即以該協議的簽訂完成，可以打通臺灣與其他國家簽訂自由貿易協定的任督二脈。不過，如果臺灣並沒有自主權與他國洽簽自由貿易協定，仍舊要仰賴中國的同意或授權，則要促進臺灣經貿投資的國際化，恐在政治可行性上不高，而恐有漸進脫離全球經貿體系的風險，融入全然中國依賴的陷阱。

再者，簽訂臺中經濟合作架構協議乃「要避免臺灣在區域經濟整合體系中被邊緣化」的風險，但在前述洽簽自由貿易協定臺灣欠缺自主權的情況下，恐也是臺灣一廂情願的假定。而在假定不甚合理的情況，臺灣的經濟有可能鑽進中國市場的鐵籠裡，無法避免被邊緣化的窘境。上述，這兩種價值的論述，均在在出現無法共量性的特質，以致在行動上有的主張：臺灣走向世界，再和世界走向中國；有的提出：臺灣走向中國，再由中國走向世界，完全欠缺交集的所在。

二、解讀不同

每位政策利害關係人，往往根據自己特殊的生活經驗，以及在不同場域的歷練，跟不同背景者互動，而這些經驗、歷練與互動，每每自動進行內在對話（Whiteney, Trosten-Bloom & Rader, 2010），而形塑自己習以為常的思維、感覺與言談，進而以之作為解讀一項重要的問題情境，理出關鍵的環節，建構問題之間的相互關係，需要解決的迫切性，研擬政策遲延

的可能衝擊或演化，射準核心的標的團體，最終提出針對性的攻克方案。不過，由於每個人的內在對話殊異，切入的視框不同，鑑賞的角度有別，迫切意識的不同步調，使用的證據或資訊也有差別，以致對相同的問題情境做出不同的詮釋或解讀，造成推出政策時機的考量歧異，政策重要性的認知分殊，想要追求的政策價值缺乏共識。

臺灣與中國的經濟合作架構協議，由於國內兩黨各自的內在對話相當分歧，對新區域的經濟觀抱持不同的看法，有的政黨仍以民族國家經濟體為基礎所建立的想像共同體為政策思索基礎，面對新區域治理或跨疆界經濟治理所出現的新世界情勢，似乎猶存相當程度的恐懼感。尤有甚者，由於兩黨在過往互動的過程中，欠缺一項足以改變政治對峙情勢的質素：信任，以致在政策形成過程上，處處展演參商的情況，無法運用原本累積的信任，造就政策形成的和諧，而需仰賴立法的多數優勢，由單一政黨作成政策合法化的審議，完全無法展現信任所滋生的政策行動速度（Covey, 2006）。

三、主張不同

政策職司機關在解讀各種紛至沓來的問題情境之後，為了避免政策遲延，導致問題情境的惡化，加深問題的嚴重性，增加更多受害的標的團體，乃提出解決問題的政策主張，連結多數的倡導聯盟，試圖取得政策主張的正當性及合法性，以便即刻的執行，勝出彰明較著的政策績效，築造更強、更廣及更深的政治支持。

不過，職司政策問責的政黨，抑或深具利害關係的民間團體，甚至深受問題情境影響的標的團體，由於解讀、認定或建構的差異，乃提出自身認為較為合理的政策倡導，以及連結較為緊密、彼此之間可能較為互補

的套案，試圖爭取最終的政策認同，和得到相關的政治利益。於是，政策參商的形勢形成，如若職司機關未能進行有效的參商管理，處理相互之間的主張差異，則政策衝突的境況就至爲嚴重。而在衝突管理的過程中，政治體系如若遭遇到強烈的抱怨者，對政策提議表示極端的不滿；破壞份子，對政策主張表示至爲憤怒與敵意；議程阻擋者，盡力杯葛政策的進展；激烈質問者，對政策提出挑戰、批評與論斷，要求大幅度的政策調適（Murphy, 2007），則政策作成就會更爲艱難，政策期程也會有所延宕。

尤有甚者，如有政治團體對擬議中的政策主張，認爲對政治系統的生存空間產生偌大的威脅，爲了探討眾趨民意的所在，乃主張以全體公民作爲立法者的角色，來議決該項政策主張的政治接受度，不宜以間接民主或代議的方式來完成合法化的政治遊戲，用以測出眞正民意的所在，而由全體公民承擔審議政策主張的責任，以免發生代理落差的現象（Bowler, Donovan & Tolbert, 1998）。

四、論證互異

任何團體所提出的政策主張，之能取得政治支持與接受，相關職司者必須透過多元管道或媒體進行政策行銷或說服的工程。斯時，政策發展乃進入論證較勁的階段，衝突的相關職司者就要負責提出各類的論證，冀圖爭取更多的利害關係人對政策主張的認同，以營造政策非制定不可的政治氣氛，打通政策流勢的各項關卡（Kingdon, 2003），開啓政策出現的機會窗。

首先，相關職司的政策較勁，乃要提出制定政策的論據，威脅國際經濟競爭的政治發展，以顯現政策出現的合理性。職司者或者以實際的案例作爲支持的佐證，未來衍生的政治情勢以爲說明的基礎，強化此時此刻

推出政策的時宜性；以統計數字訴求政策闕如的政治風險，說明相關利害關係人在政策罅隙下所可能受到的影響：產業的式微或失業的增加；再以名人或權威機構的論述或調研來支持政策主張的證明（Rieke, Sillars & Peterson, 2009）。不過，職司者所舉的個案、實例、統計或證明，要具有代表性、充分性、可信性及權威性，否則就極易被駁斥。

再者，負責推動政策者要以明述或蘊含的價值，作爲推動政策的動機，引領政策的合理選擇。然而，政策本身絕非只是正面價值的催生者，其亦可能連帶滋生出不良的副作用，激起受影響者對政策的抵制。斯時，主事者爲了超越抵制的城牆，恐要部署對應措施，以減輕副作用的衝擊力，增加推動的速度（Stewart, 2009）。不過，價值的虛擬性、階段性、工具性或抽象性，極易引起其他政治團體的反彈，興起劇烈的政治衝突。

最後，政策職司者要以公信力來行銷政策主張，一則展現專業能力及務實作風，取得政策主張的可靠性；二則流露善意，願意分享政策的主體性，吸納他人有價值的政策見解，避免政策壟斷的現象；三則表露誠懇的態度，啓發他人的政策思維，提出強有力的論證，吸引利害關係人的高度注意。不過，主事者如果處處表現政策的神秘性、主張的武斷性及作風的自滿性，就易滋生衝突，失去他人對政策的信任（Rieke, Sillars & Peterson, 2009）。

五、推測歧異

主事者爲了規劃政策的前瞻性願景，取得有價值的先見之明，進而得以順時順勢擴大瞭解與掌控政經的發展，引導社會的正向演展，均會推測預期的政策成果，進行政策本身對政經社文的影響評估，以抉擇政策較爲合理的取向。然而，由於政策影響的幅度、優劣及正負面，本繫之於未來

內外在環境的制約，與不同焦點事件發生的衝擊，本質上至爲不確定性，亦不易於事前測得準確，於是不同的政治團體基於各自的視框，抱持樂觀或悲觀的透視角度，乃會產生差異極大的未來推測，再加上政治、經濟的互動影響，難免會有較爲審愼的預估，甚至推測原本類屬的經濟政策，但因另一造協力系統的政治操作，而恐損及自身系統的自主性，而不希望政策發展的速度過快，期待政治信任取得之後，再隨勢擴散政策範圍或疆界，因此造成一定規模的政策衝突。

再者，有些政策的設計是學習或移植他地或他時的政策內容，爲了顧慮到政策水土的鑲嵌性，以及決策者的政策偏好，事前每要進行前瞻性評估，但由於評估標準或標的的不同，參與評估的團體，亦會產生互異的推測，而滋生一定規模的政策衝突；有的團體會以爲政治時機的未成熟，而希冀再暫緩一段時間再行推出。臺灣與中國所簽訂的經濟合作架構協議，有的政治團體高度懷疑：其是簽訂自由貿易協定的前提或要件，而與另一個政治團體發生幅度不低的政策衝突。蓋臺灣的國家地位，在國際法上若未能正常化，與其他國家簽訂自由貿易協定之際，均會面臨政治可行性的挑戰或問題，他國的案例不太容易引爲支持的根據。

六、反省未行

政策視框的歧異，在不同的政治團體之間的出現，本是極其自然之事。不過，這項歧異本有化解之道，即每個政治團體形塑強烈的政策同理心，一則站在其他政治團體的立場，省思其政策思維的可參考性、可接受性及可互補性；二則傾聽不同團體的政策聲音，如認爲具有價值性、有助益性與有共鳴性，誠願加諸吸納以彌補自身的政策盲點，則政策衝突極易處理。然而，政治團體既然競爭稀少的政治資源：權力，政策同理心的展

現，以及不同聲音的相互傾聽，恐就知易而行難。

政治團體的政策壟斷，並非政策民主化的展現；何況，在單角的政策思考與內容安排下，難免會有或多或少的政策盲點，若能加入他角的政策見解，或中和未來的政策風險，增強政策正當性的基礎。是以，政策主張如在團體之間，較不爭議的情況下形成政策，或可減輕聯合行動的複雜性，建立策略性協力夥伴關係，增加執行的績效。反之，如在爭議極大的情況，或許並非制定政策的最佳時機，因為決策者要單獨負起政策成敗的責任。是以，政治團體之間如能透過妥協、諮商與調整的過程，方作成政策的終局決定，可能較有機會維持政策的永續性。換言之，政策作成之前，相關職司要盡力化解衝突，調和不同的利益，妥協不同的目標，並在以妥協為基礎的共識下，產出具有各方拘束力的政策，才是較為理想的政策作成風格。

政策參商有其一定的原因在，如若多元政治團體的一造試圖擴大問題的疆界；界定更多的人受到問題情境的影響，鼓舞其介入問題的界定權、擁有權限發抒對問題的相關看法；連結其他重要問題，以呼召政策主事者勢必更加審慎地處理問題，引起更多不同的討論；以及盡可能以最廣泛的界說來框架問題的內涵，增加可資討論的子議題（Pralle, 2006）。然而，另一造可能圍堵問題的擴大，縮小問題情境所涉的面向，簡單化問題的屬性，劃清問題的範圍，減少受影響的標的團體（Ibid.）。這樣一來，政策衝突就不易避免，利害關係人一來要領受其負面的衝擊，二來要積極想方設法加以管理，用以緩和其所帶來的不利影響。

政策決定權的壟斷，主事者不諳以妥協為基礎，建立政策共識，本是政策衝突的根本緣由。換言之，政策的終極決定，若不經過折衷、調整、整合與相互吸納的過程，只由單方獨享決策之權，而又有衝突歸零的想望，恐是無法造就的。是以，為了圍堵破壞性的政策衝突，決策者恐要孕

育衝突管理的才華智商（talent IQ）（Murphy, 2007）。

<h1 style="text-align:center">第二節　衝突衝擊</h1>

　　政策參商的政治形勢，一旦在前述六大因素的互動影響下，成為一項無法抵擋的態勢，其對政治系統，抑或對受問題情境浸染的標的團體，可能會產生一定程度的衝擊，斯值得對之加以關注，藉以提醒相關政治團體，如何以建設性、開創性、負責性與無痛性的精神，作成對應與診治問題的政策，或者耐心等待測不準性較為緩和之際，再推出抵制力低的政策。茲由六個向度分析這類衝突的衝擊。

一、加快決策步調

　　對問題情境認為極為嚴重的政治團體，深恐政策的延擱，而任令問題情境的持續擴散，每每波及相關利害關係人的生存立基，抑或重大產業的競爭力消失，增加更多的失業人口，進而影響社會系統的穩定，乃以自身擁有的政治實力，單憑自己的力量完成政策合法化的工程，而未將抱持不同政策見解的政治團體，其對即將推出政策的顧慮加以認真考量，快速完成政策的制定。

　　這樣的權力遊戲（power play）（Pfeffer, 2010），由於是一個政治團體的單獨操盤，距離全局思考、整體考量恐猶有努力的空間。蓋單眼的注意，難免會發生注意赤字的現象，更未能將不同政治團體的識見，作為自身政策視框反省的依據，發現盲點的所在，重新組構政策工具的參考，盡力窄縮產出政策後遺症的空間。

　　何況，政策並非風險歸零的抉擇，而風險的規避乃繫之於抉擇之前的仔細思量，積極地、設身處地地及有效因應地傾聽各造不同的政策聲音，確認及肯定不同政策見地的正面意義，對各造均提供見識成長及學習的機會，賦與研擬中的政策擁有再度昇華的時機，並透由事前較爲全局性的關注，圍堵政策風險的出台空間（Cloke & Goldsmith, 2005）。

　　加快決策速度的基礎，恐在於政治團體之間的政治信任，也唯有政治信任，進行開誠性領導，鬆綁政策控制，在當今的民主社會，恐是無可避免的情勢（Covey, 2006; Li, 2010）。何況，當今的社會已形塑出分享的文化，而分享又是一項人類根深蒂固的本性，斷然地加以擱置恐是政治毀損的行爲，對任何政治團體而言，均是代價高於效益的作爲，尤其對爭取政權的團體更是如此。

二、遲延政策作成

　　政治系統對於問題情境的處置，有時要講究時間管理，在一定的期程內取得各方利害關係人對政策妥協的共識，適時推出對付問題情境的對策，以免因政策眞空而惡化問題情境，致讓標的團體受到損害。不過，在政策衝突劇烈的歷史時刻，政治團體在衡量自身的政治力量不足以取得政策合法化的多數聯盟之際，極可能在議程上受到一再地阻絕，而致使重大決策處在待決之中（Cobb & Ross, 1997）。

　　這樣一來，因應民需的政策要求就無法完成，引發不少利害關係人對職司治理政治系統的政策不滿，進而轉變成蝴蝶選民，不再持續支持原本偏好的政黨。尤有甚者，如衝突的政策是攸關國際競爭激烈的產業，如若配合時機不當，而失去與他國、他地的產業較勁的能力，產業就有式微的風險，抑或另作遷移他處的打算。

　　政策衝突在政治團體之間，不斷出現與一直發生，這是代表政府運轉形成僵局的態勢，抑或存在隨時會出狀況的一顆定時炸彈。蓋任何政治系統均有不少待推的政策，如若衝突的無法化解，一直停留在政治言談的階段，始終無法通過支持的關卡，未能讓主權者感受政治系統的政策能力所在，流失政治支持本在所難免（林水波，2009）。是以，執政與等待執政的政治團體，要深深體會相互折衝政策內容的重要性，妥協交換的工具性功能，透過合理的政策調適過程，取得雙贏的政策競賽，畢竟政策在政治團體之間取得相互主體性，才是代表優質治理的指標。

三、全局視野不夠

　　政治系統為了解決其所面對既跨域又極端複雜的政策問題，需要有更為統整而全局的政策視野來分析與瞭解問題情境的原委，認定確實涉及問題的標的團體，知悉其政策需求；設計周詳的政策配套，安排不同政策工具在配套上的互異權重；以及配置適量資源，組構執行治理體系，以協力的方式轉化抽象的政策，致使政策所提供的公共服務，得能遞送到標的團體；進而減輕他們對問題情境的負擔，成就政策原先設定的目標，甚至滋生原先並未預料到的正面政策成果，強化他們的政治支持。

　　不過，在政策衝突演變到破壞性的程度，政策的抉擇每會朝向極化性的發展，只由單一政治團體的政策視框，根據其自身的信念，設定所要追求的政策價值，建立因果關係的各項假定，構思對政策問題的認知。這樣的政策設計與作成，比較困難由較為全局的角度來透視政策的多元層面；在分配配套性政策工具上，也會出現不同的權重；在問題的關注上，恐亦有注意赤字的現象，只專注於某一向度的問題；對風險的預估上，採取較為樂觀的盤算；著重當前已現問題的治療，而較不重視問題的事先預防。

這樣一來，政治系統的政策負荷沈重，不利於問題的處理，也會疏忽遠景的構思。

四、後遺難以逆轉

立法院提出的香港考察報告，指出香港與中國簽訂「更緊密經濟夥伴協議」（CEPA）後，言論自由倒退、媒體主導權淪陷的問題。這可印證政策的制定多少均會產生不良的後遺症，威脅政治系統的運作治理，影響系統成員的各項權益。

而在政策價值無法兼顧的情形下，比如經濟發展與生態正義就甚難兩全，選擇其一可能要犧牲其二。換言之，政策一旦有了抉擇，並付諸執行，雖在某方面取得原先構想的效益，但因資源在使用之後，無法再恢復原來的本質，可供政策一再地使用，亦即資源恐有不可逆轉性特質，所以在推動政策之前，決策者本要精確衡酌，擬定中的政策究竟有無蘊含資源或情勢不能逆轉的政策風險，而再構思、探索與設計內控性較高的方案，情勢有機會逆轉的策略性方案，擺脫不可逆轉的風險。

然而，在衝突劇烈狀況下所作成的片面決定，由於政治團體一方的政治憂慮，潛在風險的鋪陳，政策本身可能衍生的政策問題之表述，擔心民意的支持度可否以代議的方式完全表達，皆未能受到相當幅度的注意，呈現出注意赤字的民主（Bovard, 2005），刻意建構公民知情同意的假象，提出政策真空對系統的威脅，而作成攸關政治系統未來發展的政策，恐受制於過度樂觀的推測，而忽視外控性彎強的政策層面，導致逐步於執行過程中出現決策者無可逆轉的局面。

臺灣在發展區域經濟政策時，建立策略性經濟夥伴關係之際，於相關協議的內容上，一定要維護內部的自主性，得以自主決定因應的措施，不

能將政府的調控角色被歸零，而完全受制於簽訂協議的另一造。蓋當今世界的複雜度，相當程度超過少數人的智力所能掌控，無法容許只少數人進行黑箱的投入轉換工程，而必須在透明的情境下，建立理想的政策言談情境，諮詢協商出系統足以維護的跨域性經貿互動決策。

五、政治對立加深

共同領導的實踐，本是揭露隱藏性政策才華的關鍵策略，得以展現協力治理的極大力量，開創對應問題的解決方案之督脈，勝出合超效應的處方（Heenan & Bennis, 1999）。而其成就效應的前提乃取決於：政策職司擁有異見包容的氣度，誠摯吸納不同見解的雅量，並進行自身政策視框的反省，整合出以妥協為基礎的政策共識，共同回應政治系統主權者的政策問責。

然而，政治團體之間的政策衝突，如長久以來處於極端對立的狀況，未能完全站在主權者的政策想望，調研出政策工具的整合性配套，常是以單行道的溝通方式，難免消磨另一政治團體政策參與意願，失去視框互補的機會，而盡以負面的角度評估彼此的政策設計，完全失去協力治理的空間。事實上，今日政治系統核心的政治使命，乃是投資政策民主化的工程，一則消除政治團體對政策的疑惑、憂慮與批判，二則吸引政治團體對政策的投入，以發揮協力治理的願景。

臺灣的政治團體，彼此之間的政策互動，一直未能健全化，凡是政策議題觸動及與中國的經貿關係，在雙方政策意識形態的驅動下，每每陷入「政治戰爭」狀況，不僅團體之間沒有建立政策溝通的平台，立法機關在政治團體的掣肘下，亦未能投入反映民意的政策聲音，以致政治系統恐要承擔注意出現赤字，引發政策風險的政經成本。不過，這種政治情勢已到

迫切需要化解的程度，畢竟每一次對中的政策轉型，如何在政治團體衝突對立的情況下作成，恐累積深厚的政經風險。

六、流失政治信任

政治團體之間在政策的作成過程上，如一直未能透由差異管理，相互妥協、彼此吸納深具遠景的政策見解，造成決策的單角化，照顧層面的侷限化，抑或受制於多數聯盟的無法締結，導致政策的懸空延宕。姑不論政策衝突的結局究竟出現哪一種情勢，政治團體均得不到政策利害關係人的政治信任。

政治團體之能取得政治信任，主權者願意授權使其擁有權限處置政治系統所遭逢的重大政策問題，每每繫之於領導者形塑折衝整合的能力；築造影響的氣質；增強決策的聲望；針對內外在環境的演化採取令人信靠的行動，進而由行動產生彰明較著的成果，讓政策利害關係人獲益；平日又與其他團體建立常態的互動關係，相互討論時下社會所關切的議題，得出互信的見解（Maister, Green & Galford, 2000）。

不過，領導者在政策作成過程，如展現自見自是的作風；擁有一廂情願的政策判斷；未能評估自己政策主張立基假定的合理性；批評其他政治團體的政策主張過於悲觀，只是提出杞人憂天的示警論證；未經周詳考量、傾聽不同異見，就要決定對應問題的解決方案；對於政策未來的不確定性及漣漪而產生的政治風險，不必列入考量；對政策監督問責的進行，希冀形式化而不必從事實質性的審議。這樣一來，前面所出現的言而有信、作為可靠及關係密切的信任形塑作用就受到破損，而流失政治信任，影響後續的政策行動推展。

政策衝突的衝擊不可謂不大，有的威脅到政治領袖的信任，漸進流失

支持的能量，有時釀成稀少政經資源的耗費，無法透由科技或政治斡旋將資源恢復到原初的狀態。因之，一個令人政治信任、勇於任事的領導者，一定要化解政策的無謂衝突，想方設法克服政策行動的盲點，而將跨域性的經貿政策擺脫依賴的風險，並為相關產業開拓發展的立基，弱勢標的人口得由能力建立的政策工具，尋找到轉型的契機。

　　政策領導者的主要任務在於：建立系統成員信任的代理人，形構人性化的政策形成過程，強化政策的透明性，政策安排的互為主體性，以及建立雙向溝通的言談關係，願意吸納不同而有價值的見解，化解政策衝突的擴散。當然，站在政策監督的政治團體，更要扮演忠誠的監督角色，摒除為反對而反對的思維與作風，體認政策的時趨性，提出互補政策不足的建議。

第三節　衝突緩和

　　激烈的政策衝突，不同政策主張持續運行在兩條平行線上，不是陷入僵局的政策窘境，形成必要政策的延宕，以致問題情境的漸進惡化；就是但憑政治權力的優勢，由單一團體領航政策的抉擇，而於執行過程中逐步出現原本注意的疏忽，抑或並未察覺的政策盲點，而感受到政策非預期、系統不堪承擔的後遺症，毀損政治信任度，流失治理正當性的基礎。

　　治理政治系統的政治團體，在面對這樣的政策衝擊僵局，若能學習美國總統卡特、雷根、布希及柯林頓主政期間，克服分治型政府時常出現政策僵局的處置策略，不僅達成政治系統設定追求目標的事功，而且有效避免不當的政策疏誤（Brady & Volden, 1998）。是以，面對政治困境之餘，如能妥適運用策略，亦可將政治困境工具化，配合政治領袖的開誠作風，

每有機會由衝突僵局中產出較爲優質、風險在可控範圍內的政策抉擇。至於，如何利用衝突管理的策略，抑或趁衝突之機、之勢與之際，發現較爲妥當的政策抉擇，前述兩個向度的討論，約略已露找尋之跡，現加以更具體地聚焦之。

一、調整過度樂觀

極力倡導、行銷與推動政策的政治團體，每爲了快速排除不同的政治見解，盡可能對政策的成果加以誇大；描繪樂觀的願景；避而不談、甚至掩飾政策所潛存的問題及風險；僞裝問題之間的連結現象，表示經濟與政治之間不會互相影響；以妥當性極易受到挑戰的假定，來支撐所欲倡導的政策主張；深畏不同政治團體所提出的眞實現象，對之不是有意忽略、就是對之避而不談，甚至是無法接受不會動搖的事實或資訊（Scott, 2009）。

這種單方面鑑賞政策的決策風格，只會加深政治團體之間的不當誤解，致讓衝突演化至破壞性的階段。因之，倡導政策主張者，如於此時認知到過於樂觀的政策預估，有可能是單方的一廂情願，何況政策效應的產生，本要歷經一段時間，途中的焦點事件不斷出現，類皆衝擊到政策的操作，尤其執行更是各方利害關係人政治遊戲的階段及場域，非預期的現象容易藉勢發生，凡此皆會影響最終的政策績效。是以，相關的政策倡導者改採務實的作風，袪除過度樂觀的政策想像，以信任可靠的理據說明政策的迫切性、緊要性及時宜性，恐會更快取得政治團體的體諒，並由信任加速政策的步調。

誠然，站在問責的政治團體，亦不能抱持過於悲觀的政策思維，蓋斯項思維亦是有不切實際之譏，同樣無法令另外政治團體信服。是以，針對

問題的本質、政策本身進行中肯的認定與批判，試圖得到吸納與反省，或可因雙方的調適，取得政策主張的平衡點，緩和政策僵局。須知衝突的兩造，均要展現化解衝突的努力，而以主權者的政策利益爲考量，順勢緩和衝突的氣氛。

二、厲行開誠領導

既然時下已入決策講究透明化的歷史時刻，更興起要求權力分享的政治文化，於是任何政治團體雖由選民授權職司政策治理之責，但是並無權力壟斷政策決定的所有權，因爲尚有選民於選舉之時並未投下支持的一票，何況任何政治團體歷經一段期間的治理之後，民意的政治支持也會出現上下起伏的變化，所以在抉擇攸關選民未來的政策，更需要進行開誠領導，提供資訊的分享與決策的民主化（Li, 2010）。

在資訊的分享上，職司決策者盡可能利用時機向利害關係人說明、解釋及分析：政策的內容、採行的取向與安排的政策工具，用以引領他們瞭解政策相關訊息，論述的依據，立基的知識，激發他們的政策洞識，啓發他們的思維，衡酌原本政策設計的不足，增強決策之前的事前準備。而在相互解釋的過程，各方相互提供最新的知識及可資行動的策略，以滋潤或細膩化政策的部署；與利害關係人進行政策溝通，體認其想望，化解其憂慮，接觸新見解，蒐集新思維，以創造或改進政策的品質（Ibid.）。

政策的民主化乃指涉：不同政策主張的倡導團體，擁有參與決策的機會，厲行多階段的政策對話，相互吸納各方極富價值的政策見解，進行建設性的妥協、綜合，使得涉入決策者與受政策影響者，大體認同即將作成決定的標的。尤有甚者，政策職司者得能展現政策同理心，站在對方的立場，理解其主張的所在，說明政策如此安排的理由，接納合理的政策訴

求，將可降低衝突的幅度。

開誠領導本是雙向的政策溝通，絕非單向的主張傳達，蓋後者極易引起對政策影響的無力感，刺激政策見解不同的政治團體採取更激烈的政策杯葛手段，破壞政策議論的氣氛。是以，本項領導重在政治團體的雙方相互尊重，體認彼此共同擁有決策權，放棄政策壟斷的想法，激發各方對政策的投入，用以成就政策全局化的程度，裨益於共同目標的追求。

三、推動策略學習

政策的巨幅轉型，其所產生的影響既深且廣，而不確定性又不低，因為政策效應勝出所繫的因素至為他賴性，不一定是政治系統的職司者所能完全掌控，所以事前追求政策的卓越，以設想全局的方式形構政策的安排，以預防後遺滋生的策略設計，來防止其出入的管道。這種追求卓越與預防風險雙重境界的前提，乃在於策略性學習，首先要尋求重大的政策處方之前，由職司者及問責者發現至為關鍵的政策問題本質，對之規劃對應的策略；再探詢外在的重要政策思維，思索其具中肯之處、示警之所在，繼而將其納入策略的調研之中；而須特別關注的標的，乃在於構想中的政策套案，如果針對系統問題的解決，而在價值創造的戰役中，爭取到有益的利基；尤有甚者，主事者一定要認清，政策的制定本是多元團體的任務，並非只是擁有治理權者有之，因為較為妥適的政策是不同洞識整合出來，非單一團體所能完全竟其功（Pietersen, 2010）。

由上觀之，政策的形成本是一種學習的過程，從不同的政策思維的比較、對照，再射準問題的焦點與所要追求的願景，再研擬出整合性的對策，連結負有對策落實的機關和人員，成功而有效的將政策付諸執行。當然，不同政策思維的得能整合，異己參與的提供，從中認識不同見解，激

發深層思考，發現視框盲點，引領視框反省，孕育互補方案，防止政策誤判，築造共同意識及形塑關係資本，或可化解意義不大的政策衝突。

四、安排監測機制

　　既然政策的未來衝擊至爲不確定，非事先預料的負面效應，或可藉由助勢的焦點事件出現，政策主事者爲了有效圍堵這項情勢的演展，根據Thacher & Rein（2004）的論點，也許可設定價值衝突下所形成的政策，得以隔絕具負面效應接續產生的機制。首先，居於政治問責的職司，不時要警醒推動政策的部門，政策在設計或執行上已有所脫軌的現象必須適時改弦更張，方能防止非事先預想的後遺症。這項政治問責機制的成敗，取決於機制本身針對政策的設計與執行，確實進行省、知、習的工程，不受政黨的力量完全掌控。

　　其次，職司者更爲穩健的做法，乃在政策的內容上安排退場的工具，抑或終結條款，一旦負面效應有滋生的跡象或指標，其就要即時依照規定，推動政策終結的事宜，不能發生政策惰性任令原本政策持續運行。於是，政策作成之後，主事者對其進行監測與審計的工程，於必要之際，政策滋生後遺症之時，就採取斷然措施割裂政策的執行。而爲了致使終結的合理性，歷經政策評估提出支撐的理據，才不致引發強烈的抵制，順利超越抵制的城牆。

五、尋找政策中人

　　正當政策衝突的兩造，處在政策價值、主張及問題觀互異之際，若能找到雙方信任的政策中人，扮演斡旋調停的角色，試圖代表整體政治系統，而不有意偏袒任何一方的政策視框，尋求雙方的諒解與認同；同時對

政策問題的解決，抱持系統性的思維，並傾聽衝突各造的聲音，體會其政策見解，從中學習各方可以接受的方案，抑或要求各方有所妥協，以裨益於共識的達成；快速築造各方對話溝通的橋樑，展現誠願相互吸納的氣度，逐步建立信任，以增加政策達成協議的速度，並以信任改變政策調解的氣氛；再綜合各方的政策見解，理出創新的政策安排，提供政策優勢的機會，而將衝突轉型（Gerzon, 2006）。

政策中人要有能力綜合各方的政策見解，消化見解的歧異，理出各方可接受的設計；更要養塑權威性的聲望，得能秉公處理各方的政策想望；要有文化智商（cultural intelligence），審慎處理各方的政策趨力、主張所立基的知識，據以實現趨力所規劃的策略與策略落實所要採取的行動，再進行折衝樽俎的工程，提出配套完整、視框全局的政策設計，開啟雙方接受的機會窗（Livermore, 2010）。

政策主事者在面對政策衝突之際，為了致使衝突的緩和，要盡可能不對持不同政策意見者，訴諸恐懼、威脅和恫嚇的言論；不可將初期對政策有異議者視為政策遲延的代罪羔羊；更不宜以不可靠的理據，或運用宣傳的手段毀損政策異見者的說法（Gerzon, 2006）。而要認真處理政策差異的所在，試圖將政策的差異，透由緩和策略的運用，將差異轉型多元機會的所在。換言之，主事者要善用政策衝突成為較佳政策設計的催生劑或觸媒劑。

結　論

政治參商在政治系統的治理過程上，本是常態而自然的現象，因決策關係價值的追求，這項追求又深受不同意識形態、信念系統及對環境挑

戰的判斷之影響。不過，在面對政策衝突之際，主事者爲了降低其衝擊的破壞性，引領無痛性的決策變遷或發展，就要設法緩和衝突的範圍擴大、程度的加深，以及政治團體之間產生完全的對立。歷經前面三個向度的分析，吾人或可產出六大知識體認。

1. 衝突的代價性：破壞性的政策衝突，由於雙方的政策見解，無法透過妥協折衝的過程，形塑共同接受的共識，只由單眼思考作成終極的政策抉擇，極易出現政策疏忽的現象，而爲政策帶來沈痛的代價，滋生政治系統不堪負荷的責任。

2. 鑑賞的果效性：不同政治團體的政策想法有時深具參考性，可提醒政策盲點的所在，進而健全化政策工具的部署，鋪擬正面政策果效的路徑。是以，決策過程中爲了共同創造政治系統的將來，納入不同觀念者加入決策，並以鑑賞的態度領受其政策視框，理出較爲統整的政策結構。

3. 妥協的突破性：政策的作成通常要歷經一段正反合的調整過程，不能全由單一政治團體壟斷決策權，而須經不斷的交流、對話及溝通的過程，才更有機會突破政策僵局，通過該僵局的旋轉門，設定較爲中肯的政策目標，抉擇風險較低的方案，抵擋疏忽的錯誤。

4. 樂觀的風險性：政治、經濟本是相互影響的，任何經濟政策的抉擇，難脫政治的衝擊，甚至波及政治系統的主體性。是以，在區域經濟盛行的時際，相關的政策抉擇，恐要盡量避免過度樂觀的政策推估，以免損及政治系統內控權力的幅度，造成對其他政治系統的過度依賴。

5. 反省的建設性：政治團體對各自政策視框的過度堅持，不能以不同的視框作爲重新省思的依據，就沒有機會對事實、價值、理論及利益，進行更合理的整合。是以，一個無懼性的政策領導者，爲了克服自身政策視框的盲點，推出面對內外在環境巨幅變遷的強健政策，而致使原本的政

治系統得到建設性的轉型。

6. 信任的速度性：面對重大的政策爭議，主事者不但講究政策設計的實質
理性，更依循程序理性的過程，運作政策形成的遊戲，分享攸關政治系
統未來的決策權，發覺與重視別的政治團體之觀念、想法及展望，以之
作爲政策學習的標的，或可照亮政策的優質度，取得政治信任，加速政
策形成的速度。

　　政策衝突能否轉型爲政治團體進行策略性學習的機會，端在主事者能
否運用它進行深度政策調研，吸納別人洞識的政策見解，改變自身的內在
政策建構，喚醒創意性的整合，抉擇對政治系統整體或各時均獲益的政策
走向。因之，將政策衝突視爲政策再思的工具，不是政策僵局的驅力，主
事者或可藉之創造政策優勢，提升政治系統的政策能力。

參考書目

一、中文部分

林水波，2009。「政策遲延」。文官制度季刊，第1卷，第2期，頁1-20。

二、英文部分

Bovard, J. 2005. *Attention Deficit Democracy*. NY: Palgrave.

Bowler, S., T. Donovan & C. J. Tolbert (eds.) 1998. *Citizens as Legislators*. Columbs: Ohio State Univ. Press.

Brady, D. W. & C. Volden. 1998. *Revolving Gridlock*. Boulder, CO: Westview Press.

Cloke, K. & J. Goldsmith. 2005. *Resolving Conflicts at Work*. San Francisco: Jossey-Bass.

Cobb, R. W. & M. H. Ross (eds.) 1997. *Cultural Strategies of Agenda Denial: Avoidance, Attack, and Redefinition*. Lawrence, KA: Univ. Press of Kansas.

Covey, S. M. R. 2006. *The Speed of Trust*. NY: Free Press.

Gerzon, M. 2006. *Leading Through Conflict*. Boston, MA: Harvard Business School Press.

Heenan, D. A. & W. Bennis. 1999. *Co-Leaders*. NY: John Wiley & Sons, Inc.

Kingdon, J. W. 2003. *Agendas, Alternatives, and Public Policies*. NY: Longman.

Li, C. 2010. *Open Leadership*. San Francisco: Jossey-Bass.

Livermore, D. 2010. *Leading with Cultural Intelligence*. NY: AMACOM.

Maister, D. H., C. H. Green & Galford. 2000. *The Trusted Adviser*. NY: A Touchstone Book.

Murphy, E. C. 2007. *Talent IQ*. Avon, MA: Platinum Press.

Ney, S. 2009. *Resolving Messy Policy Problems*. London: Earthscan.

Pfeffer, J. 2010. "Power Play," *Harvard Business Review,* 88(8): 84-92.

Pietersen, W. 2010. *Strategic Learning*. NY: John Wiley & Sons, Inc.

Pralle, S. 2006. *Branching Out, Digging In: Environmental Advocacy and Agenda Setting*. Washington, D. C.: Georgetown Univ. Press.

Rieke, R. D., M. D. Sillars & T. R. Peterson. 2009. *Argumentation and Critical Decision Making*. Boston: Pearson Education, Inc.

Rein, M. & D. Schon. 1994. *Frame Reflection: Towards the Resolution of Intractable Policy Controversies*. NY: Basic Books.

Scott, S. 2009. *Fierce Leadership*. NY: Broadway Business.

Stewart, J. 2009. *Public Policy Values*. NY: Palgrave.

Thacher, D. & M. Rein. 2004. "Managing Value Conflict in Public Policy," *Governance,* 17(4): 457-486.

Whiteney, D., A. Trosten-Bloom & K. Rader. 2010. *Appreciative Leadership*. NY: McGraw Hill.

第四章　政策疑惑

2009年大學指考作文題目為「惑」，引起諸多討論，究竟參與指考的標的考生，受限於人生體驗並不豐，而且題目本身又蘊含疑惑、困惑、迷惑、誘惑、猜惑或瞠惑等多元不同的類型，定使參與考生有種難以下筆拿捏，以維持高競爭力，順利考上自己想望的大學。

同樣地，臺灣與中國在研擬經貿架構協議的過程，亦因為有些利害關係人，在未明該項協議的正確指涉；或擔心協議簽訂之後，原本主觀假定：臺灣可以在關鍵的抵制障礙消除後，得能與東南亞國協的國家順勢簽訂自由貿易協議，各方在關稅的歸零或降低下，維持臺灣在經貿上的競爭力，降低失業人口，如若這項假定，無法成為事實，將進而阻礙臺灣經貿的發展；尤有甚者，他或她亦質疑，一旦經貿合作架構協議簽署後，是否會引發傳統產業的競爭力下滑，進而帶來不少的失業人口；他們更憂慮，未來兩造若簽訂協議，恐會發生矮化臺灣主權的問題，有必要由主權者表示最終的意見，而公投的舉行乃是主權者表示最終意志的機制。

國土規劃本是極端重要的政策議題，非經周詳規劃恐未能產出令人認同的調整內容，如又在走一步算一步的思維制約下，不斷針對三都十五縣進行調整，如今形成五個直轄市及十七個縣市的規劃，並將推動臺灣北、中、南三大生活圈和七大區域的整體發展，以全面提升國家競爭力。這項政策變異亦引起不少的猜惑，抑或令人不可思議，究竟其對促進地方發展有那些正面的作用，又會產生何種政經的排擠效應，主事當局如未加詮釋、說明及論證，難免導致政治性的臆測，而認為這樣的舉措：充滿政治考量與權謀，造成正當性赤字的擴大（Montpetit, 2008）。

　　經濟合作架構協議的簽署，以及國土規劃行政區畫的重整，在過程中均引起政策利害關係人的疑惑，進而激發爭議與挑戰，增加後續的衡酌作為，並需進行「延續管理」，以降低政策的衝突性，化解政策推動的阻力，而於正式執行過程中快速締結協力夥伴關係，發揮協力的優勢，成功而有效執行政策內容以促成原本設定的政策目標。不過，政策疑惑，從上述兩個個案中，令人體悟：其可能是政策形成之際，受到政策影響的人，為了自身權益的維護，恐會強烈質疑政策的正當性、必要性、妥當性及時宜性。是以，對這個存在注意赤字的政策概念，本有迫切加以填補的必須性，並擬由概念本身的原因指涉、政策疑惑引發的影響，以及如何適時解惑三個角度解析之，用以激勵學術社群關注這方面的議題，實務社群體悟這個經常出現的政策現象，理出對應的策略，遠離它的束縛，適時推出對應時境的政策。

第一節　原因指涉

　　政策在形成過程中，其之所以引起標的對象，抑或在野政黨的疑惑，並要求倡議者要採取一些額外的作為或不作為行為，以免政策本身在考量的面向不夠周全，防火牆並未架設，配套安排或政策接軌也未完備，而釀成政策挫敗（Bovens & Hart, 1996），造成有限資源的浪費，相關議題的未解，以及無法逆轉的政策衝突。至於，研擬中的政策，其本身或職司者到底為何受到疑惑，進而遭受到挑戰，並由疑惑者提出一些避險的機制，增強政策形成的程序正義，且透由程序正義的補強工程，強化實質正義的追求。這個議題或可由八個向度解析之。

一、注意赤字未除

當今較為民主的美國，就曾被暢銷書作家J. Bovard（2005）認定為：運行注意赤字的民主國家，所謂政策是人民意志的展現，也只是在反映少數人的政經利益；選舉的結果更是選民一天瞬間的集體想法，並非真正在透露體系未來履行的政策取向。是以，當今的政治體系，可能在政策形成的過程上，出現不少的注意赤字現象，否則怎樣會出現全球性的金融風暴，帶來嚴重的經濟失序，滋生空前的失業率。比如，政策的管轄機關並未注意政策主張所立基假定的虛擬性，而堅持問題建構與方案設計之間的因果關係，積極倡導或推銷政策主張，甚或以示警論證來威脅政策遲延的後果。就以簽署兩岸經濟合作架構協議而言，主事者在「答客問」上就表示：因為東協加一及東協加三的形成，不只會使臺灣經濟成長率下滑，也會導致失業率的攀升，所以推動ECFA是面對國際現實必要的手段。不過，東協加一及東協加三的形成，目前猶處在不確定性的情況下，其所造成臺灣經濟成長率的下滑或失業率的升高，也就同樣處在推斷、臆測的階段，何況東協加一及加三情勢未能一蹴可幾。

尤有甚者，政策職司亦可能對內外在環境演化的面向出現感知不敏的現象，未能完全掌握關鍵的環節；對信號演變的意義無法充分解讀，以致不能釐清該採取的行動對策；對環境演化所出現的問題，無法透過客觀的事實及主觀的推斷，建構其成因及可行的對策；在政策移植或他國經驗的學習上，由於未諳或理解不同政策或經驗的內容，以及實際運作的技巧，而選擇與本國政策情境無法鑲嵌的學習或趨同政策，遭致政策失靈的命運（Rose, 2005）；以及決策時間的拿捏不準，問題急迫性的判斷有誤，而致決策作成的失時失境，導致政策結果受到影響。

由是觀之，政策職司者由決策之前的營為，抑或互動管理的選擇性偏

差，只選擇與政策主張雷同者參與政策對話，每每造成明顯的注意赤字，也為最終抉擇的政策帶來政治風險。是以，與其講究決策的速度，不如注意政策本身的周延性，事先做好各項潛在的政治風險管理。

二、認定依據未驗

在講究循證決策的時代，主事者每要承諾：對決策主張的抉擇及問題認定，要進行系統性的評估，並以相關的事據、客觀的事實，作為政策推演的基礎，盡量避免以傳言或杜撰的資料作為政策說服的工程（Nutley, Walter & Davies, 2007; Pawson, 2006; Pfeffer & Sutton, 2006）。蓋政策如未立基在穩固的事據上，每會招致強烈的質疑或猜惑，進而引起重大的爭議、視框的衝突。

臺灣智庫董事長陳博志針對政府所研擬的ECFA提出批評時，就直接指出，政府在資料引用上恐有不實之處，其謂：「馬政府說我們若不能加入東協加三，會造成十一萬四千人失業，所以要趕快和中國簽訂合作協議才不會失去競爭力。然而那份研究假設東協加三使中國對會員國關稅由9.1%降為零，而我國出口品則仍要納9.1%的關稅，所以我國產品相對變貴很多而賣不出去。但實際上有些高關稅的產品貿易量很少，加工出口用的進口商品又可外銷退稅，所以中國2007年名目平均關稅率9.9%，而實際所有進口品的平均稅負僅1.95%。我國出口品因為用於加工出口的特別多，在中國面對的實際關稅率僅約1.77%。所以東協產品進入中國之關稅即使都降為零，我國產品也只是相對貴1.77%，而非研究中假設的9.1%。這項差別使該研究的失業人數高估近五倍」（陳博志，2009a）。由是觀之，主事者所提供的依據，如若未能得到合理的驗證，且有灌水之嫌，就難以說服他人支持政策主張，蓋論證的推理基礎本身至為脆弱使然（Rieke,

Sillars & Peterson, 2009）。

三、環境系絡未勘

　　政策的推出本是因應內外在環境的演化而來，如簽署ECFA的理由，乃在於因應東協會員國的變化，對臺灣所造成的競爭力衝擊，及對傳統產業的影響，連帶引發的失業問題。又如公投法的制定，執政黨的政治考量在於：消滅在野黨對該議題在總統大選的掌控權，降低其議題利用擴大當選空間，而喪失稀少資源的權威性分配，並在制度中人的黨際斡旋下，完成合法化的艱難工程（林水波、邱靖鈜，2006）。如果，關鍵人物未能識透或感知這樣的情境變化，就不可能有因應性的政策倡導，並以政策分析的結果來加以推銷，抑或完成該有的制度，以供制衡代議民主的機制，疏解行政立法部門間的立法僵局。

　　不過，如若政策職司未能探勘或偵測環境變化的軌跡，現今業已滋生的問題，恐究會有政策遲延的現象，造成政策真空的窘境，當然引發利害關係人的疑惑。再如，如他或她以不同的視框來探測環境系絡的變化，則會有曲解或另類的破譯，並提出引人疑惑甚至反對的政策主張。蓋政策如未能有支撐的環境系絡，本易產生水土不服的現象，而致至失靈的地步。

　　對於ECFA的普遍質疑，也有起因於環境系絡未確實探勘的情勢，即在簽署ECFA之後，臺灣的經濟資源和生產活動勢必向相對較低成本的中國移動，這樣一來加速臺灣產業的外移，造成臺灣失業問題的惡化。與此同時，正由於臺灣與中國在關稅貿易障礙解除後，大量中國低價產品更容易傾銷到臺灣，將使原本以臺灣內需市場為基本盤的傳統產業及農業部門產業，帶來強大的衝擊。

四、視框衝突未了

　　相關的利害關係人之所以對倡導中的政策表示疑惑，無法順服政策主張，諒必雙方對透視政策框架大大不相同，並缺乏雙方肯認的政治平台，抑或無法經由政策企業家從中進行視框的交流，以及應用辯證的方式進行外在的對話，進而相互吸納可以接受的論述或政策安排，以致產生政策所追求的價值衝突（Thacher & Rein, 2004）。如這項化解政策視框衝突的機制，在政黨各自受己身意識形態的束縛下，始終無法透過視框互動的遊戲，在政策主張的架構上，達到相得益彰的境界，並運用最佳機會，立即挺身而合法化政策安排，用以解決政治體系所面對的結構不良問題，此正是「得時而駕，得風便轉」的寫照。

　　事實上，任何政黨執政並無權扮政策沙皇的角色，完全壟斷政策的論述權，主導整個政策的過程，及免疫於政策監督，而有責任進行不同政策視框之間的交流，以利自見自是的革除，計較輸贏行為的排除，摒棄完全自封的思維習性，進而創造對話的情境，建構合作調研的機制，探究衝突化解之道，而有助於重大政策的勝出，填補原本的政策真空，對應內外在整體情勢的快速變化。是以，處於全球化時代的政黨，要洞穿自身所負的視框交流責任，以免造成政策疑惑期間過長，導致政策停滯而無視問題罅隙的存在，利基的無端流失，競爭力衰落的無已，機會之窗的無門，合產績效的無由，以及對應方案的無從。

五、方案蒐羅未盡

　　政策問題的處方，每每至為多元，更有不同的配套組合，職司者為了減輕政策衝擊的測不準性，本要建立理想的言談情境，進行內外在的對話，以搜尋、創造及分枝的方式，組合出時境合宜的方案。如若主事者業

已獨鍾於一個政策選項，並無空間容納其他不同方案的見解，難免引起持
不同意見者的猜惑，甚至要求以表達全民意志的方式，作爲合法化權威的
機制，事先預防未來固有的不確定性之擴大，而造成體系沒有政策能力來
承擔那個巨大的變局，即爲了公共目的之成就，得以動員必要的資源，以
進行明智的集體性抉擇，並設定策略性的政策取向以有效配置稀少的資
源，面對理想情境與實際情境之間的落差（Painter & Pierre, 2005）。

　　方案或政策工具在「人人有路到長安」的思維下，向來可由不同的政
策視框加以探討，更可由過往的歷史經驗，不同時間，不同空間的搜尋，
再對應現今的時境，進行不同時間與空間之間的接軌或搭橋工程，而抉擇
出可欲性及可踐性的方案（Rose, 1993）。然而，主政者如捨棄這樣的政
策作爲，完全容忍大幅度的不確定性，以及不太在意任何的政治風險，也
不設立任何後遺症的防火牆，一旦已定政策已到不能逆轉的地步，則體系
所要承擔的政治代價就是無法承受之重，當然在形成階段會激起強烈的政
策疑惑。

六、邏輯推理未當

　　政策主事者爲讓利害關係人認同政策的採納，每要經由妥當的邏輯推
理，提供合理的理由，以取得他們的接受與順服（Granger, 2008）。換言
之，政策主張如若欠缺具說服力的推理，每易受到標的團體，抑或負制衡
之責者的政策否決；反之，其若有妥當的理由支持，對他或她成功地說服
的機率就倍增。

　　一般而言，邏輯推理的妥當性可由四個角度評估之：一爲整合性，
即對一項政策主張，盡可能提出完整的考量，不能只由單面的優勢及機會
論斷，更要由劣勢及威脅加以檢驗；二爲一致性，即政策主張的各項論述

必須一致，而且得相容並存，不能出現衝突或矛盾的說法；三爲相關性，具說服力的政策主張，本要求立論的前提與結論之間具有一定程度的相關性，不能將效益特別放大，而將代價特別縮小；四爲對稱性，即對受到政策衝擊的標的，一一提出成本效益分析，不能只對受益對象詳細鋪陳，而對受害對象簡單敘述，甚至略而不談，形成資訊提供的不對稱性（Dunn, 2008; Govier, 1985）。如果，一項政策倡導未能通過四項標尺的檢驗，引起相關人士的疑惑、評論與質疑就至爲自然。

七、說明過度簡化

政策所牽涉的層面萬般複雜，其後果又深具不確定性，產生的影響也相當深遠，主事者爲配合利害關係人的呼應，本要將政策所涵蓋的內容說明清楚，形成的政經背景指陳無遺，針對要解決的問題描繪及建構完整，試圖追求的願景勾劃清晰，組構的套裝政策工具進行評核，不得有任何的忽略，抑或出現內容涵蓋不明的情勢，不致引起標的團體對政策的疑惑，本就極爲困難。

2009年度臺灣最大的政經結構變化，莫過縣市改制案。本來本案的路徑依循是「三都十五縣」的大選政見，但因臺南縣市意外地合併升格成功，乃對之不再提及，亦不講述臺灣如何切成七塊，或「三大生活圈、五個（甚至是六個）直轄市、七個區域」之國土規劃的宏觀藍圖究竟爲何，乃產生人民對這項政策轉型的疑惑。是以，爲了杜絕相關人士的迷惑，內在邏輯的說明，以及以辯證的方式進行外在的對話，恐是必要的作爲（Rieke, Sillars & Peterson, 2009）。

八、未來衝擊未述

在政治體系面對政策環境的巨幅變遷，其究竟要採取那些作為或不作為行為，政策分析的角色扮演當然不能避免，當事者或由理性主義進行規範的分析，或由現實主義進行經驗的解析（Smith & Larimer, 2009），以得出較為可欲又可行的作為。不過，影響政策採納與否的關鍵定素，即政策本身，抑或與其他政策互動後，將政經社文科環境所產生的衝擊，可能是左右利害關係人的政策意向，是以加諸詳盡的調研與說明，乃是化解政策疑惑的處方。如若主事者吝於提供時宜的、完整的、相關的、高品質的及可靠的資訊，講述政治體系所要採取的政策行動，即政策行動想在並不透明的情況下推動之，本會導致對善治的傷害（Ferrauti, Jacinto, Ody & Ramshaw, 2009）。

臺灣如與中國簽署ECFA之後，究竟對那些產業產生利或不利的影響，本要詳細述明；能否解決東協零關稅對臺灣的衝擊，亦無法加以忽略；中國國家主席胡錦濤所發表的「胡六點」指出：綜合性經濟合作協議是以「兩岸在事關維護一個中國框架這一原則問題上形成共同認知和一致立場」為前提，這樣一來兩造在簽署ECFA時，如何避免臺灣主權被矮化的可能性，本要關注及預擬防火牆，當然是有關當局無可逃避的課題，以排除關注者的政策疑惑。

在前八項原因分別或以不同組合的方式出現時，政策疑惑現象的形成，本是至為當然的事。斯時政策職司者所要扮演的角色，一為解惑者，試圖對疑惑加以解釋，進而加以化解；二為連結者，精通溝通諮商之術，並與疑惑者進行互動，建立建設性關係，成為多數聯盟的一員；三為築造者，意圖形塑政策的迫切意識，用以引領政策的推動，導致政策成果的滲出，成為政治體系成長與發展的推導力量（Love & Cugnon, 2009）。

　　一旦一項政策議題在社會上受到高度討論之際，疑惑的產生向無法避免，所以主事者以正面的態度對之，並以誠摯的態度導引政策視框的交流，消除自見自是、自伐與自矜的政策盲點，並對其即將採取的政策行動，一則回覆各方的質疑，二則認知行動的不足之處，三則接納他人的建設性方案，才是當責的行為，有效進行當責管理的舉措（Dealy & Thomas, 2007）。

第二節　引發影響

　　在主事者預擬推出的政策，抑或已正式推出的政策，由於政策未來均充滿或蘊存不確定性，一旦政策本身遇到重大的焦點事件，以及政策環境的動態演展，會將政治體系牽引向風險或效益發展，事先的政策模擬在變數推測不一定有效的情況下，無法推出準確的預測，難免會在利害關係人之間的互動，或政策的決定或安排，以及最終政策績效的產出，引發持續漣漪性的影響，茲加以詮釋以供有權抉擇者及變遷者的決策憑據。

一、團體對立

　　在政策的後果恐會導致政治體系未能承載的壓力，即政策對未來政經環境的影響或衝擊指數，被想像或認定為極高的情況下，在社會上就形成兩個團體，站在各自的政策立場提出正反相衝突的論述，試圖締結多數聯盟，以壓住對方的政策倡導或政策駁斥，而陷入政策的論戰中，乃有所謂群策會的「ECFA十一問」，以及經濟部研擬的「兩岸經濟合作架構協議—答客問」的文件出現，但始終缺乏誠摯對話的平台，雙方沒有相互進行

同理性傾聽的機會，以致雙方一直處於對峙下的平靜情況。

這種團體對立與立場經營，極易帶來對其他議題的排斥，甚至對之加以忽略，畢竟人類的注意力總有其一定範圍，進而產生注意赤字的現象。尤有甚者，主事者在面對強烈的政策主張對立時，為了討好各方，也就遲緩拿定政策主意，在情況尚未明朗之前，暫緩下賭注，定要等到情況明晰後，再決定政策的何去何從。不過，政經情勢乃一直在演變，不容許主事者的刻意等待，而不失去機會，甚至因等待必須面對威脅。

二、僵局難免

在政策形成孕育的過程中，如有一方對政策的內容、風險及效應產生了疑惑，極可能開拓諸多倡導者並未詳述的議題，抑或根本未注意的面向，進而提出各項疑點與挑戰，引起更廣泛人士的關注與參與。這樣一來，由於雙方的政策視框至為歧異，政策交集在欠缺機制構築的情況下，造成政策僵局的情況在所難免。這項現象正如國會採用兩院制的國家，由於兩院的政策主張或思維大為不同，推論依據落差不小，乃形成嚴重的立法僵局；尤有甚者，在政黨出現極化發展的社會，深受各自意識形態的牽制，又欠缺政策中人的從中斡旋，形成政策僵局的可能性就不小（Binder, 2003）。

臺灣與中國正打算簽署ECFA的歷史時刻，社會就出現強烈的疑惑，而有學者提出這樣的訴求：「臺灣應該跟全世界合作，而不單單一個中國，否則恐將被中國綁架，對臺灣經濟恐弊多利少；蓋在與中國簽訂ECFA後，如出現其不准臺灣與其他國家簽訂FTA（自由貿易協議），只能與中國合作，以後臺灣政經依賴中國將更為嚴重；再者，主事者在制定ECFA的過程上，可以發現並沒有全面評估，沒有替代方案，也沒有配

套措施等窘況」（陳博志，2009b）。擁有這樣的透視者普遍存在於臺灣社會各個階層，恐易造成政策僵局，有待主事者積極扮演不同意見的連結者，致力於歧見協商及關係築造的角色。

三、決策遲延

在僵局趁勢產生之後，主事者每為求事緩則圓的期待，更期望政治體系不致於導向極化的發展，乃建構政策發展的計畫，透過溝通斡旋的進行，說服取信的平台安排，為政治體系的主政者扮演共識形成過程的角色，協助它準備預期的政策變遷，發現潛在問題及政策疑懼的所在，進而探究擬定的政策走向，究竟要如何部署與安排，方能改變利害關係人，抑或政策表示強烈疑惑者，其對政策的理解，並不再展現抵制的行為。換言之，新政策的推出，難免會對其後果引發合理的疑懼，非經一番的政策社會化過程，每難以改變或啟蒙標的團體的心智架構。

這種政策社會化的工程，一旦鑑於情勢演展的需要，每要花費不少的時間，決策遲延之情形乃至為自然。何況，任何異於過往，或與原本敵對國家進行和解遊戲所要產出的政策，總要一段催化孕育的時間，何能以躁進的態勢強行推銷，或由由上而下的模式加以速成。畢竟政策的正當性是要取得的，無法自動形成。而欠缺正當性的政策，在執行階段不易取得標的對象的參與投入。

再者，政策民主的實踐，才能由主權者授權給主事者全權推動政策的空間，是以他或她要扮演政策構想者的角色，主動提供政策奠基的知識，不同時空已生的政策經驗，前瞻性評估的資訊，分析嶄新的機會，針對他人之見而納入內容者，才能縮短政策說服的時間，不致導致時間的延宕，加深對政策的疑懼。蓋現今已進入商議民主的時代，任何決策之前的政策

分析,不能只由單方片面的論述,所以主事者要瞭解網絡社會興起的時空,掌握政策治理的關鍵,妥當配搭商議型的政策分析,以支持倡導中的政策,縮短政策停滯的時程。

四、政策說服

政策疑惑的形成,主事者非要取消這個那個疑惑,促使政策開啟合法化的機會窗,極可能要延展一段可觀的時間,導致政策遲延、政策真空的狀況,無法在跨域合作或區域治理上成就合超效應。當然,為求快速通過這個障礙關卡或節點,主事者恐要啟動引領利害關係人對政策認同的作為。

根據R. H. Granger(2008)的說法,主事者或有七種作為得能獲致利害關係人對政策的首肯。其一為誠摯懇談互動,以密切關係促成信任與同意;二為權威的展現,以專業的論述及經驗知識引發接受的意願;三為推出一致承續的例證,說明當今的政策行動與過往的行動是一致的,只是因應情勢變遷,稍加擴大行動的範圍而已;四為互惠的指證,言談跨域政策互動的雙方,各有付出也各有所得,並在施與受之間取得平衡;五為對照他案或他例,指出構想中的政策,其能勝出的優勢與機會,較優於比較的個案,且隨帶而來的劣勢與威脅,亦小於對照的對象;六為提出合理妥當的理由,俾讓原本敵對者,無法再提出駁斥的理由,轉而成為政策的行銷者;七為注入積極的未來希望,展露未來可欲的願景,並非如海市蜃樓般的虛幻想像,激勵標的對象的政策態度轉變,成為支持的社群。換言之,主事者在推展新政策之際,要能利用上述七項引領人認同政策的觸發器(triggers),打開原本反對或抵制者的心防,徹底扮演說服達人的角色,通達說服利害關係人的技能。

五、政策重組

　　政策一旦受到疑惑，並對未來的政治風險感到恐懼，主事者本要對之因應，並安排妥善的風險管理機制，不能任令政策成立後，由其走一步，觀察一步。這種現象乃顯現政策領導者，缺乏系統性規劃，未能披露準備對應政策執行演化的政策分析。事實上，強烈對政策疑惑不解者，其可能透由不同視框來觀測倡導政策有哪些盲點、無知或缺陷，甚至提出對應三者的政策工具，對之充分地應用，或可預防政策的脫臼，達致與政策環境的鑲嵌。

　　在政策工具的理論上，相關學者亦提出四類各領域通用的政策工具，即管理規劃、誘因提供、能力建立及系統改變（McDonnell & Elmore, 1987）。即設定多元規制管制相關的政策行動，以防止其越界或違反；提供各項激勵機制，以引領相關人士的行為取向；養塑政治體系的能力，得能事先偵測政策的動態演化，可以在問題情境未惡化之前就機警地加以診治；與民間機構或非營利組織簽約，形成契約型政府，以完成政府不能站在第一線為之的政策作為（Freeman & Minow, 2009）。而對應一項迫切的問題情境，本可在這四項工具間做妥適地排列組合，不可獨沽一項。是以，在主事者推出試探性的政策之後，引起各方的關注與討論，並提出針對性的對策之際，勇於接納建設性的政策主張，重組原擬的政策架構，更新原來的工具安排，或可減輕政策疑惑，開創一條合法化的路徑。

六、績效難出

　　在擬定中的政策，一旦引發社會上不少人士的疑惑，主事者的政策說帖又未能發揮改變質疑者的政策態度，這種政治體系的運作，極易陷入「停停、看看與走走的政治」（stop and go politics），造成主事者認為：

與其主動揹責任、惹麻煩，不如等待舉棋不定的上層拿定主意後再說（南方朔，2009）。這樣的政治運作，往往決策所費的時間不訾，有時更陷於游移不決的窘境。

再者，由於媒體只對新鮮的政策議題感興趣，開始熱吵幾天又被另外發生的焦點事件所吸引，進而忽略原先全神貫注的重大問題，以致未能順時順勢引領政治體系進入議程設定過程，再逐步完成執行所必須經過的合法化程序。而國家機器又深受媒體政治的影響，亦步亦趨地跟進媒體的關注而轉動，配合媒體進行政治表演。這種情況乃出現：國家機器隨時開，隨時關的政治（on-again, off-again politics）（南方朔，2009）。

在「停停、看看、走走的政治」，以及「國家機器隨時開，隨時關的政治」等的雙重制約下，對應時境的政策，恐就一直停留在議而不決，論而未定的節點上，當然在政策真空的情形下，無法針對問題情境產生診治的效能，導致效能沈淪的攻擊與批評。

政策疑惑在政策倡導之初階，本是一種常態的現象，而在這種現象出現之後，主事者為了防控其蔓延，乃必須立即展開溝通斡旋、說服取信的行動，調整政策工具的套裝安排，以縮短團體之間的對立期，化解政策合法化的僵局，疏解遲延政策的障礙，鋪陳政策績效勝出的路徑。

政治體系所能掌控的機會稍縱即逝，無法一直停留在政策未決的狀態下。這時政策企業家恐要扮演克瑞司馬的倡議者、循證領導的說服者、視框反省的兼容者、八面玲瓏的行銷者、旁徵博引的吸納者及適應調節的品管者等六大角色（林水波、沈佑龍，2009），以化解政策疑惑的戈旬糾結，開拓或整合設計出一條正當性強固的政策取向。

第三節　解惑之道

　　在吾人論述政策疑惑所引發的影響中，也約略敘及解惑之道。蓋其在政策形成過程中，每每扮演形成障礙的關鍵因素，導致嚴重的問題情境，如決策當局持續缺乏對應政策，而任其發生、惡化及更難處置，甚至引發政治體系不堪負荷的重擔。何況，政治一如機器，它必須持續能有動能輸入，機器才能保持永動，始終回應內外在環境的演變，透由轉化過程而輸出對策，以產生各種支持政治的效應。如若政策疑惑絆住政策的路程，政治機器就有停工的可能，造成諸多不可治理的情勢，所以解惑是主事者當責的課題。至於如何為之，或可由六個路徑著手。

一、過程透明

　　政策的神秘，抑或內容的隱約，本極可能對政治體系造成主體性的流失或腐蝕，也易引起利害關係人的疑惑與恐懼。何況，在臺灣與中國長期對立以來，有些人已形塑出一套的政策思維模式，如主事者欲將ECFA作為挽救臺灣經濟的競爭力，減少失業人口的短期藥方，而怠忽系統性的政策規劃，過度簡化所認定的政策問題，忽視其所可能引發的政治風險，而以「走一步，觀察一步」的態度，對待標的團體的疑懼。這種過於簡化的說明，怎能釋放政策對象之懷疑及擔心。

　　茲為了袪除人民對推出政策的疑惑，達到政策善治的理想，政策的透明，以及事先預擬政治風險管理的策略，或可止疑，進而提出建設性的預案，防控風險的發生。所謂的透明，乃對利害關係人提供適時性、完整性、相關性、優質性及有效性的資訊，並快速地加以流通，讓他們知悉政府的政策活動是如何在盡力的安排，風險是怎樣在盡力的探勘，以及防火

牆如何在有效的安排（Ferrauti, Jacinto, Ody & Ramshaw, 2009），如此或可減輕人民對政策的疑惑，轉化支持對應時趨政策的推行。

再者，重大政策的決定，本應依憲法的解釋，尊重立法機關「對國家重大事項之參與決策權」，而於適當時機加入它的政策見解，以雙眼思考或視框兼容的作爲，減少單眼思考的盲點，更從立法機關的場域注入在野政黨的政策想望，本有助於化解社會對政策疑惑的空間，排除合法化的障礙。換言之，行政部門本無政策壟斷權，也無正當性由本身單獨享有攸關眾多標的團體福祉的決策權。

二、連結釐清

政策本身是政治體系透由「機器」轉化過程的產出，其要經過執行過程，並與政策所面對的內外在環境互動衝擊之後，才會產出對政治體系及其成員有益或有害的結果，所以在產出（outputs）與結果（outcomes）之間的連結關係，主事者有必要對之釐清，究竟這種連結關係一是純粹的邏輯推理，二是但憑相關人士的直覺臆測，三是禁得起經驗印證的實在現象。如屬第一種情形，雖推理過程無疑，但因在環境中立的情況下作成，尚待事實的檢定，所以在推銷之際就要小心謹愼，跳躍性的陳述就易立即引起人民的疑惑；如屬第二種情形，則其效度就大打折扣，甚至不能作爲抉擇的憑據；如屬第三種情形，對政策的行銷或擴散會有積極的作用，不致造成人民的高度疑惑。

由是觀之，主事者在論述政策的重要性及影響時，當然要洞穿謹事與畏人的深刻涵意，在產出與結果的關係上，本不易分析得準，所以過程的周延性，價值衝突的管理，以及緊急防控預案的備妥，一旦未事先料到的情況發生，就能在所涉範圍內展開一系列的防控，防止情況的拓界，抑或

出現不利的連鎖反應。

三、感知迫切

如果一項補救政策真空的倡議，在歷史演進階段的需要性感知，內外在環境變化的迫切性感知以及時間無法等待的緊急性，同時因為行動的延遲，而造成政經利益的損失，或可說服利害關係人的知情同意，以免政策闕如所衍生的後遺症。因之，主事者如何讓人民感知政策的迫切性，本是轉化人民態度的利器。不過，系統性的政策展現，務實性的政策整合，疑懼性思維的化解，乃是職責的所在，更是撼動人民心防的良方。

不過，虛構性或過度誇大的政策感知，由於先天的不實性，以及心態的欠缺中肯性，豈能說動利害關係人。須知，當今政治系統的成員，在資訊取得極易的時代，網絡關係也相當綿密的世代成員，不可對之以虛構不實的政策論述作為政策行銷的工具。是以，主事者要以信度與效度極高的研究發現，來抵擋合理的對立解釋或假設。尤有甚者，其更不可在政策方向及內容已決定，來做研究以釋群疑，因這已逆反程序正義的要求。

四、射準需求

一個接受主權者問責的政策職司者，本要對公民向公部門所提出的公共服務要求，盡到回應的任務；也要對公民盡力促成政策改變的行為訴求，表示對應性的回應（Ibid.）。換言之，政策職司者對於民意的歸趨，不能視若無睹，其可以以理據說服人民的政策意向，也可要求人民諒解政府的彈性作為，但絕不可以強制的力量迫使其順服他或她所無法認同的政策取向。

比如，主權者如果表示爲了政策的思深慮遠，以爲因政策本身的不可逆轉性，而可能損及臺灣的主權者，乃要求主持ECFA的簽署者，基於接受問責的義務，或可以最具政策正當性的機制——公投來完成合法化的過程。何況，公投的舉辦，可以提供政府與中國協商時更多談判的籌碼。尤有甚者，如若主權者表示有高度意願參與兩岸互動的進程，又希望兩岸關係的發展奠定在深思熟慮的結果上，事先掌握潛在政治風險，並設有防控緊急的預案，主事者就要予以回應。

五、構想處方

政策倡議者本要有深沈的構思，擺脫政治黑箱的作業，並要在黑箱之外召集專業之士，議論政策的周全配套，思索嶄新的可能性，建構深具創新的方案，築造政治風險的防火牆，進而駁斥他人的政策挑戰或疑惑，排除無效或謬誤的論證，指出政策的可欲性、可行性，以及未來風險的中立性。

ECFA的安排，主事者本要有這樣的體認，不論在過程上沒有任何程序正義的瑕疵，在分配上沒有任何實質正義的質疑。是以，其並沒有省略的權利，而要與有意見者對話諮商，反省自己視框的盲點與不足，進而吸納有貢獻的見解，恐將有助於ECFA的歷史進程。蓋ECFA本是主宰兩岸未來政經統合的架構性機制，影響之深之遠本要有長期縱深的視野，也要有他人對政策「醍醐灌頂」，方能降低政策疑惑，排除政策進程的阻礙，預鋪績效勝出的路徑。

六、政策領導

　　主事者冀想推動的政策主張，不管其主張自認相當周全、合宜與對應時境，但那只是基於自己的視框所推導結果，並不一定「神入」（empathy）他人的想法，所以主事者在推出並引起討論之際，不能以不領導的領導風格來對應，並不對重大爭論議題表示任何態度，而任由不認同政策倡導的團體，同樣根據自己的視框對他造所提的發出不同的論述，而一直在兩條平行線上，各自行銷自己偏好的政策意向。

　　這種沒有交集的政策遊戲，非但加深政策疑惑的廣度與深度，而且一再延宕政策的作成。這在爭論中的政策，如是攸關政治體系的經貿競爭力，以及影響人民的就業機會，由於時宜性不能掌握，恐衍生更為荊棘難理的問題。職是之故，主事者就要進行政策的領航工程，一則同理傾聽他造的政策異聲，鑑賞他人的政策見識，吸納彌補未識觀點，但不能僵硬不化，抱持偏狹的觀點，對他造的見解冷淡，無法兼融他見而創造對應各方想法的套案，甚至中傷他造的訴求，而出現不良領導的情勢，加深雙方的政策對立（Kellerman, 2004）。

　　即言之，政策倡導者在面對政策價值的衝突之際，核心的要務或使命，就在於積極採取行動，想方設法化解衝突，而不能消極只表示尊重民意或他造的政策言談，無法在兩造之間搭建意見融合的管道。事實上，政策的領導者本負有視框交流的責任，反省自身政策提議能否如預期產生冀欲的效應，而理出需要調適的標的。

　　政策疑惑形成之後，主事者若想持續推動原本的政策方向，抑或想運用互動管理的機制，整合出各方認同的政策安排，就不能任令疑惑之蔓延或加深，而要展開解惑的事功，應用對話的魔術力量，領導的轉型力量，回應的問責力量，迫切的積極力量，透明的釋疑力量，套案的說服力量，

以及連結的澄清力量，順時順勢化解疑惑之晦暗，以催促兩造找到交集共識的時境對應決策。不過，主事者不能陷入不善領導的困境，以免時需政策的眞空，自製不能治理的情勢。

結 論

　　政策的研議階段，各個關注政策進程者，每會根據自己過去所社會化的政治取向，提出不同的看法與批評，甚至疑惑與自己架構不同的政策主張，進而以自己的視框推論他造主張的政治風險，要求以另類的合法化方式，來決定政策最終的正當性。而原本政策主張的倡導者，亦盡力想方設法衛護自己的政策立場，致使研擬的政策進入立論較勁的動態過程，並可能在互動一段時日，找到政策的均衡點，大家共識的政策形象，引發影響內外在環境演化的政策變遷。歷經前面從三個核心面向討論政策疑惑後，在知識上或可得八項啓蒙。

1. **單向的難免**：由於每一位政策社會化的過程有異，以致對政策習得不同的認知、評價及情感取向，進而由單一正當態度推銷自己所認同的政策主張，不理會其他利害關係人的看法，因而導致雙方互相疑惑，需要較長的時間才能理出較爲賞味的政策安排。

2. **疑惑的難免**：政策在初期倡議或孕育的階段，由於思慮未必周全，盲點可能潛存，後遺症也未射準，當然對之所要架設的防火牆，抑或試行期限也未安排，更在政治風險非人力所能防控的歷史時刻，引起一定程度的疑惑乃屬正常的現象，主其事者對之不必驚慌，反而要加強解惑的安排。蓋疑惑並未必是對倡導政策的拒絕，而是提供更多的時間，考量政

策的多元面向。

3. **原因的難免**：注意並無赤字的政策利害關係人，有本能找到疑惑政策的成因，姑不論這些原因的信度或效度如何，主事者本要加以重視，斷不能任其蔓延，而有礙於政策變遷的推展。尤有甚者，他或她更要構思政策形象的管理，讓關注者更能瞭解政策的內容，以及迫切性的政經背景，進而釐清政策產出與結果之間的關係。

4. **反省的難免**：在各自的政策視框有其範圍的限制下，同理傾聽他造的不同視框，再加以嚴肅的對照比較，而找到有所交集之處，抑或可以機制接軌的面向，自身思慮有所偏差或一廂情願的假定，本可透由再思反省的過程，一舉加以強化，以免因過度地堅持而留下後遺症的出口，有損政治體系的健全發展。

5. **影響的難免**：政策形成階段，如因視框的重大差異而引發一系列的疑惑，對政治體系帶來若干的衝擊，亦是不能避免之事。政治組織之間的政策對立，不同企業體之間的不同訴求，政策僵局的難以打開，相互溝通說服的遊戲持續不斷，理想的政策配套思索不停，政策的難產而績效無由勝出。凡此，均需依賴主事者的敬業作為，以便加以克服，而使各個決策關卡得能暢通。

6. **解惑的難免**：既然擬定中的政策引發偌大的疑惑，乃展現出政策攸關深遠的信號，主事者就要以謹事的情懷對待這樣的政策演展，以善治的作為達到解惑的目的，即接受疑惑者的問責，周全解讀政策安排及如斯安排的理由，盡可能回應他們的需求，並將決策過程透明化，提供時宜性、整合性、相關性、優質性及有效性的資訊，消除對黑箱作業的質疑。

7. **領導的難免**：政策的生產本非能無痛性，因其不但衝擊性廣大，而且不確定性又未能掌控，所以要有人積極領導，不能展現出「不領導的領

導」作爲，任令疑惑的加深，恐懼的惡化，而擬以體制外的運動來杯葛政策的推動，反造成政治體系平順運作的障礙。是以，政策推動的主事者是要有主動、互動及被動的作爲，以開啓政策的機會窗。

8. **協力的難免**：主事者既然容易受自己視框的制約，依附視框來建構「政策地圖」，難免因有所偏誤而引起政策關注者的疑惑，倡導不同的主張，要求信守一定的程序規範及互動正義。此時，當責的主事者，或可借助他或她的政策視野，補益自己視野的未及而讓研議中的政策更加強健，不但防堵後遺症的出口，而且開拓效驗勝出的管道。是以，主事者應視疑惑者爲協力者，共同協力促成政策的周全化。

　　八個難免均是政策形成過程，主事者無可逃避的對象，既然不能對之卸責，他或她要以常態對應之，一來充分掌握政策疑惑的成因，射準其對內外在環境所產生的影響，構思對應的解惑之道，找到自己視框之外的政策知識，推測任何新的政策可能性，部署創新的政策安排，將疑惑視爲校準政策方向的啓動器。

　　政策疑惑的滋生，其實是啓動對話的扳機，主事者要讓疑惑者對政策的認同與投入，有必要搭建商議式民主的機制，讓相關的利害關係人以思深慮遠的心態，調研出對體系傷害極小化、效益極大化的政策安排。蓋當今的民主發展，已進入商議國時代，講究治者與被治者之間的民主商議，所以政策壟斷恐無法對應政治、社會與經濟環境的演化，政治體系爲取得、維持及修復其治理的正當性，乃要將社會的力量引進來，關注草根民主的政策影響力。

參考書目

一、中文部分

林水波、沈佑龍，2009。「從政策正當性落差論政策企業家的政策銀舌角色扮演」。未發表論文。

林水波、邱靖鈜，2006。公民投票vs.公民會議。臺北：五南出版社。

南方朔，2009。「媚俗、討好、癱瘓、無能併發症」。美洲臺灣時報7月8日臺灣論壇。

陳博志，2009a。「ECFA/CECA的利弊與超越之道」。臺灣智庫網站3月6日。

陳博志，2009b。「經濟過度傾中對臺灣殺很大」。美洲臺灣日報7月6日美國／社區版。

二、英文部分

Binder, S. A. 2003. *Stalemate: Causes and Consequences of Legislative Gridlock.* Washington, D. C.: Brookings Institution Press.

Bovard, J. 2005. *Attention Deficit Democracy.* NY: Palgrave Macmillan.

Bovens, M. & P. Hart. 1996. *Understanding Policy Fiascoes.* New Brunswick: Prausaction.

Dealy, M. D. & A. R. Thomas. 2007. *Managing by Accountability.* Westport, CT: Praeger.

Dunn, W. N. 2008. *Public Policy Analysis.* Upper Saddle River, NJ: Prentice Hall.

Ferrauti, D., J. Jacinto, A. J. Ody & G. Ramshaw 2009. *How to Improve Governance: A New Framework for Analysis and Actions.* Washington, D. C.: Brookings Institution Press.

Freeman, J. & M. Minow (eds). 2009. *Government by Contract*. Cambridge, MA: Harvard Univ. Press.

Govier, J. 1985. *A Practical Study of Argument*. Belmont, CA: Wadsworth.

Granger, R. H. 2008. *The 7 Triggers to Yes*. NY: McGraw Hill.

Kellerman, B. 2004. *Bad Leadership*. Boston, MA: Harvard Business School Press.

Love, A. & M. Cugnon. 2009. *The Purpose Linked Organization*. NY: McGraw Hill.

McDonnell, L. M. & R. F. Elmore. 1987. "Getting the Job Done: Alternative Policy Instruments," *Educational Evaluation and Policy Analysis*, 9(3): 133-152.

Montpetit, E. 2008. "Policy Design for Legitimacy: Expert Knowledge, Citizen, Time and Inclusion in the United Kingdoms Biotechnology Sector," *Public Administration*, 86(1): 259-277.

Nutley, S. M., I. Walter & H. T. O. Davies. 2007. *Using Evidence*. Bristol, UK: The Policy Press.

Painter, M. & J. Pierre (eds.) 2005. *Challenges to State Policy Capacity*. NY: Palgrave Macmillan.

Pawson, R. 2006. *Evidence-Based Policy*. Thousand Oaks, CA: Sage.

Pfeffer, J. & R. I. Sutton. 2006. *Hard Facts, Dangerous Half-truths & Total Nonsense*. Boston, MA: Harvard Business School Press.

Rieke, R. D., M. O. Sillars & T. R. Peterson. 2009. *Argumentation and Critical Decision Making*. Boston, MA: Pearson Education, Inc.

Rose, R. 1993. *Lesson-Drawing in Public Policy*. Chatham, NJ: Chatham House Publishers, Inc.

Rose, R. 2005. *Learning from Comparative Public Policy*. London: Routledge.

Smith, K. B. & C. W. Larimer. 2009. *The Public Policy Theory Primer*. Boulder, CO: Westview Press.

Thacher, D. & M. Rein. 2004. "Managing Value Conflict in Public Policy," *Governance*, 17(4): 457-486.

第五章　視框反省與政策機會窗

　　臺灣自西元2000年之後，國內主軸政黨之間就不斷出現重大的政策爭議，即政黨之間往往對重大的政策議題存有衝突不同的視框，究竟對那些問題的透視該由何種角度切入；該有那些共識且可以接受的套案用以解決已現的問題情境，不致因共識的闕如而至問題情境的慣性化；該對現行政策結構進行那些變革，使其得能與當下時境鑲嵌，持續解決政策形成之際所針對的問題，以及歷經時境推移所生的演化；各自政黨已經政治社會化的世界觀又有巨幅落差，對政治系統之未來追求願景也有不同的建構。這些政策爭議由於不易以科學的事實、政治領導或傳統商議的方式來化解，乃成為政治系統採取一致行動的障礙，造成諸多政策赤字的現象，亟待相關主事者加以密切關注，迅速加以歸零，方使政治系統擁有餘裕應對風險社會所衍生的問題，及內外在環境變遷。至於有那些政策赤字的現象，乃第一個要探究的課題。

　　尤有甚者，當今吾人正在面對由工業社會邁向風險社會的轉型時代，社會衝突並非如傳統所謂的秩序問題，而是不折不扣的風險問題，且在當下並沒有明確的解決方案。是以，公共政策的作成，必須在權力分享的情境下，透由互賴行動者共同生產的方式，才能建立彼此可以接受的套案。何況，重大的政策爭議之所以發生，根本在於核心行動者所採取的行動視框有所衝突所致，以致對公共議題的建構及解決方案的研擬，未能或不易迅速以現行機制取得共識。於是，在視框多元化及視框衝突的時代，如何運用「商議國」（negotiatory state）的時代思潮，針對新興政經情勢所衍生的問題，應用對應的機制，進行視框交流、互動及反省的過程，以凝聚

出彼此雖不完全滿意但猶可接受的政策或制度組合共識，解開破壞性的政策僵局，避免多數決的不當運用或濫用，排斥不同見解的吸納，導致最終方案可能思之未深、慮之不遠，而釀成政治系統無法負荷的政經社文風險，罔顧代間正義。因之，對視框反省的深度掌握與分析，乃構成第二個鑽研的課題。

一旦政策爭議無法完全透過科學知識進行政策主張的仲裁，而須經由參與政策的各造，應用他人的見解，進行自己見解的反省，以瞭解較為實際的社會情境，不再堅持本位主義的思考，願為放大格局，兼容並蓄地建構各方可接受的方案結構來處置目前迫切當決的議題（Senge, Smith, Krushwitz, Laur & Schley, 2008）。是以，有效的視框反省策略，當然成為形塑互為主體性所要調研的標的，轉型其破壞性的政策爭議成為較具生產性的政策對話，強調涉入爭議者，透過互動機制，進行視框重構的調適過程，這是第三個要鑽研的課題。

而透由視框反省這個必要性的政策革命，政治系統究竟會開啓那些政策機會順勢匯聚問題建構、設計方案及政治情勢三者的合流趨勢，以創造一個得能永續發展的社會，不致一直陷入適時政策無法產出的困境中，問題情境虛懸於政策真空之中，潛在風險為人不斷感受之中。尤有甚者，政策霸權所導致的政經危害或可達及極小化的境界，不致陷入無法逆轉的困境，促使政策取向不必在風險未能識明之前，經由政策霸權的宰制過程而提早付諸形成，而要由利害關係人承受過重的負擔。因之，視框反省的達成，政治系統及其成員究竟可以得到哪些政策效益，為第四個攻堅的課題。

第一節　政策赤字

在政黨所持政策視框互異的社會，如以對幹的方式進行政策的形成，而摒除理想言談情境的塑造，進行相互傾聽的對話，就不易滋生轉化衝突而邁向合作對話的「魔術效應」（Yankelovich, 1999）。尤有甚者，在黨際商議難以成就之際，擁有多數權力的政黨，恐以單方的政策主張作為表決的基礎，而未慮及其他，難免會有視野未及、方案未全之處，對未來不確定的情境，擁有一廂情願的想法，政治系統的成員因而每要承擔嚴重的風險。總之，在主要政黨視框嚴重對立的情況下，不論政策的作成與否，均會發生政策赤字的現象，未能彰顯原本政策決定的功能。

一、未能打開僵局

政黨在重大政策爭議上，未能建立機制進行視框衝突的磨合工程，甚至在議程設定階段就遇議程阻絕的打擊，一直無法正式進入討論、觀念吸納的互動過程，以致合法化僵局始終存在（Binder, 2003），迫切需要的法案、預算或政策就未能取得正當性及合法性，而由職司機關採取行動付諸執行，造成在某些問題領域上，出現政策空窗的現象，沒有攻克問題情境的利器，致使問題情境的惡化或慢性化，進而調研不出對症下藥之策。

當今已是風險的社會，政治系統本要隨時針對風險進行診斷，融合各方的智慧成為集體的智慧，適時提出克服風險之策。不過，在政黨政治文化無法擺脫對幹的態勢，而進化到對話的運作，就不易產生共識的政策。這種現象在分治型政府的政治運作下就屢見不鮮（Mayhew, 2005），造成重大政策的延宕，而衍生出更多荊棘難理的問題。而外在政經情境又不斷與不停地在演化，複雜化原本問題的結構，增加解決問題的難度，政策遲

延宕就不易克服。

二、未驗支撐假定

　　政策主張均立基於相關的假定之上，例如推動週末包機直航及陸客來台，有益於提升臺灣經濟的低迷，增加就業的機會，且對國家安全不致造成傷害。不過，這項因果關係的推想，是否具有妥當性，本要進行比較論證，由類似案例或先例找出支撐政策主張的論據，不得但憑決策者主觀的判斷就下定論，以免因判斷的不切實際，致使原本設想的目標非但無法達成，反而因未慮及的問題於政策執行之後才一一浮現，造成沈重的風險及成本負擔。

　　政策作為有的具有不可逆轉性，無法在推動之後，見情勢發生危殆，就想要或有效將其終結，而回復到原初未有政策的情境。是以，政策的推動本要慎始，千萬不可持有一廂情願的想望，畢竟諸多政策成就的展現，本是相當具有外控性及依賴性，仰賴他造願意配合的聯合行動，如他造的迫切感不一致，偏好的政策不同，追求的目標有異，均會影響最終的政策成效。

三、未計將來後果

　　由於當下處在強烈測不準的時代，運用多數決抑或由行政主導作成的決策，一則單黨宰制整個決策過程，未能吸納他黨的政策主張，二則為了儘速完成政策制定的法定程序，每每未能顧及擬定的政策方案，究竟可能潛在那些弱勢，可能衍生那些威脅，或許帶來那些無可挽救的後果，盡將視野鎖定於方案的優勢及即將提供的機會上。

　　這種單局的思維，極為可能造成政治系統負擔昂貴的代價，並於不利的情勢滋生之後，由於政策本身及其衝擊非人力、結構及資源所能逆轉，而要責成政治系統負擔這項影響。

　　振興臺灣經濟本為政治系統的核心職責，但主事者在研擬及規劃處方之際，一定要思深慮遠，不可急就章，因為任何的政策抉擇，均要承擔可觀的代價及成本，所以在形成決策之前，除了事實判斷及價值判斷要講究之外，後果判斷絕對不能少，甚至要事先設想權變因應的方案，以防政策後果一旦出現，即可推出以防後果的蔓延擴大。不過，倉促上路的救臺經濟方案，似乎未能對政策後果進行事先的政策模擬推演，以安排完善的配套，設定防火牆機制，致使系統不能負擔的後果無由而生，保持政治系統的永續發展。因之，臺灣這個政治系統的主事者一定要體會：在視框的範限下，每會有政策盲點，而導致不可承受之重的後果，所以在重大決策之際，要融入各方不同的視框，藉以改變思維及行動取向，盡可能避免後果，增強政治系統的適應力。

四、未較方案優勢

　　振興臺灣經濟為馬政府當前最迫切的政策課題，其所診治的問題成因及提出的處方，進而產出的績效，當會影響其治理的正當性。不過，政策問題的解決向來是相當多元的，決策者更要設定評比的標準，比較出競爭方案之間的優勢、劣勢、機會與威脅，再依目標追求的權重，組構完整配套的方案，一舉攻克嚴重的問題情境，增強人民對政府的支持度及信任度。

　　不過，在「條條道路通羅馬」的情境下，主政者不能獨斷一味，只對中國開放而忽略其他可行的方案，畢竟將所有的賭注置放在一個籃上，政

治系統所要承擔的政治風險實在太大。是以，主政者或可進行政策學習之旅，探究香港或拉丁美洲究竟如何有效因應經濟低迷的問題，而理出多元並進的方案組合，不致將國家的經濟發展課題全部鎖定在一個大國身上。畢竟，一旦經濟成為他國的附庸，國家的自主性就會逐步流失，漸進失去治理的生存空間。

五、未諳問題情境

　　職司決策者在構思解決方案之前，認真界定、建構及釐清系統所面對問題的情境，然後再針對該情境提出具高度相關的處方，試圖減輕或消滅問題情境所涉的範圍，抑或標的人口的人數。換言之，一旦職司者在問題建構、界定及釐清上有了誤失，連帶所推出的方案就會成為海市蜃樓，變得相當虛幻不可靠。尤有甚者，在闕如較為完美方案的制約下，任何方案本身內涵程度不一的陷阱，所以方案在執行之後，所要負擔的代價，就會趁勢而出，反而增加政治系統治理的沈重負擔。

　　臺灣的經濟問題究竟是對中國投資太多或太少所造成的，本是一項值得深究的議題。如果是前者，則一再搏命超快登陸，無視潛在失控險境，恐是解決方案與問題情境兩者之間失聯的抉擇作為。再者開放陸資來台的成效，本附庸於中國的思維及舉措，是一種外控型的方案，假使對岸開放的意願不高，則陸資來台的成效就有待時間觀察。蓋這是有賴雙方協力的作為，如果只是單方唱獨角戲，投資的流向依然是只出無進。尤有甚者，如若資金並無法真正雙向交流，則全球創新中心、亞太經貿樞紐及臺商營運總部等目標，恐就淪為紙上談兵了。

　　何況，根據兩岸經貿關係的研究顯示，只要臺商對中國投資金額佔GDP的比重愈高，對臺灣的投資率相對就會愈低。這種現象指出，兩者之

間呈現反向變動關係。是以，相關的決策者本要關注這種負相關的情境，為避免資金的輕易流失，減少振興經濟所需的活水，防止流失導致產業空洞化的風險，在政策的巨幅轉型之際，諒要思深慮遠，不能只在時間上求快，而要在問題情境上弄清楚，才端出與之連結的方案。

六、未應標的需求

當前民眾對政府的期待如是鎖定在降低通膨、穩定物價，而政府卻將施政重心，抑或政策優先順序設定在兩岸經貿政策的鬆綁，這顯然在政策取向的設定及抉擇上，未能因應標的對象的需求，當然影響已抉擇政策的正當性。何況，政府之施政本應該照顧大多數民眾的福祉，抑或追求公共價值與公共利益，以抵消經濟個人主義的過度膨脹（Bozeman, 2007）。換言之，決策者不能只在乎少數者的利益，而罔顧絕大多數人的想望。

民主政治本是回應性的政治，政策優劣衡估之指標之一亦在講究回應性（Dunn, 2007），更應重視知情同意的決策原則，不該使其成為幻景。何況，在決策未能回應主權者的需求時，要提升其對政策的滿足度不易，希冀其對政策的順服也較難。是以，主政者若想得到人民的高度政治支持，本應在得到主權者的知情同意下才作出必要而妥當的政策抉擇，以取得政策目標實現的前提。

七、未納少數意見

國會在政策作成上，多數決雖為最終決定的準則，但少數黨的權利在民主國家的國會裏也應受到應有的重視，對其從另一個視框建構解決問題的對案，應有被吸納的機會，方不致於事後滋生過重的政策代價，排擠解

決其他問題的資源配置（Binder, 1997）。蓋議事全以多數決作為最終的決定依據，恐會衍生多數宰制的風險、循證決定的無門、少數黨派的無力、回應能力的降低、知行合一的不易及有效覆議的困難等六項嚴重隱憂（林水波，2008），進而波及決策的品質，以及連帶而生的政經社文風險。

美國現任的國會議員，於艱辛迎戰挑戰者之後，為了鞏固自己未來連任的立基，乃盡情地吸納挑戰者於選戰過程中所訴求的政策議題，以減消其未來被攻堅的力量（Sulkin, 2005）。是以，適度地吸納少數黨國會議員的政策論述及針對問題所提的解決方案，對政黨的權力基礎本是具有鞏固的作用，多數黨的議事策略應極小化多數暴力形象的形成，以號召更多主權者的政治支持。蓋議題吸納不僅對自身政黨的永續發展有益，且致使代議民主的運作更加健全及更具正當性。

七未化的政策赤字代表著對民主的諷刺，也象徵著主軸政黨之間在政策視框上，存有嚴重的衝突，更被主權者擔憂在這樣強烈對幹，幾近戰爭的議事狀態下，所產出的政策，不但在品質上無能保證，更可能在風險上增加出現的機率。這與資源漸進稀少化的時代演化，本是背道而馳的，也不見容於主權者的期待。何況，任何政策並非零風險，對後遺症完全免疫，茲為了鞏固政治系統在全球化時代的國際競爭力，政黨之間進行視框反省已到歷史的關鍵時刻，更是臺海兩岸交流密切之際，政策穩健發展所要強化的焦點。蓋任何政黨並沒有政策自戀的權力，因其只得到部分主權者的授權，而為了爭取更多選民的支持，政策吸納可能是成本最低成效最高的對策。

第二節　反省內涵

　　每一位決策者或個別的政黨，均在成長、發展及運作經驗，形成一套視框作為組織經驗及引導行動的依據，從中解讀某項政策議題的指涉，推論出針對議題的解決，究竟職司的政策轄區應該採取那一項套案，方足以解決業已出現而為利害關係人高度重視的議題（Rein & Schön, 1996; Schön & Rein, 1994）。如他們之間或黨際之間未能深深體會：相互傾聽他造的視框範圍，抑或假定基礎，進而加以反省吸納，放棄假定基礎至為牽強且不甚妥當的部分，才能締造政策趨同的共識，化解阻擋政策合法化的僵局，適時出現對應問題的決策，並將之加以攻克；也不致於產生一造堅持自己視框的絕對性，並強力動員且僅憑多數力量，通過足以造成政策赤字的現象（Hart & Kleiboer, 1995-96）。是以，參與決策者重視事前的互動及對話，展現策略性的謙卑（Murphy, 2007），每有助於將強烈對抗或抵制轉化成對話商議和集體學習的過程，促成兩造爭議的焦點找到匯聚合流的方程式。至於，攸關政策爭議之突破所倚之視框反省，其內涵究竟指涉為何？吾人或可由六個向度加以解析。

一、察知異見識透實況

　　參與決策者的視框，尤其對當今迫切問題的解讀，可能產生不同的敘述結構，蘊含揀選過往的理論作為設計行動的基礎。然而，這些不同敘述結構，如歷經政策對話的過程可加以突顯出來，再加上各造重視對互為主體性的民主價值之追求，整合各造之間的歧異，或可較能準確地掌握問題的形成與演化，現今與過去問題情境之差異，何況採取必要的行動無法完全因襲過往，以惡化或加重問題情境，而要透由吸納他造的部分敘述結

構，進而重新形構出較為接近實況的問題情境，再據以構思攻克的方案，減少政策的風險及隨帶引創的傷害。

停滯型的通貨膨脹問題，如不能參照：他國的解析，忠誠反對黨的認識，硬要以過往老舊的理論來解讀當下的特殊情境，可能不易識透關鍵性的成因，確認那些標的對象是政策所要鎖定的對象，以便避免錯誤的投入，而真正達成振興的目標（Schuck & Zeckhauser, 2006）。這本是一項結構至為不良的問題，完全倚賴單一視框來識透問題情境，雖非不可能，但準確率可能偏低。若由他人不同視框，引發對自己原本視框的再思，經由協力的運行，或可掌握到形成問題的相關因素，再研擬解方，方不致於病急亂投醫。換言之，在商議國時代，拒絕接近不同意見或思維，本不大可能察知實境，而必須克服完全以自己的方式建構政策情境所滋生的盲點。

二、重新檢視行動視框

在決策者的視框上，除了問題認知的視框外，亦有行動推理的視框，即針對已察知的問題情境，思考推論該以那些作為來化解問題情境的程度（Rein & Schön, 1996）。不過，源自單造的思維推論，抑或來自己的解讀基碼（schema of interpretation）所定位的行動方案，也可能因基礎假定的偏差，而致蘊藏失靈的基因，因此不易扭轉問題情境的嚴重程度，但因方案結構潛藏執行者不當移轉的誘因，而為政治系統的成員帶來更大的負擔。

既然，在重大政策形成之際，安排不同聲音的表達，互異敘述結構的提出，不同解讀基碼的表述，正可進行不同方案之間的比較、磨合及重構，以便研擬出層面關注較為周到的方案結構，引發道德風險較低的機

制，可以對抗貪腐的良方（Shah, 2007）。因爲，畢竟政治系統所能配置的資源是稀少的，絕無浪費的空間；只專注短期的措施，很像吃類固醇一般，反而有害長期的運作，所以兼聽、兼容及兼籌而凝聚或轉爲全盤的對策，方能以具體的績效接受全民的問責，提供優質的公共服務，既可符應人民的偏好，又能杜絕政策的偏失，而使有限資源得到極大化的運用，不致引起另類沈重負擔的問題。

三、尋求解放學習之旅

相關決策者在政策形成上，如若未能尋求學習之旅，與經驗及視野完全不同的人致全力解決問題，在經過足夠的時間，與會者透由反省及對話，學習之旅的參與者就開始出現自原本視框的解放，而找出第三類的可能性，進行必要的視框革命，引出心靈交會的對話，建立相互尊敬的氛圍，運轉同理性傾聽的想望，而重構較爲周全完整的政策視框，築造共同的政策承諾，推出深具永續發展性的倡議。

固定視框的解放，本要擺脫視框自戀的情懷，體認他人不同視框的思維啓迪效用。蓋如若闕如其他視框的介入，吾人似不太可能認清到自己思維的極限性，而一直深陷自見、自是、自矜及自伐的窘境之中。尤有甚者，主導政策的聯盟，如一直未能從事學習之旅，每會導致零和的社會和政治衝突，無法產出社會凝聚所需的信任膠劑。

四、平衡各方意見工程

決策參與者既然對問題認知及該採方案存有不同的視框，茲爲了防止單造的視框壟斷整個決策過程，以致終極的抉擇潛藏更多的風險，乃透過視框的交流與反省，而由決策參與者從不同視框的中肯洞見中，擇爲建

構攻克問題的套案。蓋各方意見若未能在決策形成之前得到適度的整合，展現具代表性的思維，映照出較大多數人的想望，提高政策本身的回應程度，則政策的推動可能因基礎假定的不當性，立基理論的脫節性，採行方案無法與問題情境接軌，而致浪費有限的資源，但並未能成就原本設定的目標。

擁有不同視框的決策參與者，透過對話的過程，盡可能找到一個可以包容各方意見的視框，不再陷於原來的爭論之中，進而以該視框作為重構的基礎。是以，政策參與者基於公共價值及公共利益的追求，應設法找到足以昇華各自本位、追求黨派利益的視框，使其左右整個決策過程，方不致產出過於偏頗的政策，如以促進通貨膨脹的政策來解決通貨膨脹的問題。

五、治療制度硬化藥方

在一個權力分享的體系，本來就有不少的政策行動者從制度上取得事實的否決權，因此在這些行動者之間，一旦出現主要視框的衝突，他或她就會啟動制度來弱化政策過程的運作，比如運用多數決的力量阻絕重大議案進入審議的過程，延宕憲政機關的組成與有效運作，以及遲延重大預算的審議，致使治水工程未能於適時適刻完成，加重天然災害的損失。換言之，政策過程一旦受到制度硬化的遏阻，社會的進展就有可能惡化，主事者在面對快速經濟、科技及社會變遷之際，亦有可能失去彈性因應的能力，有效地預期掌握與適應變遷（Hart & Kleiboer, 1995-96）。

因之，為了提升政治系統因應內外在環境變遷的能力，在職政策菁英及整體決策機關的正當性，參與決策者啟動各自視框的反省，騰出空間接納他造具有建設性的想法，才不會陷入政策癱瘓與死結之中，無法產出對

應時境的政策方案。因為代表主權者的制定政策者，不論是執政者抑或等待執政者，均要接受主權者的問責，盡量讓制度靈活，才能適應全球化時代的壓力。

六、啓動政策對話前提

在當代風險的社會裡，決策者在處理重大政策議題時，每會引發強烈的爭議，這種現象在主軸政黨所堅持的意識形態至為不同之際，就成為常態之事。不過，由於每個政黨所能代表的民意，不能涵蓋整體的主權者，也無法直接表徵代表全民的利益，是以在政策議題的解決上，不能因視框衝突而延宕對策的作成時，負責任的政黨，為爭取更多主權者的政治支持，俾以鞏固治理的範圍，就要盱衡主客觀政治情勢的演化，進行自己視框的反省，理出可資合理調整以適應情勢的變遷。

政黨之間一旦以負責的態度，針對情境的演變，而反省更調敘述基碼，就可能出現較多的政策對話空間，互補或消除彼此之間可能潛存的政策盲點，強化公共部門的治理，增強代理人對被代理人的述職。不過，如若政黨之間無法鬆綁各自的視框，就無法以對話溝通的途徑進行相關的政策設計，展現商議國時代，由多元、半自主，但互賴的行動者，盡以合產的方式作成對應時境的決策，造成政策績效因形成階段的不夠周全，而不易產出，甚至滋生代價沈重的後遺症。

視框的衝突每每形成重大的政策爭議，一則滋生強烈的政策僵局，無法適時由系統轉化對應時空環境的政策，二則出現政策霸權的現象，以單造的思維主宰整個政策形成過程，難免會因先前的疏忽而帶來失靈的現象。是以，政治系統為了形塑更具代表性的政策，關照更多被代理人的聲音，還是要對先前的視框，從事反省的工程，營造社會和解共生的氛圍，

進行具高度生產性的政策對話，產出回應性的政策，提高對主權者的述職度。

　　決策者以其他政黨的思維及所提的對案作為標竿，反省自己的視框，究竟在那些問題領域並未觸及到，在那些政策工具之間的連結上未能緊密接軌，那些副作用無法事先掌控，那些標的對象受到忽略或根本未對之關注，進而加以補強與健全，反而獲益良多。是以，理性的決策者應忌諱自戀，以免易生政策謬誤，而損及自己的立基。

第三節　反省策略

　　既然政策的抉擇一向是指向未來的，是以參與決策者在形成決策之際，就無法再完全由過往所形塑的視框、心智架構及思維習慣，從事問題建構、方案設計及套案選擇的政策工程。尤有甚者，在民主規範的制約下，執政黨為了發現更具代表性的政策思維，整理出較具周全性的工具組合，避免承擔過度的政策風險，不管所擁有的政治權力有多大，掌控資源配置的權限有多少，已不能完全獨享決策權，因為決策的成敗是要接受選民的問責。何況，公共政策的重大使命在於創造極大化的公共價值，追求極大化的公共利益，排除任何政黨單獨的政策倡導主宰整個政策的形成過程，抗衡經濟個人主義的思維滲透進方案的取捨中，以免分配正義或代間正義的照顧不足，引起難以負荷的政治及社會代價。因之，在參與決策者中，通常無人得能完全透視實際的政策情境下，與其受制於各方已建立的心智架構、未經驗證的假定及習以為常的透視之道中，而陷於嚴重的政策僵局，無法適時釐清出當下時境所需的政策抉擇，並因政策遲延而失去競爭能力，不如在各自視框不全下，尋找一面透視鏡，以映照出較為接近政

策情境的形貌，再從中建構各方可以接受的對案結構；抑或吸納他人的透視，進行自己視框的反省，從而理出互為主體性的政策建構，針對未來及整體設計解方，以減輕問題的嚴重性及普及度。

　　換言之，在一方決策者未能完全透視實際的狀況下，借用他人的視框來交流自己的關注，雙方的見解互補並激盪出合流匯聚的政策方程式，方使政策僵局的化解，政策空窗的填補，決策系統的靈活，政策績效的勝出。至於，視框反省的策略可由三個層面來推動。

一、發展性的對話

　　一方決策者經由過往的政治社會化過程，每每形成一套處事的心智架構，建立一些自己視為理所當然的假定，並依據那些假定，提出重大政策主張，試圖以之主導最終的決策，形塑一些觀察或透視現象的習慣，並以之認定其所面對的情境，捕捉情境的某一個面向，但未能掌控全局的情節，以致只勾劃出針對片面問題情境的對策，也可能未對主張的方案，進行整體性的衝擊性評估及酌量，但以多數的政治權力加諸合法化，而將政治系統曝露於風險之中。如若政治力量不足，眾趨民意也不甚贊同，加上另一造不同政策主張者恐強力動員反政策聯盟，導致政策形成過程上的重大爭議，而為了解決因政策視框不同而引發的政治衝突，推動發展性的對話（generative dialogue）（Senge, Smith, Kruschwitz, Laur & Schley, 2008），或可降低衝突的幅度，脫離僵局的窘境。至於其具體作法可詳細體認Scharmer（2007）所繪出的「對話四類型」圖（參閱圖5-1）。從圖5-1中，吾人要體會出參與決策者達到發展性對話的前提，並經正當的過程，彼此吸納與反省對解決政策問題的見解，而形塑出較為貼近情境需要的處方。

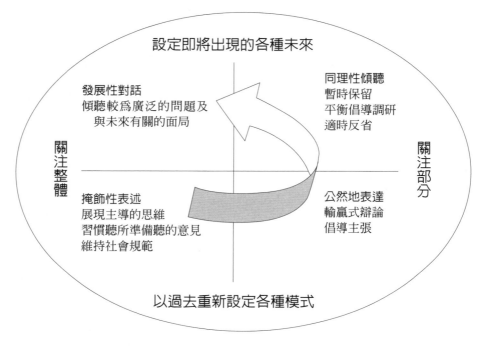

圖5-1　對話的四種類型

資料來源：Developed by C. Otto Scharmer.
　　　　　Scharmer, C. O. 2007. *Theory U*. Cambridge, MA: Society for Organizational Learning.

1. 鬆綁過去模式束縛

　　政策的制定既然是因應即將出現的未來，參與決策的各造就無法全由過去的思維模式所宰制，而必須針對當下情勢的演展，面對正在演化的未來，思考合理而受到各方認同的解決方程式。因為，各造如過度受到傳統思維所宰制，非但在方案的取捨上會受到熟悉的影響，而且也因情勢的感知不足而推出不具生態理性，忽視環境的政策主張，終究未蒙政策之利，反受其害而承擔嚴重的政經社文風險。

2. 擺脫輸贏辯論作風

發展性對話的參與者並不試圖以政策論證的方式，瓦解對方的論證，而是自知自己的眼力及功力無法參透問題情境的形成原委，以及受到情境影響的標的對象範圍，甚至存有多少機會可將問題情境加以改善，要安排那些工具的組合才能攻克問題情境。因之，參與者要培塑策略性的謙卑，認清自己猶有諸多要學習之處，確信但憑自己的力量無法成事，時時需要仰賴他人的協力，方能構思政策成就的處方（Murpy, 2007）。是以，一方參與者不只在說明自己的論述，還要吸納他人的不同論辯，從中理出可以接軌及強化的論述結構，進而架設共識的情境因應策略，同時，事先安排防堵政策風險的防火牆。

3. 杜絕偏聽文過飾非

既然每造的政策視框有其範圍限制，所以每個人不能事先試圖只聆聽自己鍾愛的政策表述，而排斥他人不同的政策思維。蓋這樣一來，自己原本的政策視框未能與他人的視框交流，無法體認出自己視框的侷限性，若又以之主導整個政策的形成，則政策本身可能因先天的研擬不周，不同意見的交流不深，政策自戀的情愫太高，而周詳的準備不足，再思的意願不強，以致出現的政策因照顧的層面有所疏忽，乃蘊存失靈的基因，而有的政策又因無法於代價出現時加以逆轉，就要不斷承擔高昂的政策代價。

尤有甚者，有時壟斷決策市場的一造，曝露政策霸權的作風，非但聽不進他人不同的論述，而以自己的「判斷之音」（the voice of judgment），要求他造附和自己的政策觀點；且以質疑不信的聲音（the voice of cynicism），否定他造的政策見解，進而以自己的政策信仰來堅定政策主張，認定他造的說法並非事實，還以各種論述來文過飾非，模糊他人的評斷，強化自己論斷的正當性。不過，這種情勢的演展，均非發展性

對話的場域所該出現的情節，更是失去對話的中心旨趣。

4. 關注整體問題系統

　　鑑於政治系統所面對的問題之間，彼此均有一定程度的連結性，是以參與決策者不能把各個問題視為孤島一般，專注其一的解決，而孤立其他問題對解決問題的影響，反須將各相關而且成為系統的諸多問題，共同加以注意、分析與調研，而建構一套兼顧問題系統的政策工具，並由職司機關協力的聯合行動，協調解決因執行所生的問題。因之，參與決策者不能只關懷微觀問題的處置，也要著眼宏觀問題的整合性構思，務必將問題系統調研清楚，而以相互連結的工具，共同對付荊棘的問題結構。

5. 厲行同理傾聽理解

　　各造於尋求問題情境的理解，以及構思針對性的解決方案之際，不能展現壟斷政策言談的機會，搶奪論述的主導權，並將自己的理解視為深具普遍性，而忽視他造的政策言談，不能體會箇中的道理所在。蓋這樣一來，雙方缺乏互信，就不易產生不同意見之間相互激盪的效用。因之，對政治系統持有永續發展思維的決策者，就要創造理想的言談情境，並由參與者提出不同的言談，誠摯地進行相互傾聽，補充自己思維不及之處，釐清原本未受關注的問題層面，未能細思的政策工具。換言之，參與者間的同理性傾聽，可以對當今世界情勢或特殊問題進行更深一層的理解，而有助於整合性方案的釋出。

　　不過，在雙方進行同理性傾聽之際，要將自己原先的假定暫時保留或中止，因假定本身在未經交流之前，其合理度可能堪疑，而全神貫注他人的言談，從中理出建設性的見解，進而將其融入自己的思維體系，修正自己思慮未及之處。而各方之所以要暫時擺脫自己所持各項假定，而以策略性謙卑的情懷，以及展現能力來傾聽對方的言談，才能排除思維的僵局，

以利對話的暢通，造成所有各造更加願意調研自己及對方的觀點，而鋪設思維合流的管道。

尤有甚者，決策參與者更要平衡政策倡導及事實調研的作為，而致使倡導的基礎更加強化，有助於說服他造的政策接受。再者，參與者在傾聽他人的敘述或政策故事之後，要以之作為一面鏡子，重新梳理原本自己的政策思緒，理出政策風險較不受疑慮，方案與問題較能符應的工具結構，順勢取得另造的支持，共同承擔未來政策成敗的問責。總之，參與決策者為了充分理解當前迫切要解決的問題，不可輕忽他人的眼界，誠摯的傾聽及徹底的理解，並以之作為反省的題材，再度進行周延思考一番，乃能從中獲益，調和宏觀及微觀的向度，致政策能在穩健的過程中推動與強化。

6. 傾聽關係未來提問

政策影響本在政策推動之後，趁情勢之演展，以及工具之落實而產生。於是，在攸關政治系統永續發展的政策抉擇之前，所有的決策參與者不應為細節問題所捆綁，而要關懷較大問題的情節，以及針對性的對策，進行誠摯性的對話，開放彼此的心靈，為追求較為安全性及統整性的套案，一則強調理性及邏輯的思考，一則展現政策追求的意義所在，以及整體系該如何投入，方能為冀圖轉變的政策，鋪設有效運轉的系絡，不致於政策推出之後，造成無力可扭轉的不堪後果。

換言之，發展性的對話，除了參與者之間透過對話來縮短彼此之間的政策理解落差，更要將焦點鎖定在大格局的問題，模擬擬定政策方案，在未來演化的情節，以及可能產生的各項政策脫軌問題，進而規劃因應的權變方案，以免產生政治系統不堪負荷的政策後遺症。

政治系統在重大政策轉變之前，決策者不能只重視一方的政策視野，單獨追求個人的政策議程，因為這樣作為將大大挫折重大的政策創新，不

易在今日風險社會中事先預防可能的政策風險。因之，為了追求更具代表性的政策思維，構思較具統整性的政策內容，發現隱而未顯的問題層面，需要進行互動治理，以溝通政策方向、理解問題情境、交流各方知識、化解政策歧見、商議合理策略及產出共同投入的方案。不過，以發展性的對話，針對政策的未來，決策者各自摒棄僵固的思維及壟斷的作風，協力尋求較為兼聽、兼顧及兼容的政策抉擇，免掉不可承受的政策後遺之重。

二、認清推論之梯

　　每位決策參與者在倡導政策行動時，其腦中及心中總有一套思維推論的基礎，一來以理性及邏輯作為立論的根基，二來以追求價值及想望主導各項抉擇行為。不過，他或她類皆根據自己的政治社會化過程，形塑一套認知、情感及評價的取向，進而建立獨特的推論階梯，以為循序推出：針對特殊問題情境，政治系統所要採的政策行動，這個推論階梯可由圖5-2來表示。

　　而在決策過程中，參與者更是與其推論階梯如影隨形，以致在政策商議或對話中，有時因階梯所指涉的內涵，或參據的資料，立論的假定，情境指標所顯示的意義或詮釋，從中導出的各項結論，形構對當今世界及未來的信念，並以信念為基礎而採取的各項因應行動，有了歧異的認識或建構而滋生重大的爭議，引發嚴重的對立或衝突，導致政策僵局，無法適時適刻地填補政策缺口，形成問責系統的網絡不夠健全，安全力量的不夠堅強，內部治理的資源不足。而這種不具生產性的對話，每因參與者已站定自己的推論階梯，不願再回到各個不同階梯，重新反省每個階梯的產物，其所根據的基礎，是否擁有相對上較為周全合理的標的。是以，如若參與決策者，願以對歷史及未來負責，並抱持實現擴大公共價值、照顧大眾福

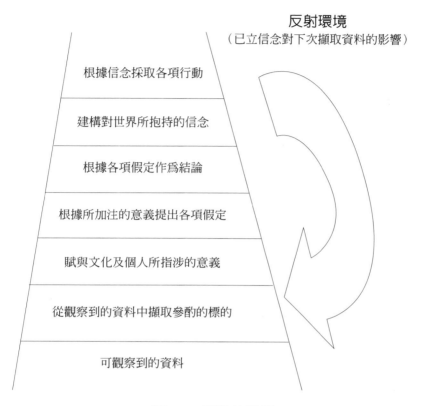

圖5-2　推論的階段

資料來源：Senge, P. et al., 2008. *The Necessary Revolution*. NY: Doubleday: 255.

祉及避免重大風險的大使命，應樹立階梯回溯的管道或環道，致使資料與行動之間有效連結，不致因調研的不足，倡導的主宰而採取潛伏風險的方案。

　　至於，如何在決策過程中，促使兩造不同推理階梯的交流，而讓各自反省迴路暢通，由資料逐步形塑採取行動的信念，再由中肯務實的信念，選擇另一回合的決策資料，以減少兩造之間在公共政策上的價值衝突：

1. 以**事實證據為基礎**：決策者用以推論及抉擇行動的基礎，要以事實證據
   為前提，不得以杜撰的資料，抑或半真半假的傳言，荒謬的想法為依
   據，以免對方的質疑與挑戰，而陷入衝突的窘境之中。
2. 以**合適理論為支撐**：政策方案的研擬或推出，每會以專家所建構的理
   論，進行權威式的論證。不過，理論的建構每有時空環境的配合，非能
   放諸四海而皆準，所以為了防止不同立場的決策參與者，其以不同的理
   論及政策作為來挑戰政策倡導者的立論或主張，兼納他造適用的理論，
   而推出得由相關整合理論證成的作為。
3. 以**假定檢定為認同**：參與者要將支撐政策主張的假定呈現出來，再將其
   假定進行合理性的分析，以淘汰不甚合理的假定，進而以證成的假定，
   作為建構政策行動的基礎，避免因假定的落差而滋生政策失靈之情勢。

　　決策者本著對授權者負責的作風，追求更具代表性的政策思維，本
無權力固守未經驗證的假定，運用不太可靠的資料，來支撐自己原本倡導
的政策主張。是以，針對他造或社會菁英所提出的不同立論，反省檢討自
己思維和盲點，這本是藉由他人的視力、看法及透視，看清較為真實的情
況，進而避免政治系統的動盪，接納較佳方策的產出，方能拯救民主的運
行於不墜，彌縫兩造決策菁英所存在的思維落差（O'Leary, 2006）。

三、運用中人斡旋

　　決策的僵局，有時亦因參與者在問題建構上、方案安排上及政經情勢
上，未能在正反兩方取得想法的合流，而無法開啟產出政策的機會窗。而
讓政策一直停留在虛懸的狀況下。此時，亦可依賴政策中人在兩造之間斡
旋穿梭，攜回對方的政策結構，以供雙方的反省、再思與重構，進而軟化
雙方原本的政策立場，排除各方原本的政策疑慮，組構出雙方可接受的工

具安排（Kingdon, 2003）。是以，這類政策中人在重大政策形成過程上，非但扮演妥協雙方的角色，更是關鍵決策的催生者。至於，其在化解政策僵局上可以擔當六大角色。

1. 認知雙方立場：政策中人在促成雙方進行視框反省之前，要充分理解正反雙方在問題、方案及政治情勢所持的立場與認知，以作爲未來調和的基準，雙方從事交換的標的。

2. 掌握理解落差：決策雙方之所以無法解開決策的僵局，長期陷政策於未決之中，無法透由執行機關的轉化而將問題情境予以攻克，導致受衝擊的標的對象未能得到政策的助益。居於這樣的歷史時刻，政策中人就要成爲連結雙方的結構孔道，而於認識雙方的立場之後，從中理出彼此政策理解的落差，以爲未來調和折衷的對象。

3. 溝通政策歧見：政策中人在掌握理解落差之後，就要築造溝通對話的平台，以供雙方進行同理性的傾聽，盡可能擺脫過往而不適合於今的思維模式，只見樹而不見林的非系統性視框，轉進針對未來的思考，系統永續價值的追求，作爲部署政策結構的基礎，進而縮小二者之間的政策歧見，逐步匯流各項制度或工具安排的共識，並待政治流勢的配合而產出彌補空窗的決策。

4. 激發視框反省：過往的思維習慣，只顧浸淫於自己的政策偏好中，只想聽見相同的政策主張，類似的政策判斷及雷同的政策質疑，恐與民主的政治文化所該有的取向不合。是以，走在時代潮流的政策中人，體會回應主權者想望的責任，在政策遲遲未能衝出合法化關卡之際，乃要想方設法激發雙方視框的反省，從政策大局中著想，由主權者的政策想望切入，再經政策結構上防火牆機制的安排，抵擋掉可能的後遺症疑慮，而備妥產出決策的發展條件。

5. 提出兼顧方案：決策場域的兩造，可能在有些政策工具的安排上有所猶豫不決，政策中人可射準雙方的底線，提出兼容並蓄的方案，化解各方的疑慮，並在價值的追求上得到接受，執行的技術可行，而解開合法化的障礙，開拓或運轉系統將投入轉化爲產出的工程。

6. 協力完成決策：在通往最終決策的路徑，有時會遇到焦點事件的產生，未能完成政策的臨門一腳。是以，政策中人要掌握議程設定的關鍵，而於共識的關頭，順時順勢完成一切合法化的關卡，千萬不可耽擱而衍生議事的嶄新障礙。

　　政策中人要促使決策者體認制定政策的重要性，盡量設法讓雙方一起思維，進行深入的問題理解，以及對世界情勢的掌握，使其覺察出政策空窗的風險性，單獨視框壟斷決策思維的偏狹性，兩種視框的互補性，而於倡導及調研之間取得平衡，共同產出對應政經情勢的政策，既不遲延也不躁進。

第四節　機會開啓

　　決策者在重大的歷史時刻，如能肯認：每個人的政策視框，可以透由他人視框的參照、對比及激盪，將會持續擴廣自己原本較爲狹隘的視野。這種政策參與的思維相當有助於築造決策者之間的良性循環，並因優質且建設性的互動，而逐步建立信任關係；反之，如決策者完全受制於意識形態的左右，自見自是自己政策主張的零誤性，甚至鄙視他造的政策見解，則政策形成過程恐會陷入爲反對而反對的惡性循環之中，進而損害雙方的互信，導致單方的視野決定政策的主軸，每每蘊藏政策轉變的失靈，系統

成員對政策滿足感的降低，且逐步流失治理的正當性。

　　事實上，民主潮流的演化至今，拒絕他人思維的時代業已結束，爲了稀少性資源得以最有效的使用，各方決策者每需要建立協力網絡，以他人的視框作爲一面鏡子，來省思自己的視框，而形構深具可行性的政策願景，袪除可能損害政治系統永續生存的方案。至於，決策者在追求公共價值使命的敦促下，從事建設性的視框反省，或可開啓多項的機會。

一、防止問題惡化

　　各方決策者如對時下必須解決的問題，其成因、優先順序或處置方案，未能從相互學習的過程中得到共識，而任令問題情境的持續，無法於最佳時機內加以攻克，將致使問題的慢性化，而與政治系統共生存，找不到可以對之治癒的良方，且要花費有限資源長期加以對待，排擠解決其他問題的資源量。須知，政治系統所要克服的問題層出不窮，決策者無權延宕處理迫切待決的問題，以增加主權者的負擔。

二、避免多數宰制

　　多數倡導的政策主張，並不見得一定會產生優質的政策績效，並可能在集體盲思的氛圍下，忽略政策的死穴，導致政策於執行之後，不斷出現不良的後遺症，危及政治系統的生存空間（Janis, 1982）。此時，若有不同的政策聲音出現，指出可能造成政策災難的方案，促成原本倡導者的再思，設計風險較小的方案結構，加入有效的問責評估機制，適時針對推動中的政策進行監測，防止政策或組織的運作脫軌，以成就更大的政策績效，並對政策利害關係人提出長遠的願景。換言之，多數人的見解，歷經

他人另類想法的衝擊，新關注層面的加入，或可激盪出較為貼近問題情境的處方。是以，決策者要對政策利害關係人所期待的未來，多加考量及重視，進而擺脫完全繫之於過往的政策視框，而與不同觀點的人士互動，或可理出較為政治中性的政策。

三、強化調研功能

基於個別政策視框潛存偏執的可能性，貿然以一方的政策見解進行政策壟斷，主事者難免要承擔極大的政經風險。因此，為了避免這項政治尷尬，在不同政策視框出現之際，決策者本著為主權者述職的責任感，回到推論的各個階梯，檢視觀察到的資料是否有效可靠，從中解讀出的內涵或意義有否偏差，根據意義解讀而提出的假定，能否接受合理性的考驗，對未來世界或情勢所發展出來的信念，是否深具長遠性，基於信念而推出的政策行動，得否連結問題情境的減輕、政策目標的實現。換言之，視框反省啟動了另一階段的調研工程，以免政策倡導的片面主導。

四、產出集體智慧

不論是執政黨抑或等待執政的政黨，在形成政策之際，均要代表被代理人形塑出深具代表性的政策思維，以營造被代理人在執行階段的投入、參與及應用，達成政策規劃的願景。因之，兩種不同政策視框的對話，並將互補想法的整合，澄清一造的認識盲點，吸納對方的優質透視，而產出集體的政策智慧，增進代議過程的健全性及永續存在的正當性。何況，民主政治的核心要旨本是要集思廣益，不容許單獨一造專擅決策之權，畢竟自己的眼睛無法看到自己的眼睛（The eye cannot see the eye.），而為了促

使自己眼睛所見，更趨近實際的狀況，掌握關鍵的環節，射準政策利害關係人，找到確實的標的對象，理解方案的優勢、機會與威脅，乃需要借助他人的見解，以反省自己的建構，進而增強建構的妥當性。

五、化解政策僵局

由於各造對政策視框的堅持，不願相互學習，以理出共同認同的政策方案，政策就一直虛懸在決策的場域，成爲無人聞問的議程。不過，決策者若能深記主權者的政策付託，雅不願問題情境的依舊，而積極設想兩造爭議焦點的突破，乃互爲參照彼此的論述，找到更具說服力的知識基礎，重新部署風險較低、政策步伐較爲穩健的方案結構，得到雙方的共識，一舉突破政策產出的關卡，而勝出對應的政策，達及政治系統肩負回應民需的天職。蓋政策拖延的產出，有時會使國家或產業的全球競爭力降低，影響勢力版圖的流失。是以，視框的僵持本背反民主運作的原理，也對被代理人展現失職的行爲。何況，持續的黨際爭論，將毀損政策學習的機會，排除理性及共同評估政策倡議及其未來成果的基礎。

六、提供攻克機會

問題的出現，本來提供政治系統展現能力，進而加以攻克的機會。不過，這項機會的獲得前提在於：決策場域並未出現議程阻絕的現象（Cobb & Ross, 1997），順時順勢完成合法化的各個階段，進而由職司機關以協力式的聯合行動，消除各種妨礙執行的複雜，創造出問題緩和的顯著成就。如今，阻礙議程進展的視框差異，因主動或被動的反省，各方不再爲不當假定所掣肘，不陷於過往視爲當然的想法，並理解出對應時代潮流的

敘述結構，平衡納入雙方的見解及政策方程式，就較有機會產出情境感知的政策，進而以執行的轉化工程，攻克現今所存的問題。蓋問題若一直未能加以處置，主權者持續為問題所苦，則政治系統的治理正當性就會耗損。

在單方政策視框無法趨近健全之際，常會與滋生風險的盲點共存之時，單眼思考每有不足的時刻，為公共利益的追求，政治問責的兌現，視框反省乃是民主政黨的決策人物，無可逃避的政治職責。何況，視框反省有機會令決策者找到「柳暗花明又一村」的配套方案，所以他或她沒有抵制的理由。尤有甚者，政治系統為了避免民主運作受到威脅，公共學習受到阻礙，因應彈性無端失去及導致過於極端性的變遷，承擔過重的政經風險，應健全順暢的政策諮商制度，更加入主權者得以提出第三類政策見解的機制，刺激兩造政黨的決策者從事視框反省的工程，推動解放式的論述，致使一造由他造的思維中，調整自己的政策見解，而促成前述六大機會的開啟，問題流勢、政策流勢及政治流勢的匯聚，解除政策空窗的危機。

結 論

視框的反省、吸納與擴大，本是政策機會窗得以開啟的動力。是以，民主政治系統的決策代理人，不論在選舉時被指定為執政或等待執政的角色，為了盡到對被代理人的政治述職，定要維繫政治系統的靈活運作，使其擁有能力來處置及對應外在的情境演化，不得僵化自己的政策思維，過度界限防守不同想法的流入，而以解放的情懷，吸納他造的建設性、長遠性及中肯性政策建構，或可藉機鞏固自己從事治理的正當性，展現正當性

管理的正確作法。

　　在當今盛行商議國時代，為了避免政策不確定性的風險，減輕決策者各自視框的盲點，增強決策對標的團體需求的回應性，視框反省本是決策代理人的政治職責。是以，他或她不得受制於過往的假定，而要反省過去視為理所當然的心智架構，盡量在自己的意見倡導上與他人的觀點取得平衡，同時藉由他造的論述作為一面鏡子，從中探尋自己思維的盲點，或可找到認清實際情境，設計有效對策的管道。

　　經由前述四個角度的分析，吾人或得到六項政策知識的啟蒙：

1. 赤字代價的高昂：政黨之間每以政策績效來競爭權力的版圖，如因過度單眼思考，而忽略因果關係的牽強性，就會嚐到不見顯著成效的後果，而負擔高昂的代價。畢竟，政策是未來指向的，非不同推論的交流，無法減輕它的不確定性，以及捉不準不確定性而衍生的風險性。

2. 政策空窗的不許：視框的衝突本是造成政策空窗的重大原因之一，然而空窗的結果，每造成問題的變質與惡化，非但機關無法正常運作，標的團體的需求不能滿足，而且容易與其他問題連結，形成荊棘難理的系統課題，而未能開創一個永續發展的世界，從事必要性的革命。

3. 單造視框的不足：每一造的決策者將自己的政策認知，視為客觀與完整的情事，本是至為自然的。不過，單造視框如受到原本心智架構、主觀認定假定及過往習以為常的思維模式所影響，每易形塑出無法鑲嵌當代生態環境的政策取向，抑或得到證據支撐的政策，以致政策本身蘊藏失靈的基因，不易見到被代理人所想望的成效，但要承擔與政策有關的風險。

4. 思維僵局的打開：決策者的一方，如能運用策略性謙卑，傾聽他造的另類見解，進而調研自己及他人的政策理解，或可打開陷入僵局的思維，

研擬出更具回應性的政策套案，既能事前掌握較爲確切的問題情境，事中備有執行監測的機制，事後進行評估的事宜，促使政策得能針對情勢變遷而演化，而非只是隨興的提出，而是整套的策略思考及規劃。

5. **誠摯對話的迫切**：既然一方的政策見解有其界限的範圍，爲了公共利益及公共價值的追求，本要借助一面可以映照的政策鏡子，從事必要性的反思，思索他人見解的可學習參照之處。是以，職司決策者之間進行誠摯對話，互相商討與吸納對方的優質見解，本是建構善治的根本。由是觀之，民主國家主要政黨之間，透過對話機制進行理解落差的彌縫，本是民主的展現，也是必要的作爲。

6. **機會之窗的開拓**：政治系統所要推動的正當性管理，乃要適時化解決策者視框不同而產生的衝突，進而提供共同學習的機會，勝出合理政策的空間，而攻克系統所面對的問題，適時回應被代理人的需求。不過，決策者在問題流勢、政策流勢及政治流勢的合流，除了反省視框、吸納他見外，猶可借助於中人的穿梭磨合，研擬出各方可接受的方案，開拓政策機會之窗。

決策過程本是參與者進行一次的學習之旅。蓋一方的見解、思維及設計不易達及理想的境界，就有必要從事根本性的決策革命，並爲了創造一個人可以永續發展的情境，研擬個人與組織得以共同生產的平台，俾讓參與決策者在該平台上，進行發展性的對話，交換彼此推論的基礎，借助中人的方案磨合，產出適時適刻的政策，化解政策空窗的危機。

參考書目

一、中文部分

林水波，2009。〈議事多數決的隱憂〉，《政策研究學報》，期9：1-20。

二、英文部分

Binder, S. A. 1997. *Minority Rights, Majority Rule*. Cambridge: Cambridge Univ. Press.

Binder, S. A. 2003. *Stalemate: Causes & Consequences of Legislative Gridlock*. Washington, D. C.: Brookings Institution Press.

Bozeman, B. 2007. *Public Values and Public Interest*. Washington, D. C.: Georgetown Univ. Press.

Cobb R. W. & M. H. Ross (eds.) 1997. *Cultural Strategies of Agenda Denial*. Lawrence, KA: Univ. Press of Kansas.

Dunn, W. N. 2007. *Public Policy Analysis*. Upper Saddle River, NJ: Prentice Hall.

Hart, P. & M. Kleiboer. 1995-96. "Policy Controversies in the Negotiatory State," *Knowledge & Policy,* 8(4): 5-25.

Janis, I. H. 1982. *Groupthink*. Boston: Houghton Mifflin Co.

Kingdon, J. W. 2003. *Agendas, Alternatives, and Public Policies*. NY: Longman.

Mayhew, D. R. 2005. *Divided We Govern.* New Haven, CT: Yale Univ. Press.

Murphy, E. C. 2007. *Talent IQ*. Avon, MA: Platinum Press.

O'Leary, K. 2006. *Saving Democracy*. Stanford, CA: Stanford Univ. Press.

Rein. M. & D. Schön. 1996. "Frame-Critical Policy Analysis and Frame-Reflective Policy Practice," *Knowledge & Policy,* 9(1): 85-104.

Scharmer, C. O. 2007. *Theory U.* Cambridge, MA: Society for Organizational Learning.

Schön, D. & M. Rein. 1994. *Frame Reflection*. NY: Basic Books.

Schuck, P. H. & R. J. Zeckhauser 2006. *Targeting in Social Programs.* Washington, D. C.: Brookings Institution Press.

Senge. P., B. Smith, N. Kruschwitz, J. Laur & S. Schley. 2008. *The Necessary Revolution*. NY: Doubleday.

Shah, A. (ed.) 2007. *Performance Accountability and Combating Corruption*. Washington, D. C.: The World Bank.

Sulkin, T. 2005. *Issue Politics in Congress*. Cambridge: Cambridge Univ. Press.

Yankelovich. D. 1999. *The Magic of Dialogue*. NY: Simon & Schuster.

第六章　選舉密度與政策機會

　　選舉本是民主國家設定政府議程及決策議程的熱門時機；也是具競爭力政黨推出議題，引發選民注意爭取其認同的歷史時刻；更是候選人試圖運用這個政治流勢，推出吸睛的政策允諾，改變政治氣候，以制定政策對應民意的歸趨（Kingdon, 2003）。不過，臺灣這個比較特殊的政治系統，選舉密度相對上比較高，次數比較頻繁，何況無論是地方性或中央層次的選舉，類皆為主力政黨定位為期中選舉，檢定中央執政為選民肯定的幅度；抑或標示為對主政者的信任投票，以選票的高低推估中央主政者受政治信任的程度；甚至提高為政權輪替或保衛的戰爭，進行多層次、多議題及多面向的較勁，引發高度的政治動員。

　　不過，在選舉頻繁到幾乎年年舉辦選舉，甚至年度內有兩次不同類別的選舉，且在政治利害關係人的操作下，政治系統原本已列為決策議程的政策議題，只待正式合法化的過程，就可進入執行轉化階段，透過職司者的解釋、組構及應用而紓解問題情境的嚴重性，但因顧及選戰的最終結果，深恐動搖往後實現願景的底盤結構，就出現注意赤字，降低媒體訊息承載量，轉化議題關注的序位，逐步關閉政策推出的機會窗，再伺其他時機重啟斯項議題的關注。這種選舉密度決定政策機會的現象，本是一項值得關切的課題，必須加以剖析該現象的特性，用以體認其所蘊含的素質；縷述其所產生的政策影響，以嚇止現象產生的頻率；設計預防或解決之道，以開創政策生存的空間。

第一節　現象特性

　　選舉頻率過高，加上政治人物在選戰議題的刻意操作，以致拒絕了不少的議程，排除多年備受關注的議題，避免正義受到質疑的議題正式進入議程的討論，圍堵現行政策因結構的失調、政策工具安排失效而出現失靈，甚至難以為繼的情勢，無法展現政策的靈敏性，營造集體的認同，厚植充足的資源，使得評價甚優、獲益最廣的政策，找到轉軌、變遷的機會，維護政策本身處在健全財經資源的支撐（Cobb & Ross, 1997; Doz & Kosonen, 2008）。是以，頻繁的選舉，確有阻礙政策變遷的基因，抵制舊政策的終結，開創創新政策的開始。至於，兩者負面連結的現象，可由七個向度瞭解它的特性。

一、選票考量

　　頻繁的選舉，由於政治時機的敏感性，在政黨選票極大化的考量下，乃築造一道抵制變遷的防火牆，深恐於選戰激烈的歷史時刻，猶推出政策變遷的倡導，恐升高準備離開政治市場的選民，一則不再關心選舉的動態變化，也不打算走到投票所；二則轉移政治市場的選擇，改宗支持他黨所推出的參選人。這種思維對於既得利益者而言，可能是正確的，選戰操盤者的顧慮也可以諒解。

　　不過，新政策的推出，政策工具的調整，對恐懼政策因底盤結構鬆動而失去支撐，導致崩解造成失靈受害的選民，他們恐是早期接納政策合理變遷的人，如因只考慮既得利益者對政策變遷的反應而延宕合理的政策變革，反致使他們成為想要離開政治市場的選民。是以，如何平衡的考量，不必成為選舉的俘虜，並引領正確的變遷，非但產出政策的果效，又贏得

政策利害關係人的政治支持（Kahan, 2010）。換言之，選舉當下被認為政治可行性不高的政策變遷，可能是一項錯誤的認知，因為未能考量到支持政策變革人士的想望，蓋其或許反對並不公平政策的持續存在，希望及早接納合理的政策調整，預防原本的政策效益因政策遲延而流失。

二、專業不敵

政策議題的認知與評斷，本至為專業，不一定是政治人物所能全然體悟，如以政治人物的主觀判斷作為政策唯一的基礎，顯然政策的採納缺乏專業權威的論證支撐，背反以循證形成政策的風格（Pawson, 2006），偏向政治動機的論證，並不顧慮論證所依據的資訊，其信度或可靠度若何（Dunn, 2009），不易通過合理性的檢驗（林水波，2009）。

一個缺乏專業為基礎的政策決定，無論是延宕政策終結，抑或阻擋政策轉軌，乃是不重視循證的政治行為，更是對於政策的堅持過於自信、自是與自見，恐會引發體系不易承擔的負面決策效應。蓋政策推出每在政經社文系絡與知識的支撐下為之，如今二者均已改變，而政策猶未能隨境而異，隨勢而更新，恐成為政治體系的累贅，傷害政治體系的威信。何況，在專業不受尊重的社會，人才的延攬恐會受到影響而失去創新的原動力，蓋人才及人才所創造的價值，本是政治體系的活力之源（Schiemann, 2009）。

三、斷續注意

在政策漸進失去系絡的鑲嵌，引起利害關係人對政策的質疑、挑戰其不合理性，並發抒不滿之情時，政策職司者本應注意這種情勢的演展，理

出較受人認同的反應，而爲適當的政策調整。不過，正當注意力集中在計畫更調受到批判的政策之際，有一部分的受益標的團體，基於自身利益的著眼，表示不能認同政策的變遷，甚至威脅不再是支持政黨的政治顧客，主事者恐懼這樣的情勢演展，又驟然停止議程的安排，續階行動的推廣，等待另一波的政策倡導競爭，成爲斷續注意的政策個案。

　　這種斷續性的注意，由於政策變遷的堅持度不夠，推動的韌性不足，往往於中途就停止政策合法化的工程，留下議而未決的政策課題，又成爲下次選戰爭論的議題。誠然，在政策形成之時，由於主持者的注意力集中於某一個層面或向度，而較不注意或疏忽另一個視點，甚至並不討論政策引發的倫理問題，就締結多數聯盟，也成爲另一階段政策制定所要解決的標的（DeVries, 2010）。只是，這個注意赤字所引起的政策斷層或斷裂，照理應快速加以填補，但因選票的考量，乃將議程序位延後，甚至產生議程惰性的情形，成爲選票動員的隱憂，流失因關注代間正義的年輕選民，反而滋生更多支持轉移的政治顧客。

四、論述輪迴

　　2010年的五都選舉，民進黨推出「第二次鄉村包圍城市」的政治口號，試圖匯聚選民的支持，這是二十一年前的動員策略。而2010年6月26日的遊行，其訴求主題是「反一中市場，人民公投作主」，本質上不但是不支持ECFA的包裝，也是2008年總統大選訴求的主軸。這兩種訴求正是出現論述輪迴的跡象，但不知其影響的效度若何。

　　政策更迭的推動，由於推動的時程不長，凝聚共識未成，又因爲選舉焦點事件的介入，主事者恐懼一定票數的流失，並且未能算計由政策變遷所能撼動選民的選票，在一陣論述的交鋒，正反論證的比較之後，又在議

程設定上，應用文化、歷史的策略阻隔其後續的發展，拒絕承認問題的存在，**轉移政策變遷發動者的影響力，降低議題未決的殺傷力**。有時主事者雖承認問題的存在，但將其切斷與其他議題的連結，不致成為問題系統，可以延宕一些時間再來對應，猶不致造成對選舉的威脅，對參選人的選票傷害（Cobb & Ross, 1997）。

　　不過，選舉時間間隔不夠長，在選後同樣的論戰又起，職司者本想快速加以解決，消滅這個引起政治緊張的議題。然而，利害關係人的不合作主義，步調不一的行事風格，乃延宕政策變遷的形成。換言之，既然政策的作成涉及到多元的職司及行動者，其各自或有疆界的考量，優先序位的不同衡酌。這種考量或衡酌在無形中就成為推動政策變遷的障礙，導入政策論述輪迴的陷阱，延宕消滅議題的時間（LeMay, 2006）。

五、僵局旋轉

　　政策系絡的變化，本來能夠對政策職司者顯示政策需要變遷的序位，並令他們切實準備對應變遷系絡的調整（Keiser & Meier, 1996）。不過，頻繁的選舉，打亂了職司者的關注目標，致力推動具吸睛的政策主張，而推遲有失選票風險的政策轉型，造成政策變遷的僵局，正如國會兩個主要政黨因立法主張歧異，欠缺共同焦點所造成的立法僵局一樣，找不到妥協的出口（Binder, 2003）。

　　而在選舉的空檔，職司者本可快速完成政策變遷的政治遊戲，但因新生議題佔據注意力，原本要求政策變遷的輿論又追逐另外的議題，降低變遷的壓力與威脅，乃延緩政策變遷的投入。不過，另類選舉初階的活動一開始，又重新啟動另一回合的爭議，進入另一輪的差異管理，尋求利益受損標的團體認同政策改革方案，說服他們跨越抵制的城牆（Maurer,

2010）。不過，在政策變遷的準備力道足夠之際，總攬政務者的選票衡量，乃又陷入另一個循證的政策僵局。不過，這種過度對選票流失的考量，恐是過於多慮的結果，因為強烈支持政策改革，冀以消滅政策不公的選民，也有可能改宗投票的對象。

六、議程阻絕

平日職司者鑑於政治壓力，致力於推動過時政策的興革，恢復分配正義的嚮往，建構正面的政策形象，改變選民對爭議政策的認知、評價與感情（Baumgarter & Jones, 1993）。不過，選戰的激烈競爭，為了馴服原本支持的選民，持續支持過往政黨所推出的候選人，乃運用選舉的敏感時刻，阻絕政策變遷的議程，留待未來適當的時機再議。

其實有些選民是可以管理的，選戰操盤手本可以利用新的傳媒與其接近，並建立有意義的關係，溝通選戰的議題（Howard, 2006）；有的亦可以維持政策利益的方式來社會化選民的投票取向。不過，後者往往阻絕政策向前發展的遊戲，無法運用策略靈敏，協助政黨領航選舉的進程。這樣一來，政黨恐也扭曲選舉是議程設定的政治工程，形構集體投入政策變遷的力量，活用或彈性運用稀少資源的機制。不過，政黨若經由選舉阻絕政策變遷議程，恐違正常的選舉運營。

七、範圍模糊

本來中央及地方選舉，應有各自的政策職司，管轄不同的政策議題，履踐轄區所屬的政策使命。如今，選戰的操盤手不論遇到那類的選舉，均以選票的考量抵擋政策變遷的壓力，乃是模糊化政策轄區的一種舉措，造

成政策分工的困擾，選戰的失序，議題的錯亂。

選戰議題在中央與地方選舉上的確實定位與分野，方不致於混亂了選民的抉擇。大凡以中央管轄的議題，爭取地方選舉的勝利，本是政治倫理欠缺的作為；反之，以地方管轄的議題，主導中央選舉的勝利，亦有違政治正義。是以，政治系統治理者的職責，還是扮演政策的促進者為宜，確認環境所提供的機會，選擇所要追求的機會，並決定何時、以什麼序位來運用這些機會，促成新政策的制定，舊政策的興革，並以政治技巧、堅強意志、能量投入及堅韌的撐持力完成兩項任務（Edwards III, 2009）。有時亦可創造機會，藉以推動新的政策方向，領導他人的態度轉向，共襄政策的改革。

選舉介入政策的興革，抑或成為議程阻絕的政治工具，均非民主國家正常運行的常態，更是注意赤字的舉措，也顯露前述七項並非正面的特性，延宕政策正義的回復，排擠迫切議題的關注，甚至產生不良的政治影響。是以，這種選舉密度限縮政策變遷或創新的機會，本身已成為迫切要化解的政治課題。

第二節　現象後果

高密度的選舉，往往影響政策發展的佈局，因為決策者除了要考量政策的合理性外，猶須衡酌政策變遷對選舉的衝擊，甚至後者的考慮權重大於前者，以致延緩早已擬定要轉軌的政策。不過，這項政治性的政策遲延，非但拉長政策孕育的時間，增加選舉競爭對手政治炒作的空間，也可能加諸政策不輕的負擔，必須承接的代價。

一、信差的產出

政治系統的治理者，在取得治理權之前的政策承諾，如未能展現策略靈敏，快速擬定對應系絡變遷的對策，締結合法化所需的多數聯盟，完成選前的政見允諾，就為因政策允諾的未能兌現，而在信用上受到折損，影響政治形象的正面管理，降低未來的政治號召力。尤有甚者，一旦信用罅隙的滋生，本身的政策說服力也因而受到一定程度的腐蝕，政治動員力也可能日益消失。

本來一個策略因應強健的治理者，可以運用各種政治技巧促成：設定必須轉軌的政策，以消滅長年備受爭議的議題，進而推出對自己有利、較具競爭力的議題，縮小對手獲勝的空間。然而，高密度的選舉卻成為抵制變遷的圍牆，不敢鑑賞政策變遷所另外帶來的正面效果，反而因政治保守而遲延政策的變動，引發選舉競爭者擁有攻堅的主軸議題，吸引不少的選票。

政治威信的形塑，無形中創造出一股誘引的力量，致讓蝴蝶選民的來歸，增強政權鞏固的基礎。是以，治理者要認真體認這股力量，不能因政見允諾的任意失信而流失原本支持的力量。蓋在選舉之際，候選人承諾未來要做的，就要集結資源加以完成，而承諾不推動的事，就是信守之，方能展現個人的正直性，馴服自由意志的選民。

二、人才的流失

政治系統治理績效的極大化，本賴優質人才的用心管理，使其擬斷出問題解決的對策，不致使受到問題情境影響的標的團體，因資源準備度不足，而受到不利的衝擊，成為政策的不滿足者，而改宗支持其他具競爭

力的候選人。不過，當政策職司者透視到政策因資源的短缺，即將失靈之際，適時適刻的推出變遷的方案，用以挽救快要傾覆而標的團體的滿足感又甚高的政策，本是常態的作為，但因領導者考量選舉的到來，憂慮這項政策變遷恐嚇跑原本的支持者，而要求政策職司者改變原本的政策主張，或暫予擱置政策的研擬。這種要求可能導致政治系統賴以強健運作的人力資源流失，進而毀損系統的競爭優勢。

政治系統每賴人才及人才所創造的價值，維持自身的活力，負責者每要想方設法吸引人才對系統的投入，使其體認到系統氣候足以實現自己的政策構想，感受到系統成員的價值，有機會行銷政策主張。然而，治理者引進的人才，一旦發覺系統未具投入的條件，也沒有認同的誘因，加上擬定的政策又易被政治因素所挫，只剩下離開一途。蓋政策人才不願一直處在不具生產力的衝突或僵局的情況，但求與不同的人才交流，創造「異花授粉」的果效，激發洞識及創新。換言之，政治系統在欠缺罅隙可以容人之時，只有退出治理的行列。

三、遲延的沿襲

選舉的考量主導政策變遷，且成為抵制變遷的城牆，這似乎意謂著：治理猶須依賴過去的作風，不因時間的改變而有所調整。不過，政策不因系絡的改變而隨境調整，乃會因政策與環境的脫離而滋生民怨與對政策的不滿，心理上不願投入政治動員的行列，甚至離開原本支持的政治市場。換言之，政策的一再遲延，或不斷的沿襲，對那些感受政策分配正義不足的選民，確信需要採取一些行動，顯示對政策不滿之情，於是或者成為缺席的選民，或者成為應用藍海策略從事選戰誘引政治顧客。

政策不斷地沿襲照舊，主事者恐犯了忽視環境的謬誤，其不僅製造對

手攻堅力道強勁的議題，又因政策正當性的不足，成爲流失選票的動力，對治理者而言，類皆負擔不起的政治代價。是以，確認遲延問題的嚴重性，理解斯項問題解決所帶來的機會，立即採取行動，而於選戰開啓之前滅失這個議題。由是觀之，環境感知者發覺政治挑戰的所在，並連結多數力量對付挑戰，才是面對挑戰的正確之道。

四、弔詭的衍生

決策者在面對社會問題之際，總無可避免地選擇一些標的團體，用以作爲受益者或負擔的承受者，一則獎勵他們擔當較爲特殊的任務，二則預防或矯正與社會秩序相背反的行爲（Donovan, 2001）。不過，這項選擇乃針對不同時代的社會建構而來，歷經時空的變化，決策者每要重新進行對應的社會建構，方能維持公平的認知（Schneider & Ingram, 2005）。

軍教免稅本有決策的歷史時空背景，也得到射準的標的團體之支持，並以對政治系統的選舉支持作爲回饋。然而在整體大環境的轉型，該政策於今恐已失去撐持力，適度而合理地加以轉型，諒能得到不同標的團體的認同。如若在構想政策轉軌之際，猶在政治可行上有所顧慮，致使政策走向趑趄猶疑不前，引起未列於斯項政策的標的團體，頻對該政策在當下社會的公平性之質疑，進而在頻繁的選舉上表現缺席或改變支持對象，就出現了弔詭的現象。原本政策之推出，隱性的政治期待在於選舉支持的回饋，鞏固基本盤，但因撐持的形勢由順治變成逆亂，也會失去不少的選票，衍生負擔沈重的弔詭現象。是以，決策者必須隨時觀測政策形勢的演化，作出相對上較爲衡平的政策變遷。

五、空間的窄縮

政黨之間的選戰競爭，政策議題的較勁亦是決勝點的依據之一。蓋那一個政黨在主軸議題的政策主張及立論理由較具說服力，就較能得到認同，如在人品上、形象上及條件上也能受到肯定，則勝選的空間加大，以致於支持原來政策的政黨，其所推出的參選人，當選的空間就會萎縮。因為，一旦政策評價的重要因素：公平性受到挑戰，合理的解釋又難以提出，難免會影響未以政黨為依歸的選民，改投他黨推出的參選人。

選戰的政治行銷，如若感動選民的心靈，符應選民的期望，反映選民的心聲，代言選民的價值，恐會受到這種政治共鳴的影響，而投下支持的票（Brader, 2006; Lau & Redlawsk, 2006）。政策公平議題的設定，恐是情緒訴求的典範，深諳選民政治心理的營為，蓋情緒的牽動，引發人民調適行為的動能，發揮想像的空間，改變判斷的標準，說服選民投票的方向（Brader, 2006）。換言之，公平議題的訴求，對選民的情緒產生刺激的力量，改變資訊處理的方式，資訊浸淫的過濾，而影響最終的選舉決定。

六、抵制的擴散

政策無法承受外在系絡變化的衝擊，已到非變不可的最低門檻，然因抵制力量的強勁，選票威脅的緊張，配套方案未受認同，而持續抵制的作為，致使主事者無法超越抵制的城牆。這種情形對由政策受益的標的團體是一種政治鼓舞，持續抵制的力量，發揮對政策走向的影響力，爭取到更多的政治談判籌碼。

抵制的根據恐源自於恐懼心理，蓋政策受益者深恐政策變遷會受到不利的影響，也未能洞察政策變遷的時代意義，知悉取代方案的內容，甚至並不認同職司政策調整者，而結構出抵制的力量。不過，這種抵制力量可

能會蔓延，甚至成爲其他政策變遷滋生抵制力量的基礎。因之，政策領導者就要體認抵制的後果，並進行價值領導來翻轉這道抵制的高牆，解釋或澄清政策變遷所滋生的認知性威脅，說明那種建構性威脅的不存在；論證政策變遷的基礎及合理性；提出釋疑的替代作法，減輕恐懼的壓力，進而展現雙向溝通的誠意，對不同意見的尊重，信守承諾的意志，以及追求政策卓越的企圖（Cohan, 2003）。

頻繁的選舉，加上選票的考量，往往關閉政策變遷的機會窗。這種形勢表面上好似對執政黨的選情有益，但經驗上卻對選舉產生風險。尤其在政策受益標的團體只限於局部的範圍時，因爲社會公平正義的議題成爲主導選戰的主軸，不利於執政黨的選戰營爲。是以，職司選戰的政治企業家，在選前要扮演政策銀舌的角色，引領利害關係人跨越抵制的城牆，扮演爭取選民信任的代理人，恐是要優先著力之點。

信差的產生、人才的流失、遲延的沿襲、弔詭的衍生、空間的窄縮及抵制的擴散，均是政治系統的政治警訊，試圖傳遞選戰失靈的警訊。政治系統必須隨時偵測這項訊息，進而由主事者推動開誠領導，分享資訊與進行民主化決策，化解結構性的恐懼與疑慮（Li, 2010）。

第三節　後果超越

選舉密度過高，又有政治人物運用選舉時刻操作特殊政策議題，藉以誘引蝴蝶選民的來歸，再加上執政黨爲了防止選票流失的政治威脅，乃停滯過時政策的轉型，抑或大幅度調整專業職司機關所擬斷的政策方案，每每造成系統沈重負擔的後果，也要支付不低的沈澱成本，擔心選票流失的政治風險。是以，在既定時程的選舉過後，主事者或可推出超越後果的

作為，減輕後果的壓力。

一、整併多元選舉

　　過多的選舉提供政治人物的政治操作空間，更讓冀圖政策更迭的職司者，受困於政策利害關係人的抵制，無法適時地消滅易受炒作的議題。是以，根本的對應之道，或可將選舉歸類為中央與地方兩類，分時舉行。尤有甚者，策略性的政治領導者更要利用機會，將中央或地方各公職人員的選舉，分別於同一時間完成投票，不要再按類別而於不同時間舉行。初期可能因聯合選舉而滋生大小不一的選舉效應，但久之習慣後，這種效應在選民自主性強化之後就會逐步消失。

　　誠然，這種選舉整併本身就是重大的制度變遷，也會遭受抵制，但站在公共利益的行銷立場，應可排除思維的障礙，藉著願景的提供敦促利害關係人的支持，實際效益的鋪陳防止改革行動的中斷，締結多數聯盟完成合法化的政治遊戲。不過核心的關鍵在於：改革領航者堅韌的撐持力，不斷展現改革的毅力，一一化解隨勢發生的問題。換言之，領導者要以堅韌智商（inquisitiveness），隨時應對改革過程中的障礙。

二、運用當下民意

　　政策的歷史時空背景消失之後，當初特別照顧特殊標的團體的政策行動，恐已不易找到持續的理由，抑或立論的基礎，進而出現反對的團體，不斷批評原本政策已因歷史變遷而出現正當性不足，藉以凝聚民意以推動斯項政策的變革，甚至引起認同的政策中人，參與政策轉型的動員，表明懲罰性投票的威脅，催促政策變革的時間。

政策職司者體察到民意的壓力，經驗到補選動員失靈的教訓，或可領略到政策遲延變遷所要承受的政治代價，乃藉著民意的可用性，推導或觸媒政策的變革，跨越改革的僵局。是以，職司者可以充分運用眾趨民意的歸趨，鬆綁抵制的環節，降低抵制城牆的圍堵力量。因為，政策回應力的彰顯，本是政策持續的支撐力，一旦回應力的消失，再受到強力推薦的力量轉弱，他或她需盡快對政策加以變革，以維護原本的政治支持。

職司者不可犯忽視民意的錯誤，因為這項錯誤極可能影響未來的選舉經營。是以，在自己主觀判斷與當下民意歸趨的取捨時，不可全由主觀判斷主導政策取向的抉擇，因為這樣的舉措，代理人對被代理人的述職就成為空談，也喪失代議制度的初始精神，可能要承受政治反挫的壓力，丟掉權力的風險。

三、彰顯議題風險

選舉的結果，有時候取決於政黨對議題操控的作為。基於特殊歷史背景而塑造的政策，每有其得以生存的期限，如若超過該期限過久，已到選民無法忍受的地步，乃成為他黨試圖炒作的議題，激起未能由政策受益的選民，轉移投票選擇的標的，成為新的政治代理人，甚至改變代理權的歸屬。

民主政府本要接受選舉問責的檢驗，為了爭取持續的代理權，除了推展出令選民肯定的績效外，消滅有失選票風險的政策議題，乃是政黨所要未雨綢繆的任務，即於選舉事前先行做好準備，防範選舉時的攻伐，而排擠政治系統當前迫切要處置的政策課題。換言之，選舉的原始宗旨在於：提供常民正確選擇治理者的機會，表達自己社群或政治系統當前所面對重大議題的觀點，並由政治授權賦與代理者處置的權力。不過，在議題受到

控制或窄縮之後，前述的動能恐較少有機會彰顯（Alvarez, Hall & Hyde, 2008）。是以，爲了防範選舉的風險，平時就將斯類議題處理掉，不要對之過度樂觀，而延宕處理時間，引發選民對系統治理者的失望，支持的挫跌。

四、孕育周詳政策

政策制定或變遷均非一蹴可幾，往往要歷經周詳孕育的過程。首先，認清民意的歸趨所在，再將關注匯聚其上，理出急須處理的議題，測出利害關係人的想望，安排主事者與之對話，交流雙方不同的政策視框，刺激雙方各自的反省，進而調整原本的視框，如若猶有差異，再透由雙向溝通進行差異管理，擬定出雙方共識的內容，設計全局的套案，完成制定或變遷的艱困工程。蓋政策孕育的開誠布公化，雙向溝通的權力分享，各方意見的吸納，乃化解政策衝突的利器。

政策變遷往往是常態的轉型，引起抵制更是常態的反應，但主事者運用「雙向道」的政策風格，一則適切進行互動，雙方對話，分享各自思維，相互傾聽或應用對方觀點，則共識形成不難；二則採取參與式的決策模式，各方利害關係人分享決策的權力，而非由決策者權力獨攬，毀損他方對決策的順服；三則組構合作協力關係，完成雙方認可的政策變遷。換言之，一方主導政策作成的時代，已非當今的決策模式，孕育的周詳化、互動化及商議化，足可協助決策者跨越抵制的防火牆。

五、形塑迫切意識

必須變遷的政策之所以未受到注意，一來決策者偏好規劃未來所要採取的行動，較不顧慮過往政策所生的多面效應；二來不以爲政策變遷的遲

延，會對選票的流失產生大幅的影響，這種政策自滿往往降低變遷在議程設定的序位，進而承擔選舉風險。

不過，代理權流失本是一項重大的政治風險，所以政治系統的主事者怎能不以迫切意識來領航過時政策的變遷。於是，相關職司者為了形塑政策變遷的迫切意識，首先取得重要的政策事實，相關民怨的資料，引發不平之鳴的輿論，用以界定政策變遷的需要性，形構催促變遷的心志及思維；再動之以情，說明過往流失選票的例證，指出因遲延政策變遷而導致政治變遷的經驗，激起情緒上的認同，引發下定決心推動變遷的迫切意識。

迫切意識的形塑本是領航變遷的動能（Kotter, 1996; 2008）。蓋政治系統或許知道變遷的需求，但總未能盡全力加以推動，又受其他焦點事件的介入，排擠原先設定的處理序位，這其中的道理，或是欠缺的東風，恐正是真正迫切意識的堅凝，引領政策領導者抓住機會，避免風險，俾讓政策變遷作成，消滅議題炒作的空間。

六、改變零和注意

政治系統有時集中注意一項政策議題，以致對其他議題出現注意赤字的現象，未能即時覺察其對利害關係人的影響，漸進再社會化而改變其原本的政治態度及政治取向，逐步在各類選舉上發生選票減少的指標。有時甚至因時間的有限性，而對議題加以疏忽，導致對應及早或在當下必須處理的議題，受到延誤或耽擱，而造成非標的團體的不平之怨，衝擊到選票的凝聚。由是觀之，議題處理的延誤，本會致令序位甚為優先的任務，受到推遲，甚或並未完成處置。

政策被感受不公平的問題，在政治上本是一項極為敏感的議題，主事

者本要快速射準這項議題，尋找正確而符應時代的變遷，疏通選民不滿的情緒，徹底從政策的內容上翻轉。因之，毀棄零和注意的習慣，擴大關注的視野，同時兼顧衝擊政治體系有效運作的問題。換言之，當今的政府需要更能全局化的作爲，在公部門上成就更大整合的關注；其也同時需要充備問題預防的努力，轉移平日集中解決問題的作爲，更加投入問題預防的事功，不使兩者之間失去應有的平衡（Perri 6, 1997）。蓋在問題成熟度不足之際，就加以關注並爲必要之處置，抵制的力道恐較爲疲軟，跨越抵制城牆較爲容易。

選舉密度與政治操作下，往往窒息政策變遷的機會，而政策窒息帶來前述的政治後果，非任何政治體系所能完全承擔，更嚴重有損治理的正當性。因之，當責的政府就應關注政策危機的癥候，在其萌芽之際，就對之處理，預防蔓延擴大的情勢，集結額度龐大的非標的團體，扮演選票轉移的角色。這樣的政策作爲乃在展現預防重於治療的治理經驗，提醒相關職司者避免注意赤字的出現。

疏忽或延宕均是政策議題惡化衝擊的元凶，更是盜取時間之賊，所以政策職司者要加強360度的情境偵測能力，盡早發現問題的顯著性、指標性及嚴重性，再進行議題處理的時間管理，致使政策變遷符合時間時宜性的要求，滿足各方的政策利害關係人。歸結言之，主事者化解各項抵制或疏忽的障礙，才能推出令人接受的政策變遷。

結　論

過高的選舉密度，正如過高的人口密度一般，本會滋生政治系統所必須面對的議題。政策機會的流失恐是選舉頻繁所衍生的現象。這種現象顯

然又帶來專業不敵、斷續注意、論述輪迴、僵局旋轉、議題阻絕及範圍模糊的情勢，但主導這些情勢的源頭在於：政黨以選票的考量做為政策興革的動機。不過，這項動機或設定的假定，不一定無可挑戰之處。蓋政策興革的推遲，本是兩面刃，一則或許得以保住選舉的死忠支持者，但其也可能增加更多的蝴蝶選民。是以，決策者要把握興革的時宜性，採取環境靈敏的策略，跨越抵制的防火牆，並由政策銀舌進行溝通統合的角色，而於選舉之前就適時做好議題圍堵的防禦工程，以便由創新的議題主導選戰的過程。歷經前述三個向度的剖析，吾人或可從中體悟出六項知識啓蒙。

1. **政策的時境性**：政策之能順時順勢出現，本由一定的時空環境之催促，政策企業家的運籌帷幄。然而，時境本無法靜止，而是一直在動態演化之中，逐步改變而失去對原本政策的撐持力，主事者就須對之注意，進而發動調整的作為，以免政策給政治系統帶來昂貴的政治負擔，危及治理的基礎，造成信任的流失。

2. **密度的威脅性**：在政策失去時境的支撐之時，本是政策變遷的時機，不過在頻繁選舉的制約下，選票考量的主導下，政策變遷有可能動搖原本支持的選民，就會成為變遷的障礙。是以，選民投票取向的考量，是牽動政策轉軌的隱形力量，更是造成政策趑趄不前的元凶，甚至帶來政治後遺症。

3. **趑趄的後果性**：政策變遷的猶豫不前，政策公平在欠缺特殊時空的對襯，已受到嚴峻的質疑，未被政策射準的標的團體，可能會離開或打算離開原本的政治市場，不再是該市場的政治顧客。主事者如未能關注這一層後果，又無法開拓新的顧客，抑或感動別的政治顧客轉向支持，極可能流失選舉的席次，降低推動想望政策的能力。

4. **社會的流失性**：政策興革本來甚倚恃內外在環境的配合，但因選票的考

量，每每斷絕該變遷政策的機會。即接連的選舉，阻絕政策變遷議題的討論，以致作成變遷決定的不確定，也導使同樣議題的不斷反芻，論述的重複輪迴，窄縮其他議題的關注空間，波及系統競爭力提升的難度，加深政策問責的強度。

5. 抵制的可越性：政策變遷或興革遇到利害關係人的抵制，本是一項常態的現象。然而，抵制並非不可跨越的城牆。主事者開誠布公的商議，原本政策利益的轉型，緩衝時間的安排，政策再反省機制的建立，利害關係人對興革建議的吸納以尊重其主體性，均有助於抵制的化解，阻礙的克服，城牆的跨越。

6. 建構的變動性：政策所適用的對象，即管理的標的團體，本由政策主事者設定標準而篩選出來，範圍設定本身是社會建構的產物。其本隨著時空環境的轉變而有所變化，原先被列為弱勢團體，歷經政策的效應，可能已轉為強勢團體，並由其他的團體轉為弱勢族群。是以，政策隨著時境的變遷，其所射準的標的團體之境況亦會隨之改變，有必要適時調整，以免滋生不低的政策不滿足感。

　　政策如若一直受到選舉密度的影響，延宕或窄縮興革的空間，對政治系統的運營並不見得有利。是以，政治系統除了在選舉的整併上著力改革之外，致力於讓合理的政策變遷，於適時、適刻與適境的情況出現，可能是選戰上藍海策略的最高應用。蓋這恐是開創競爭並不激烈的政治市場，吸引蝴蝶選民投注的策略。政治系統若能由不同角度透視選票的吸引，將選舉密度視為政策興革的機會，反而獲得更多的政治效益。這其中的關鍵，大概是決策者奉行無痛變遷的原則，以創造性的政策重組消弭可能的反彈，引領適時的政策轉型。

參考書目

一、中文部分

林水波，2009。「政策篩選」。T＆D飛訊，第84期，頁1-28。

二、英文部分

Alvarez, R. M. , T. E. Hall & S. D. Hyde (eds.) 2008. *Election Fraud: Detecting and Deterring Electoral Manipulation*. Washington, D. C.: Brookings Institution Press.

Baumgarter, F. R. & B. D. Jones 1993. *Agenda and Instability in American Politics*. Chicago: The Univ. of Chicago Press.

Binder, S. A. 2003. *Stalemate: Causes and Consequences of Legislative Gridlock*. Washington, D. C.: Brookings Institution Press.

Brader, T. 2006. *Campaigning for Hearts and Minds: How Emotional Appeals in Political Ads Work*. Chicago: The Univ. of Chicago Press.

Cobb, R. W. & M. H. Ross 1997. *Cultural Strategies of Agenda Denial*. Lawrence, KA: Univ. Press of Kansas.

Cohan, P. S. 2003. *Value Leadership*. San Francisco: Jossey-Bass.

DeVries, M. S. 2010. *The Importance of Neglect in Policy-Making*. NY: Palgrave.

Donovan, M. C. 2001. *Taking Aim*. Washington, D. C.: Georgetown Univ. Press.

Doz, Y. & M. Kosonen. 2008. *Fast Strategy*. NY: Wharton School Publishing.

Dunn, W. N. 2009. *Public Policy Analysis*. Upper Saddle River, NJ: Prentice Hall.

Edwards III, G. C. 2009. *The Strategic President: Persuasion and Opportunity in Presidential Leadership*. Princeton, NJ: Princeton Univ. Press.

Howard, P. N. 2006. *New Media Campaigns and the Managed Citizen*. NY: Cambridge

Univ. Press.

Kahan, S. 2010. *Getting Change Right*. San Francisco: Jossey-Bass.

Keiser, L. R. & K. J. Meier. 1996. "Policy Design, Bureaucratic Incentives, and Public Management," *Journal of Public Administration Research and Theory*, 6(3): 337-364.

Kingdon, J. W. 2003. *Agendas, Alternatives, and Public Policies*. NY: Longman.

Kotter, J. P. 1996. *Leading Change*. Boston, MA: Harvard Business School Press.

Kotter, J. P. 2008. *A Sense of Urgency*. Boston, MA: Harvard Business School Press.

Lau, R. R. & D. P. Redlawsk 2006. *How Voters Decide*. NY: Cambridge Univ. Press.

LeMay, M. C. 2006. *Public Administration*. Belmmt, CA: Thomson Wadsworth.

Li, C. 2010. *Open Leadership*. San Francisco: Jossey-Bass.

Maurer, R. 2010. *Beyond the Wall of Resistance*. Austin, TX: Bard Press.

Pawson, R. 2006. *Evidence-Based Policy*. Thousand Oaks, CA: Sage.

Perri 6 1997. *Holistic Government*. London: Demos.

Schiemann, W. A. 2009. *Reinventing Talent Management*. NY: John Wiley & Sons, Inc.

Schneider, A. L. & H. M. Ingram (eds.) 2005. *Deserving & Entitled: Social Constructions and Public Policy*. Albany, NY: State Univ. of New York Press.

第七章　政策篩選

　　政府的主要職責之一就是篩選相對上較為優質的方案，抑或考量較為多元側面的變數，進而整合出較具周全的套案，俾能減輕問題情境的嚴重度，藉機藉勢成就設定的政策目標，滿足主權者的需求，得到他們的政治認同。不過，何以政府在進行政策抉擇之前絕對沒有空間以倉促草率的方式，甚或以單一的政策視框來推導未來政策的可能演化，因為政府所採取的各項作為均對主權者的生命財產、權益福祉，社會的繁榮穩定，犯罪率的降低，經濟衰退的復甦，發展方向的開拓，及排除人民恐懼的異常疾病，致使政府走向安穩運作的旅程，類皆產生不小的影響（Mulgan, 2009）。

　　尤有甚者，政府既是由人民所組構而成，基於人民時有思維和行動上的錯誤，因此政府在選擇公共政策，動員力量與知識追求共善之際，恐或亦有不少的致誤空間，例如：1.一廂情願：認定政策所要運作的環境會維持不變，目前的發展趨勢持續呈線性演變；2.自見自是：只顧自己的想法，擬斷及推測，而要依憑實力加以推動，未能擁有同理心，將他人的建設性見解，吸納、融入及調適原本的政策安排；3.不斷加碼：政府既已投入一項政策一段時間，雖已出現不利的演展，抑或原本的想望亦大打折扣，但因沈澱成本的緣故，難以終結政策疲軟的情形；4.未諳演變：政策所面對的內外在環境，無時無刻不在進行動態性的變遷，致使支撐原本政策的政經社科（技）的系絡發生重大變化，而政策依然在不能鑲嵌的境況下運轉；5.忽視極端：無法理解社會原本常態運作的模式，亦會因為突發的焦點事件，致使正常曲線發展的現象，亦可能出現至為極端的情況，設

未即時因應，恐對政治系統造成不利的衝突；6.團體盲思：由於參與決策的人員相當具有同質性，不易出現挑戰或質疑的政策透視，有時亦以眾趨的政策見解壓服少數的異見，以致政策所立基的假定有誤，無法見到想望的政策期待；7.例證未明：決策者每每持續衛護自認有價值或有意義的政策觀，而未顧其是否具有現實例證的支持，以致不能正常或妥適地進行政策交易（Mulgan, 2009; Pawson, 2006）。這樣一來，政府本身及受到政策影響的人，類皆會受到無法堪受的衝擊。

　　臺灣在第二次政黨輪替執政之後，政府將施政焦點鎖定在發展兩岸關係的政策，以及迫切因應全球金融經濟風暴的政策制定上，將會頻頻推出各類別的政策或制度安排。不過，由於政策本身是未來導向的（Lester & Stewart, 2000），其所產生的優勢、劣勢、機會及威脅要歷經一段時間的演化，才較能彰明較著，所以事前的思深慮遠、審慎商議、發展模擬，再進行最終的決斷，恐會減少後果的沈重負擔。尤有甚者，兩岸關係的政策推展，非但具有高度的政治風險（Howell, 2001），而且在推出執行之後，已生的政經情勢難以再逆轉到原初的情況，正如優質環境一旦遭到過度開發，就無法再享受原本的環境品質一般，是以主政的政府在政策抉擇時就要敬謹將事，做好政策篩選的工程，避免或減輕前述七項可預測到的謬誤，以維護臺灣正常開展的政治空間。是以，本文所要分析的標的全釘住在：政策篩選的必要性及篩選的兩項策略。

第一節　必要性的分析

　　政策本身既無法對各項有形或無形的政經風險免疫，又因相關職司已對政策進行不少的投資，形成嚴重的沈澱成本，利害關係人之間也形

構成實力顯著的壓力團體或遊說團體，儼然成為「第三院」（The Third House），盡找罅隙影響政策的興革運作（Rosenthal, 2001），因而有志者或政策企業家要中途腰斬或終結政策，並非一件如為長者折枝不易。於是，在這三項的制約下，與其事後面臨政策退怯的窘境，不如在事前就做好政策的預防工程，即審慎篩選較具保險的政策，再靜觀內外在情境的演展，徐圖擴大政策規模，不必一下子推動巨幅的政策變遷，承擔程度不低的不確定性。至於，政策篩選的必要性，吾人或可由六個角度具體而微地加以分析。

一、防止不當樂觀

　　政策行銷者為了順時順勢推銷自己認同的政策主張或方案，每會繪出一幅令人稱羨的政策願景，擬列不少的政策效益，進而要求有權合法化政策者儘速加以認可，以進入執行落實的階段，等待政策的豐碩果實。不過，這種樂觀的政策思維，往往未能取得例證的支持，也未列舉出多元不同的成本，甚至未能預測未來可能發生的後遺症，導致政府在政經利益上的損失。比如，主張臺海兩岸簽訂「綜合經濟合作協議」者，就樂觀地認為：此項協議一旦簽訂，就可取消兩岸間包括關稅、經貿、投資等障礙，進而逐步構築一個自由化的共同市場。不過，這項協議的基本前提在於：「兩岸在事關維護一個中國框架這一原則問題上形成共同認知和一致立場」（胡六點第一點）。如此一來，臺灣的主權就有立即被矮化的風險。是以，以過度而不當的樂觀來倡導政策主張，總未能站穩政策抉擇的立基。

　　就在政策抉擇的關鍵性歷史時刻，政策利害關係人該匯聚在政策平台上，共同篩選可能的政策方案，務實地解析各項政策的利害關係，不得

主觀臆測政策成效，受到不符合邏輯的力量干擾，受制於少數人的政策期待，以情緒或主觀聯想的方式推薦方案，千萬不可以潛在的力量來形塑影響臺灣的未來政治發展（Ariely, 2008）。換言之，深具政治風險性的政策，非歷經篩選的學習旅程，不足以創造永續發展的境況。

二、排除不可逆轉

任何政策一旦付諸推動之後，對標的對象的權益、對國家的主權地位、對政風民情及對環境生態的品質等，均會造成重大的衝擊，而有的衝擊並非憑靠人為的力量，抑或政策的終結而可恢復到原初的狀況，此乃是一般所謂的「政策不可逆轉性」（Goodin, 1992），嚴重的話，其可構成國家生存空間窄縮的威脅。是以，決策者並沒有正當性，完全代位行使抉擇權，有必要以回應型的作風，經由建設性的對話，完全釐清政策的多元衝擊，再選擇優勢較強、機會較高的政策套案。

政策篩選旨在針對各種已進入可資選擇的方案，進行環境影響及社會影響的評估，並就評估結果予以比較對照，從中選出政府及主權者可以接受的影響，並盡量排除不可逆轉性的負作用，鞏固政治系統的永續發展（Fitzpatrick, Sanders & Worthen, 2004）。這或許是當前必要的政策革命，更是資源日漸稀少時代，賴以創造史無前例的治理機會的策略性工具，更是人類不得不追求的學習旅程（Senge, Smith, Kruschwitz, Laur & Schley, 2008）。

三、避免政策失靈

政府所抉擇的政策，如事前的推測有誤，受到潛在力量的左右，不當的政策移植，再加上抉擇前所模擬的內外在系絡，以及所撰寫的政策劇

本，於政策執行階段發生全然不同的情勢，先前選擇的政策可能因欠缺系絡環境的鑲嵌而導致失靈的情況，非但預想的目標無法成就，問題未獲改善，反而有惡化之虞，而且又滋生不同的荊棘問題，加重政府因應的負擔（Winston, 2006）。

何況，政策抉擇的時機本至為重要，也是決定政策是否失靈的重要定素之一。一方面在時機並未成熟之際，就推出超前的政策，可能會因相關資訊未備，思維並不全局而致使失靈不可避免；另一方面在時機太晚之際才推出政策，有時亦會受到密度遲延現象（density delay）的影響，而致使政策利基受到限縮，無法誘引政策顧客的到來，更要受到他國類似政策的競爭與挑戰，有如開放觀光博弈產業政策一般。因此，就有學者提出：決策者斷不可忽略時機因素的衝擊，而導致政策的功虧一簣（Pollitt, 2008）。

政策篩選的功能之一就在探究政策時機的合適性問題。比如兩岸政策的開展，時機的拿捏就非常重要，因為臺灣的資源實在太有限，絕對沒有流失的能耐，所以務必要射準相對上較佳的時機，不可超前或落後。尤有甚者，臺灣更不能抄襲港澳的作法，因為臺灣的政治地位與之大不相同，非要更加審慎不可。是以，決策之前做好政策篩選的工程，一則勝出較多時間考量優質的政策安排；二則藉機設定政策的優先順序，再循序漸進推廣相關的政策範圍；三則觀察政策協力者的舉措或政治意向，再延續或更調原本的政策節奏或步調。

四、熟知標的需求

政策在執行階段之所以得能爭取到標的對象的政策參與：順服、應用及合產（Schneider & Ingram, 1990），乃是因由於抉擇時際，吸納他或她

的政策見解，整合他們多元不同的主張，回應或滿足他們的政策需求，治療他們的政治疏離感，進而增強政策本身的正當性（Roberts, 2008）。

　　政策篩選本要以協力的作為，獲致可觀的政策成果（Mandell, 2001），從過程上連結多元利害關係人及其所形構的網絡，共同透由對話交流的平台，達成共識的政策取向及工具安排，以為執行協力的前提，避免政府單獨力量的不足，政策透視的片面，政治意識形態主導政策的選項。蓋當今本是公、私及非營利部門共同治理的時代，無法單由政府的角度推動政策的發展。

五、建立防火之牆

　　既然任何政策均有大小不一的失靈風險，所以在政策形成之際，共同治理的成員須事先建構防大牆，以備未料到的狀況發生時，焦點事件出現之際，作為權變因應機制，圍堵不利情勢的擴大。換言之，政府本有職責要想到決策之後的各項演展，並對之進行有效的政策風險管理工程，以促進政策的成功（Brown, 2008）。何況，政策所要追求的價值，利害關係人可能會有不同的認知，茲為了事前預防衝突而無利於政策的演化，本要有機制進行價值衝突的管理，以利政策積極而正面的目標找到勝出的路徑（Thacher & Rein, 2004）。

　　政策篩選的進行乃在進行公共政策價值衝突管理的工程，試圖提出具說服力的論證，引發原本反對政策內容者改宗支持；抑或安排各項監督機制，課責相關職司人員，甚至要求合宜的政策變遷，俾便採行較為精緻而細膩的政策安排。尤有甚者，當階段性政策價值業已達致，抑或嚴重破壞其他價值的成就，主事者無法再加以忽視，乃藉由反省篩選的過程，重新推出新時段的政策使命。即言之，政策是動態演化過程的結果，絕無靜止

不動的情況，非得透由不斷的篩選過程，無法產出對應政經情勢的政策品牌。

六、追求公眾信任

公共治理追求的終極境界在於：築造及維持高水平的公共信任，致使民主政治的平順運營（Goodsell, 2006）。而公眾信任的建構在於程序、分配及互動正義的講究，做好政策利害關係人的管理，使其同心協力推動已定的政策，不致因其從中的掣肘，抑或扮演極為勉強的合夥人（reluctant parterners），無能協助政策邁向成功之途。而公眾對政策的信任，在處理攸關政治系統未來政治前途的議題上，就格外顯得它的重要性及緊要性，這在兩岸互動政策上更顯得如此。

政策篩選的切實進行，相關人士的投入，重視他們的政策聲音，並將其吸納成為政策興革的一部分，兼以證據或道理來轉型具敵意的政策見解，抑或改變漠不關心者成為積極的政策參與者，分擔政府政策執行的責任。換言之，政府本對主權者存有資源依賴的情況，更要依憑他或她的自律或協助，才能致使政策執行的順利，政策目標的充分成就。是以，當今政府在面對真實世界的情境下，要備妥周全的政策篩選機制或平台，讓公民、利害關係人有參與的機會，聲音有表達的管道，進而改革傳統的治理模式，使其達致回應性型治理的境界（Odugbemi & Jacobson, 2008）。

政策篩選工程的切實履踐，其可是主權者及政府採取有價值政治行動的藍圖，更是產出優質政府的過程指標。在消極方面可以防止不當樂觀、排除不可逆轉及避免政策失靈；在積極方面可應用來：熟知標的需求、建立防火之牆及追求公眾信任，以便實現政府施政的新願景。因之，在重大政策抉擇之際，治理者安排政策篩選的運作旅程，讓參與者進行相互學

習，並在不同政策視框的激盪、磨合及整合下，理出風險較少、效益較高的選項，以免浪費至爲稀少的政經資源。

第二節　合理性的檢定

　　政策既有失靈的可能性，又有實際失敗的案例（如設立大汽車廠），所以主事者要進行政策學習，即根據過去政策運作的結果，以及嶄新輸入的資訊，審愼地調適政策所追求的目標，達成目標所應用的工具或結構安排，冀以圖謀更爲優質的終極治理目標（Birkland, 2007）。而政策篩選如上所述，本兼具消極及積極的正面效應，是以其在政策形成及變遷上均有重要的角色扮演。

　　政策篩選的職能旨在做好政策推介的工程，以供有權合法化者，根據該項工程的結果，作成准以執行的決定。臺灣在第二次政黨輪替之後，由於國民兩黨的核心政策信念不同，行爲取向有異，這些差異明顯展現在兩岸政策的興革上。然而兩岸政策的成功與否，深繫臺灣的政治未來，以及自由民主的公共價值追求（Bozeman, 2007），所以在推動任何重大的政策突破時，主其事者要做好統整的政策篩選工程，以充備臺灣的政治生存空間。

　　政策篩選可由W. N. Dunn（2008）「公共政策分析」的論述中找到可資應用的工具。本文所要擇要論述，並祈能引發相關決策者於實際世界的情況中加以應用者，蓋有兩種分析工具足能篩選出不同政策結構的優劣，以減少政策風險及所衍生的政治代價：合理性的檢定與說服力的考驗。此處就先分析政策合理性所要具備的標準。

　　合理性分析本是政策推介的一項過程，用以指出積極被倡導的政策主

張，是否具有對立而不同的說法，以降低政策主張的正當性，而有必要再重新組構，排除對立的存在，致使政策朝向追求目標的路徑邁進（Dunn, 2008）。根據Dunn（264-267）的說法，一項政策的合理性要通過十項標準的檢定：

一、有效性

政策與成果之間的因果關係，其所根據的假定要具有妥當性及有效性，如兩者之間只具虛擬關係，則非但原本的政策期待會落空，而且已定的政策要素就會限制未來所能選擇的政策方向。如有識之士對之加以忽視就是不切實際，也會引發不小的政策失靈（Pollitt, 2008）。

兩岸的經貿合作是否能避免臺灣的邊緣化，抑或釀致臺灣主權被矮化的結局，或許雙方都有一定的立基前提，但那一方較具合理，應有篩選的空間，更要特別講究在那些政經社科的基礎上，避免臺灣陷入政治不平等的窘境，千萬不得搶時機，而於倉促的情勢下作出決定。因之，主事者徹底分析瞭解目前兩岸的經貿狀況，及其造成的根本原因，乃是一項較為健全的作風，足以在適當時機認定出機會之窗，進而推動根本性或大幅轉型的政策改變。

二、本益比

政策的推出，主事者不能只論及效益這一面，還要嚴謹地面對利害關係人所要負擔的成本，蓋天下並沒有白吃的午餐，如新的政策效益確實比政策成本高，則可爭取到相關人士的支持，而採取快速政策變遷的步調。反之，如若現行政策至為平穩，風險亦在可以接受的門檻，則會得到政治

支持而持續推行，待出現更多資訊，相關政經環境已改變時，再推出合適的政策變革。

臺灣是一個資源稀少的社會，非但要對資源作最佳的運用，更要吸進外在的資源，有效防止外在對資源的磁吸效應。因之，過去兩岸經貿互動的作法，如有極富價值的政策要素，沒有對案可資取代，不要輕易推出本益比未明的新策，以免原本優質的政策受到摧殘破壞。蓋原本優質的政策，一旦受到毀損，要再重建就非易舉。

三、效能性

政策制定本要依賴政策的落實，實現既定的目標，填補問題情境與理想情境之間的落差，滿足或回應主權者的需求，爭取治理的正當性，延續再度執政的機會。是以，治理者所推出的政策，所運作的政策工具，既然與要對應解決的問題脫節，當然沒有正當性加以推銷或倡導，以取代現行政策。

簽訂「綜合經濟合作協議」真的能避免臺灣的主權被矮化的後果，可能主事者要詳加關注在什麼條件或前提下進行簽訂的，如中國堅持在一個中國框架下為之，則情況就非如臺灣方面所想像的單純，是以這項迫切性並非已到燃眉之急，稍稍等待一段時間，待資訊更明朗化，政經情勢更加穩定化，中國更加民主化，大三通效應更具體化，方再考量此項協議的簽訂。

四、涵蓋性

既然政策的影響相當深遠，其所能創造的效益，抑或衍生的代價就要窮盡地加以列舉，不可只單方面的言及效益或成本，以妨礙決策者的合理

判斷，而推出不益於治理的政策，致讓利害關係人受到損失，而引發政治動員危及政治的穩定。何況，治理者的重要職責就在於：每項政策抉擇均意在為利害關係人創造價值，使其認同治理的成就，願意將執政權再度委付（Freeman, Harrison & Wicks, 2007）。

企業的掌管者每要利用每天推出的策略，而為利害關係人創造可觀的價值，當然治理政治系統者更責無貸地要負起為成員創值的作為。於是，在推動新兩岸政策之際，主政者非但要鋪陳新案的利弊得失，風險威脅與機會之窗，還要傾聽其他利害關係人，對即將推出的政策所做的預評估，指出的風險所在，斷不可對之置之不理。尤有甚者，治理者更不可對潛在的風險加以隱瞞，或對另一造的政策提議加以誤讀，而做出錯誤的承諾。總之，政策要通過合理性的檢定，對於各項滋生的效益和成本，絕對不可加以排除，而影響到本益比，促使決策者作出不當的選擇。

五、回應性

政策之能接受檢驗受到認同，乃因由於本身的內容類皆回應到各種不同利害關係人的需求，而非只照顧到權勢大、正當性強及顯著度高的利害關係人之權益。是以，在推出政策之前，如能建立議題論壇，以供各界建言，進行公共商議，得出共識性的決議，再伺機推出，以免政策的躁進，抑或盲點的存在。

兩岸的政策發展，政治風險的潛存並非決策者所能忽視的課題，所以絕不能只注入行政部門的政策見解，立法部門絕對擁有政策參與權，據釋字第329號解釋：「國家簽訂內容直接涉及國家重要事項或人民之權利義務且具有法律上效力之協定，當然應送立法院審議……」。本號解釋在效力位階上應高於「臺灣地區與大陸地區人民關係條例」第95條的規定，不

因立法院一個月未爲決議，就視爲立法院已同意有關兩地區通商通航等事宜。換言之，代表人民問責政府的立法院，其意見應進入行政院所推出的大陸政策內，才能增強政策的正當性，顯現行政院當責的做法。

六、適法性

政策之取得合法性定要歷經法定的過程，職司機關更要就自己權限範圍的事務作成決定，不能逾越法定的轄區。尤有甚者，職司者所定的政策內容更不能背反眾趨的民意，排除有權參與機關的參與權。換言之，一項合理的政策選擇，一定要對不同方案，就其是否符應現行規定及先例，進行評比對照才有權作出終極決定。

海基會與對岸海協會的政策協商，一定要有政府的授權，不得擅自逾越授權的範圍，進入相關政治議題的協商。蓋不同政策有不同的職司，有時亦有共同的職司，即單一政策議題同時隸屬多個機關的管轄，最終的政策決定必須經由共同管轄機關的認可，方能有效運轉（Baumgartner & Jones, 1993）。如若出現政策霸權，抑或獨享決策的所有權，政策的適法性就會被質疑，同時也增加政策謬誤的機率，太早耗費政府所能掌控的談判籌碼。

七、可行性

政策如因在政治、預算及行政上受到限制，而出現不可行的情況，識者就有理由挑戰政策的合理性，無法通過政策篩選的門檻。蓋政策目標的成就，有賴執行團隊來轉化抽象的政策內容，成爲具體的行動，並對標的對象產生直接的效應。不過，如果執行能力受到諸多不同的限制，協力機

關的本位主義掣肘，政策協議上又對相關的權利受到制約，要達及主權者及相關利害關係人的認同，恐就不易了。

　　兩岸經貿合作如雙方各自提出種種限制，比如客運對臺灣並無延遠權，貨運又欠缺攬貨權，則三通的效益可能掌握在中國手中。因此，未來在擴廣之際，一定要善用談判的技巧，釐清各個情況的細節，再模擬各項可能的變化，提出合理的要求，不可先開價、掀底牌，而無法爭取到更多的權益，進而傷及相關業者的效益。

八、衡平性

　　政策內容如在社會公平及正義上未能顧及或周全關注，利害關係人可能以倫理的理由挑戰政策的合法化，導致無法對之進行政策所提供公共服務之遞送，而由標的對象再加以有效的運用，進而建構出亮麗的治理績效，符應治理者對主權者的述職任務（Shah, 2005）。蓋任何類型的公共政策，均涉有權益的分配，推動分配的成本負擔，而其最令人順服、使用及合產的立基，每在於衡平的講究，如最需要接受者，未能獲更大的比例得到服務；最無能力負擔成本者，卻要承受不成比例的負擔；得到最多效益者，卻不受擔付任何成本（Dunn, 2008）。

　　兩岸政策的開展，以及在第二次政黨輪替執政之後的大幅擴展，如在滋生的利益上，大部分由中國分享，但絕大多數的代價卻由臺灣負擔，甚至在臺灣主權的完整上，又可能如煮溫水青蛙般的日漸流失，當然會引起不少人的反彈。是以，臺灣對中國政策的制定，要站在成本效益分配的衡平上，講究分配正義的追求上，才不致窄縮到臺灣的生存空間，製造更多的失業人口，使其陷入無法擺脫螺旋下墜的經濟困境。

九、妥當性

　　政策之能通過篩選的關卡，主事者設定追求的目標價值與倡導者所追求的動機，不但受到認同，而且二者所根據的假定站得住腳的，非如海市蜃樓一般，那麼虛幻不可靠。是以，決策者要以務實的態度來抉擇攸關深遠的政策，更不可以迷思作為挑選方案的基礎。而為了防止海市蜃樓現象的出現，政策迷思主宰整個決策過程，以及不堪負荷的財政負擔，事前的全局透視，多元不同聲音的吸納，藉以反省原本所持的政策視框，將政策調適到多元認同的境界。蓋主政者本該是多元聲音的傾聽者，不同政策倡導的整合者，而非但憑自我視框的決策者。

　　兩岸政策的走向，臺灣一定要充分解讀中國的重大文本，洞穿其內在邏輯，釐清各項政策作為的前提，再設定自己的議程，追求的方向、目標與價值。畢竟，臺灣並沒有政策大躍進的本錢，非行穩不能致遠，而躁進只有政治風險要承擔。尤其，兩岸有意簽署綜合性經貿協議的歷史時刻，臺灣更要審酌這項協議是否陷臺灣於港澳化的地步，洞悉這項協議可否避免臺灣的邊緣化，並與亞洲各地整合，再設預防性及先制性的機制，足以脫離港澳化的陷阱，方進入行動議程。換言之，風險管理的上策本在於預防風險的發生，因為風險發生之後再設法處理，恐為時已晚。

十、正確性

　　政策的推出旨在解決時下發生的問題，其必要及充分的前提：主事者不能建構錯誤的問題本質、成因與涉及對象。蓋主事者如發生這項錯誤，則非但浪費政府有限的財力貨源，而且因問題認定的謬誤而導致選擇不能對應的政策工具，無法消滅問題的幅度，甚至衍生新的問題，加重政府的負擔。

　　解決臺灣的企業及失業問題，是否得能以加速兩岸的互通來解決，可能是一項爭議不止，抑或是價值衝突的問題。如今國民黨政府選擇加速開放的政策措施，相關人士或可設定一段期間，檢證其是否產生破壞性的後果，並嚴重到不可加以忽視，就要推動新的互動策略，並以過往的經驗來精緻化政策的內容，以免對臺灣帶來政治傷害。質言之，臺灣對中國的政策不能一成不變，要針對情勢的演化不斷的循環改變，以免問題與對策之間的失調。

　　政策抉擇爲了提升合理性，避免受到威脅合理性的十項干擾，主事者要細心地檢定：政策推介是否存在不合理的要素或因子，並連結相關力量將其消除，以備妥預防性的作爲，爲抉擇的政策鋪設順利運轉的環境。如若不然，由於合理性的檢定不周，事前檢疫不嚴，後果就要準備承擔。因之，主事者冀想透過規制、資源分配再分配政策，進行政經情境的改革，應盡可能關注威脅到合理性的成分或部位，並於進行推介方案之篩選工程上，審慎因應、慧眼指出。

　　臺灣的中國政策，政治風險恐如影隨形，亦深度衝擊臺灣的政經生存空間，絕對沒有一廂情願的餘地，事前的合理性分析，充分運用自己的政經籌碼，而且架設防堵風險的防火牆，再推出適時適刻的政策。畢竟，這項政策充滿了諸多的不確定性，只有透由合理性的檢定，預測政策的結果，並倡導結果爲政治社群成員認爲極富價值的政策選項。尤有甚者，目前吾人猶不能斷定那些政策在不同的情境運作下，得以產出最好的成果，所以還是以預防性及先制性的機制審慎發展這項政策。

第三節　說服力的考驗

　　政策之能取得政治支持，除了決策陣營可以締結多數聯盟外，要在論證的立論理由上具有強烈的說服力，致使持反對立場者並無藉口再加以反對，排除阻礙政治可行性的困難。不過，政策倡導者於行銷之際，如所賴以說服的論證缺乏效力，又明顯存有謬誤，恐就因說服力無法通過篩選的考驗，而不能取得合法化的地位，導致政策的懸案。至於無效和有誤的論證，吾人可依Dunn（2008）的分類，擇其要者及經常出現的類型加以論述之。

一、比較論證

　　決策者爲了行銷自己的政策主張，每每舉證世界其他國家亦在同時推動同樣的政策行爲。然而在他國行之有效的政策，由於政經社文及科技的情況不盡相同，勉強加以移植引用，恐會因水土不服而在移轉國產生不同利害方向的演展。蓋只有移轉政策本身並無大用，因爲如若欠缺支撐政策有效運轉的系絡，政策得以耕耘的「園地」，就不易孕育或育成豐碩的政策成果。

　　兩岸政策的推展，無法師習其他國家，開啓甚大的政策機會窗，蓋臺海兩岸的互動歷史，與他國的情形不同，牽涉更爲複雜的歷史情結，何況中國所設定的未來政治方向「一個中國」，在現階段的情勢，可能時機未見成熟，且潛伏不確定的政治風險，所以臺灣要有自己的政策觀，更在永續發展的考量下，不能以他國的政策躍進，而逕行採取同樣的政策步調。因之，主政者在進行政策更迭時，對於新政策方案的分析，勢必妥適納入時間面向的考量（Pollitt, 2008）。

二、訴諸傳統

　　一項政策主張，基於其符應原本的傳統，主事者就對之大力推銷，而要爭取利害關係人的協力支持，使其通過政治、經濟及行政可行性的檢驗，而達及合法化的地位。不過，傳統可能與當前所迫切要處理的問題，全無任何關聯性，更因重大情勢業已變遷，使其過往行諸有效的行動，因失去鑲嵌的環境而導致政策的失靈。

　　全球化時代雖為今天的政經常態，更是各國主政者考量政策走向的依據。不過，這次全球的金融風暴及經濟衰退，已驗證出涉入全球化較深的國家，經濟受損害的幅度也愈高。是以，臺灣在配合全球化的發展腳步，兩岸動態共存關係的走向時，要永續反省，加強後顧，進而學習臺灣最適生存的路徑，而非一成不變，固守原本的政策走向。換言之，要認真改變零和的結局，盡可能獲致雙贏的境界。不過，在邁向雙贏的路徑上，還要時時內省現行政策是否有所偏差，與原本追求的目標有所背反，而適時加以反正。

三、單因單果

　　在政策問題形成原因的推測上，主事者堅持問題情境的發生，係由單一的原因主導整個事態的演變，非針對該項原因的減輕，而採取克服之道，無法緩和問題情境的嚴重性。不過，問題情境的發生，往往不是單因對單果的情形，而是諸多合理的原因所導致。是以，正常的政策因應為建構完整的套案，以不同權重的方式對應不同原因，以消弭問題情境。

　　台海兩岸現今政經情勢的演變，不僅是國際因素所促成，更是雙方領導人的政治取向所導演，也是臺商的大陸經驗、中國的政策調整所綜合發

展出來的。是以，單獨歸責於單一因素，均無法窺探出發展局勢的全貌，還是以系統的角度來透視政策演化的情形或階段，如此一來主事者方能掌握到全局治理的方向及目標。尤有甚者，臺灣本無本錢一次出光所有好牌，且過早亮出底牌，喪失談判的籌碼，主事者要事先設定「最佳期待目標、實際需求目標、可以接受目標及最低目標」，再視情勢爭取到各方可認同的目標。

四、例證不足

政策主張的證據如愈充分又窮盡，就愈能說服更多的利害關係人加入支持的聯盟，減低反對者的壓力，降低敵對的聲音，解消抗議抵制的示威。反之，如行銷政策主張者背離循證的路線，而以傳言、杜撰與主觀判斷的政策言談，試圖證明政策主張的有效性、可靠性及可負性，顯然要通過政策篩選的機會窗，其開啓的寬度應該不大（Pfeffer & Sutton, 2006）。

兩岸政策的改弦更張，其所能成就的目標，最好能有充分又充足的統計數字作為推銷的佐證，凡是過度樂觀的自信和推斷，極可能只在建構虛擬的標的，但無法滿足政策顧客的需求。是以，往後在各項經貿議題的解決協議，務必釐清追求的標的，雙方協力合產的政策行動，不能單賴臺灣自身的政策犧牲而達成共識。

五、倉促類推

政策倡導者根據一項特殊的個案，就類推適用到整體的情境，完全不顧其只是少數的個案之一，又未能認清其是例外的狀況，並非已成常態性的發展模式。比如在大陸政策的民調上，如若樣本數太少，又有流失而失去代表性，則民調的發現恐就不適合推論到整個母體的態度取向。

馬英九政府極力擴廣兩岸經貿政策，並冀想以中國的經濟實力來降低臺灣的經濟衰退壓力。不過，這樣的政策思維，以演化政策的改變，可能過於倉促及輕率，因為中國本身亦蘊藏不少的經濟困境，經濟增長率有大幅下滑的趨勢，所以提高臺灣對中國的經貿依存度，則自身的政策自主權恐會降低，反而威脅到生存空間。

六、無誤假定

主事者自始至終均不承認政策走向有誤，抑或出現嚴重問題。尤有甚者，主事者在發現政策已走向錯誤的方向時，猶想盡辦法對斯項錯誤掩護，甚至等到真正的危機萌芽而顯著之際，又將罪責委諸於外在力量或歸責於其他人身上。事實上，政策的未來演展，由於深受多元變項的影響，不但有機會產生正面效應，而且亦有可能因錯誤的問題認定、目標設定及工具安排，而造成政策失靈的情形。是以，決策者應有警戒之心，事先小心提防政策的可誤性，並備妥權變因應的對策；同時，他或她要有充裕的時間進行思維與反省，不可因政策投入已深，而不斷升高政策承諾。

兩岸政策最忌諱在無誤的推定下，落入政策惰性的陷阱，因為全球的政經快速變化；中國內部的經濟問題亦所在多有，政策論述也以不同修辭來畫定政治定向；臺灣的政策議程亦在政黨權力消長的過程中，發生不同方向的改變，所以主事者要有全方位的關注，事先偵測內外在情勢的變化，找到原本政策的落伍所在，發現潛存其中的謬誤，精準地解讀中國領導人在不同階段所發表的政策方向論述，並做出對應的回應，千萬不能缺乏彈性，或只信任專家，而忽視常民的政治敏感度，方不會輕易走入政策謬誤之窘境。

七、負面忽視

政策行銷者每每以政策產生正面效益，始不論其是客觀具體的，抑或人爲主觀建構的，試圖說服利害關係人的肯認，大抵忽視政策所可能產生的負面效應。蓋在天下沒有白吃午餐的情況下，決策者在以動機論證政策主張時，定要以兼顧的態度，進行成本及效能的對照，而選擇相對上效益高於成本的方案。

兩岸政策的採納與興革，由於歷史因素的糾葛，未來政治遠景的歧異，已立互信的基礎尚待鞏固，內外在環境的不確定性，負面的政策衝擊尚未能免疫，政策機遇也測不準，所以政策管轄機關不得過於樂觀，要事先模擬各項政策方案的走向劇本，透視兩面的演展情形，再認定較爲保險的路徑。

政策的採納深受論證的說服力之影響，主事者之能取得標的對象的政治支持，也有賴於論證的效度達到可接受的門檻，謬誤的情況不易被探勘。以上七項可用以挑戰或考驗論證說服力的層面，或可爲職司者於抉擇政策時，加以應用並適度加以排除，增加政策期望的成就度。

兩岸政策的開展，雖有正當性的基礎，亦有推動的政治機遇，然而主事者不能忽略政策議題的認清與掌握，政策方案的配套安排，均有可靠的假定支撐，排除臆想式的推測，採取行穩致遠的作風，當責的處事原則，俾以開拓政治生存空間，消弭過往的零和遊戲，漸進邁向相互協力的政治實體。

結　論

　　政策方案的最終形成，勢必經過多層次的互動，歷經審慎篩選的階段，創造通過合理性檢定、說服力考驗的政策安排，而備妥收割政策成果的前提。蓋政策風險經常會伺機出現，並由政策利害關係人承擔，是以以政策篩選作爲擋住風險、化解價值衝突的防火牆。尤有甚者，在兩岸政策大力開啓的歷史時刻，主事職司者的責任在於：思深慮遠與創造政策機遇，並秉持審愼的態度，推動政策篩選的工程，進行政策學習的旅程。經由前面三個政策空間的分析，吾人或可在知識上得到八項啓示。

1. 篩選是要重視的：在人類無法免除謬誤的情況下，透過篩選的過程，或可在相對上減少謬誤的可能性。何況人們一直不斷地透由他人的政策透視，來擴大或細膩化自己的視野，強化自己思維的廣度。

2. 時機是要拿捏的：政策功效的勝出，時機的襯托本至爲緊要，過早或過遲恐均會帶來政策窘境，所以妥適應用政策篩選的機制，拿捏出較佳時機，有益於既定政策的運轉。是以，政策契機的追尋，不能忽視時間這個變項，主事者或許要透由過往的學習，進行政策管理的工程。

3. 合理是要講究的：在政策總要負擔代價的時際，茲爲了降低代價的承受，事前的準備工程乃不能敷衍，主事者要以合理性所要求的基準，衡定各項政策安排，推薦代價較低的方案，並由管轄者加以取捨。

4. 建構是要全局的：政策所要解決的問題，以及所產生的影響，本至爲多元而不同的，所以在建構上該二者之際，職司者就要有全局的關照，不能只凝聚於一面，或單單強調效益，而導引錯誤的政策抉擇，增加更多的代價負擔，處理新生的問題。

5. 論證是要求實的：政策支撐的立論理由，抑或立基的假定，本會有無效

及謬誤的空間，於是行銷者本要以務實的作風，盡以相互主體性的追求，避開自己主觀的思維，而免掉或減輕無效與謬誤的機率。

6. **視框是要反省的**：每個人根據過往的政治學習而養塑的政策視框，每有一定的取向與模式，也有特殊的偏好與考量，更可能在認知上有所執著，所以不一定射準政策問題的全貌，擬定周全的套案。如若將自己的視框融入他人不同的視框，受到不同專業領域的知識激盪，而相互彌補各自未認識到的面向，乃有助於政策安排的周詳。

7. **發展是要循序的**：兩岸要拓展的政經領域不少，但由於風險管理的輕忽不得，永續突破的迫切需要，一時躁進的不得宜，主事者還是以相應的階段性解決之策來發展，才是較為穩當的作法。換言之，循序漸進不疾不徐本是較為保險的舉措。

8. **對話是要安排的**：臺灣對中國政策是關係到整體利害關係人的權益，不能單由一個政黨主宰政策的形成。何況這樣的作為由於未能注入不同的聲音，無法動員不同的力量及知識，以追求共同的善策。是以，深諳公共策略的藝術者適時開放對話的平台，抑或設置議題論壇，讓公共商議得以進行，不同政策建議得以整合，社群意識得以凝聚，推出的新政策才有機會走得安穩。

　　八要的厲行，其最終的價值追求在於：創造全局關照的政策安排，逼出政策的罩門，降低政策的不確定性，並在有效管理價值衝突的氛圍下，展現寄望目標的實現，現存問題或困境的排除。

　　兩岸政治共生、政策互補乃當前的重要課題，而在走向這樣的共識過程，雙方以開放的作為，審慎進行政策篩選的工程，不讓時機未成熟的政策超前出台，亦不使時機已到的課題擱置不決。至於未來的政治走向，則仰賴過去、現在與未來的互動演化而定，即主事者要進行上該三者的治理工程。

參考書目

Ariely, D. 2008. *Predictably Irrational*. NY: Harper.

Baumgartner, F. R. & B. D. Jones. 1993. *Agendas and Instability in American Politics*. Chicago: The Univ. of Chicago Press

Birkland, T. A. 2007. *Lessons of Disaster: Policy Change after Catastrophic Events*. Washington D. C.: Georgetown Univ. Press.

Bozeman, B. 2007. *Public Values and Public Interest*. Washington, D. C.: Georgetown Univ. Press.

Brown, J. T. 2008. *The Handbook of Program Management*. NY: McGraw-Hill.

Dunn, W. N. 2008. *Public Policy Analysis*. Upper Saddle River, NJ: Prentice Hall.

Fitzpatrick, J. L, J. R. Sanders & B. R. Worthen. 2004. *Program Evaluation*. Boston: Pearson Education Inc.

Freeman, R. E., J. S. Harrison & A. C. Wicks. 2007. *Managing for Stakeholders*. New Haven: Yale Univ. Press.

Goodin, R. E. 1992. *Green Political Theory*. Cambridge, UK: Policy Press.

Goodsell, C. T. 2006. "A New Vision for Public Administration," *Public Administration Review*, 66(4): 623-635.

Howell, L. D. (ed.) 2001. *Political Risk Assessment: Concept, Method and Management*. East Syracuse, NY: The PRS Group, Inc.

Lester, J. P. & J. Stewart. 2000. *Public Policy*. Belmont, CA: Wadsworth.

Mandell, M. P.(ed.) 2001. *Getting Results Through Collaboration*. Westport, CT: Quorum Books.

Mulgan, G. 2009. *The Art of Public Strategy*. Oxford: Oxford Univ. Press.

Odugbemi, S. & T. Jacobson. 2008. *Governance Reform Under Real-World Conditions: Citizens, Stakeholders, and Voice*. Washington, D. C.: The World Bank.

Pawson, R. 2006. *Evidence-Based Policy*. Thousand Oaks: Sage.

Pfeffer, J. & R. I. Sutton. 2006. *Hard Facts, Dangerous Hall-Truths & Total Nonsense*. Boston, MA: Harvard Business School Press.

Pollitt, C. 2008. *Time, Policy, Management*. Oxford: Oxford Univ. Press.

Roberts , N. C. (ed.) 2008. *The Age of Direct Citizen Participation*. Armonk, NY: M. E. Sharpe.

Rosenthal, A. 2001, *The Third House: Lobbyists and Lobbying in the States*. Washington, D. C.: Congressional Quarterly Press.

Schneider, A. L. & H. Ingram. 1990. "Policy Design: Elements, Premises, and Strategies," in S. S. Nagel (ed.) *Policy Theory and Policy Evaluation*. NY: Greenwood Press: 77-101.

Senge, P., B. Smith, N. Kruschwitz, J. Laur & S. Schley. 2008. *The Necessary Revolution*. NY: Doubleday.

Shah, A. (ed.) 2005. *Public Services Delivery*. Washington, D. C.: The World Bank.

Thacher, D. & M. Rein. 2004. "Managing Value Conflict in Public Policy," *Governance*, 17(4): 457-486.

Winton, C. 2006. *Government Failure versus Market Failure*. Washington, D. C.: AEI-Brooking Join Center for Regulatory Studies.

第八章　政策領導

　　政黨輪替執政之際，由於主要的政務人員更迭，帶進與過往職司者不同的政策知識、理念，也對同樣的問題情境抱持互異的認知，構思有別的方案，試圖成就殊異的目標，追求趨異的願景，以滿足各種類型的利害關係人，冀圖鞏固再度獲得主權者授權或付託統治權。在這種濃厚的政治氛圍下，乃是推動或開啓嶄新政策的機會，主事者乃全力張羅政策變遷事宜，一則發展面對新形勢的共同心智，援攬才華之士，以構思對政治體系有益的政策方向；二則建立協力網絡，並以最快的速度，讓重大的政策變遷與執行，以負責的態度虛心檢討所推出政策的得失，從中理出政策優勢所在，且盡力加以穩定，抑或發現劣勢威脅之著落，進而學習改進之道，以免最終的政策失靈，而危及治理的正當性，再度形成另一次政治循環的政黨輪替（Kingdon, 2003）。

　　不過，在這重大政策變遷的歷史時刻，為求變遷的合宜性，驅導政策績效的勝出，建立持久的政策價值，以回應當初授權的選民之期許，乃有必要建構以選民為中心的領導，講究領導品牌，以引領變遷的政策始終運行於正軌的路徑上，不致滋生脫軌的現象，既未顯現原本的政策冀望，又未解決原初的政策問題，更隨勢引發體系不堪負荷的後遺症，傷及體系的生存空間（Ulrich & Smallwood, 2007）。換言之，任何的政策變革，由於政策本身的未來導向性質，在測不準的制約下向存有一定程度的政經風險，而這項風險的存在性，恐在兩岸的經貿政策上，最易展現出來。因之，職司者在政策運營上，就要從事優質的政策領導，以塑造主權者認同的領導品牌，一來取得主權者的信任，產出一致又可預測的成果；二來表

明一項迫切的政策，想像其未來的遠景，三來糾集各項資源，投入於化抽象政策成具體行動的執行工程；四來創造優質的政策績效，增強政治體系的能力，並爲其與主權者創造公共價值。

　　由上觀之，政策領導，其在品牌的形塑及講究，就甚爲攸關政策的最終成敗，進而連結到是否輪替執政的關鍵。因之，職司者在推動政策領導之際，或許要關注六不及六要的政策作爲，以免陷政策於抉擇時際，就存有不少的盲點，抑或一廂情願的想法，導致政治體系試想追求的目標成爲海市蜃樓，甚至衍生體系不能承受之重的後果。而在六不及六要的範限下，究竟主事者所要扮演的對應角色爲何，方能擺脫政策失靈的糾纏，這三個向度乃構成本文論述的焦點所在。

第一節　六　要

　　政策的未來衝擊不但深遠而廣泛，而且潛藏負擔沈重的政經社科風險，是以主事者並不適格扮演政策沙皇的角色，即龔斷政策論述，主導決策全程，權壓相關職司，誤解民意取向，免疫政策監督及製造輿論支持，並催促必須於一定的期程內作成，不忌諱欲速則不遠的窘境。反之，他或她爲了盡可能窄縮多元風險的範圍，須關注六要的標的。

一、要交流政策視框

　　受到未來政策影響的利害關係人，有的受到正面的衝擊，得到相當的政策效益，增強與他人之間的競爭力；而有的受到全然負面的影響，增加失業的人口，提高社福的開銷，排擠其他政策領域的可用資源，進而產生

公共政策追求的價值衝突。

　　尤有甚者，不同意識形態的政黨之間，亦會提出自己的論證，表達彼此之間的政策立場，形成對立不同的政策主張，引發不小的政策衝突。斯時持不同政策視框，建立政策內容所依據的理據互異者，為了凝聚政策共識，管理公共政策的價值，乃有責任進行視框的交流，並藉由這個平台，排除自見自是的政策看法，摒除輸贏行為之爭，拋棄自封的思維習性，創造政策對話的環境，建構合作調研的空間，進而發掘不同視框之間的融合之道，化解政策衝突之方。

　　政策視框之間的衝突，本屬於一種破壞性的衝突，如不對之加以即時的管理，極可能造成政策的過度遲延，滋生重大的政策罅隙，進而影響到政治體系在全球化時代的競爭力，有礙於新地緣或區域治理的發展，進而自陷於自我孤立的境況中，流失不少的生存空間（Paquet, 2005）。是以，主事者的誠摯面對，進行有效協調、雙向溝通的過程，致使雙方均能注入各自建設性的見解，互補雙方視框的侷限，而形塑較具全局觀察的政策佈局。

二、要追求民主價值

　　在自由民主的社會，公共政策的規範性基礎就在於民主價值的追求與實踐（Smith & Larimer, 2009）。首先，政黨輪替之後，新政府致力推出其所認為迫切的政策，由於並非接續前政府的政策方向，而是進行根本性的變革，且對政治體系及其成員料將產生巨幅的衝擊，也可能產生偌大的政治風險，於是有的政黨或相關的利害關係人，為了讓政策的變革取得最高的正當性，乃按公投法的規定，循序取得公投舉辦的合法性，相關當局就必須針對議題舉辦全國性公投，不因政策變遷無涉主權的變化，而否定

公投的舉行。蓋公投法適用的事項：法律之複決、立法原則之創制、重大政策之創制或複決及憲法修正案之複決，並不規範：涉及主權變更的政策才能舉辦公投。換言之，政策之變革如有法定門檻的公民連署，就無法對公投免疫。

再者，立法院本對國家重要事項擁有參與決策之權，所以由行政院負責推動的重大政策變更，無法由其單獨作成合法化的決定，必須送請立法審議以作成相關的決定。立法院也應以主權者的代理人身分，公正客觀地審查行政院所作成的政策變更，再付諸有效的執行。蓋民主國家之設有立法審議的機制，乃以之作為防火牆的功能，再度考量行政的政策審議是否周全與全局關照，以免釀成政治體系的沈重負擔（Thacher & Rein, 2004）。換言之，立法機關本有對行政機關進行問責之職責，不能讓行政部門擁有政策壟斷之權。

尤有甚者，任何政策的變革，對利害關係人在效益的分配及成本的負擔上，應盡可能信守公平正義的分配原則，不能有所偏袒，抑或致令特殊對象承受不利的負擔，而未對之採取任何補救。再者，公共政策的抉擇本要強調公共價值及公共利益的追求，不得讓經濟個人主義過度膨脹，而毀損公共利益的立基（Bozeman, 2007）。換言之，重大政策的職司當局，絕不能完全受制於經濟個人主義者的政策遊說，而對經濟弱勢階層的聲音出現注意赤字的現象，致使社會產生受虐公民症候群（battered citizen syndrome），導致政治疏離，降低政治體系能力，抑或政治壟斷的民主背反現象（Bovard, 2005）。

三、要進行政策篩選

政策的作成本是一項抉擇的行為，為使這項抉擇一則能將效益極大

化，二則能將代價極小化，進而防止不當樂觀、排除不可逆轉、避免政策失靈、熟知標的需求、建立防火之牆及追求公眾信任（林水波，2009），乃要求政策職司者在作成最終的抉擇之前，要做好政策篩選的工程。蓋這項工程的推動，乃是決策者盡到事前問責的義務，從各造的互動性對話中，找到有益於政策形成的資訊，進而將之應用於政策內容的安排，以反映多元利害關係人的呼求及期待。

　　至於政策篩選的工程，相關當局或可對擬議中的政策方案進行合理性的測試，可由有效性、效能性、本益比、涵蓋性、回應性、適法性、可行性、衡平性、妥當性及正確性等十個向度加以檢定之，如能通過這項合理性的檢定，則政策的風險或可降低，進而產出預期的成果，解決政治體系所面臨的政經壓力（林水波，2009）。不過，這其中，政策方案與預期成果之間的因果關係至為有效與確定，並非主觀的想像，抑或只是根據模型的臆測，就至關緊要，因為風險要找到溢出的缺口甚難。尤有甚者，行銷政策主張所立基的假定不能一廂情願而缺乏妥當性，導致潛存失靈的基因。

　　再者，政策篩選最好也能通過說服力的考驗，即在支持政策主張的論證上不僅未出現謬誤之處，也未提出無效的說法（Dunn, 2008）。即行銷政策主張，斷不可輕易以比較論證的方式來要求利害關係人或標的團體支持其主張，因臺灣是一個特殊的國家，並不一定符合國際法所認定的屬性，何況，其所演化形成的政經社文環境極為特殊，不堪與其他正常國家相類同，而全以他國的政策運營情形，作為支持臺灣走向政策趨同的關鍵。

　　何況，政策行銷的過程中，主事者絕無權忽視負面的舉述。蓋天下本無十全十美的政策，舉出負面效應的所在，受到不利衝擊的標的對象，並設計安排處置的政策工具，減少負面效應的幅度，或可順勢取得他們的政

策支持。尤有甚者，規避或隱藏政策的負面效應，本牴觸倫理領導的原則之一：誠信（Northouse, 2007），甚至是一項欺瞞的政策行為，反而引發反對的政策聯盟，增加政策合法化的困難關卡及政治成本。是以，決策者的SWOT分析，標舉出優勢、劣勢、機會及威脅的所在，並於事先安排劣勢排除的預定機制，威脅防火之牆，展現對政策抉擇的誠信，或可減輕行銷的負擔。蓋不要忽略民間社會存有各類型的政策專家，其所具備的政策分析能力並不亞於決策菁英。

四、要推動政策行銷

重大的政策變更，難免會引起受到影響的利害關係人之政策恐懼，而這項實際恐懼之消除，進而影響他或她的決定，就要熟知「新科學」其所提出的七項感動機制，使其改宗支持政策的隨勢演化（Granger, 2008）。

首先，政策職司者要利用解釋的平台，與其進行互動性的對話，進行同理性的傾聽，並吸納其具建設性的見解，激起其對政策的信任，並由關係的拉近，凝聚共識性的政策協議。第二，推出專業的政策見解，有理據支撐的說法，有經驗數據印證的主張，展現權威的力量，以引發標的對象的接受。

第三，說明新政策是秉持與過去政策行動的一貫立場，為解決政治體系在面對區域治理的變局而提出的因應對策，以免致使政治體系的生存空間受到區域經濟體發生變化的影響，即政治體系所持的政策路向是一致的，目的在維持其永續發展。第四，力持訂定政策契約的兩造信守互惠的原則，而非只有單方受益，另一方則負擔代價的情勢，蓋單方的退讓已喪失平等的地位，乃不易取得有關人士、團體的政策支持。

第五，主事者可提出本益對照表，指出行銷的政策方案，在各個對照

的面向，確實比其他可用的方案產出更多的效益，負擔較少的成本，承擔較低的風險。第六，主事者可以舉述多元不同的理由，論述政策主張的迫切需要性，以及風險承擔的最低限度，據以轉型或再社會化持不同政策意見者的態度，使其自動認同倡導中的政策。第七，展現諸多未來的政策希望，注入積極正面的政策期許，以引領標的團體的同意，改宗支持政策變革，使其快速填補目前的政策真空。

　　由上觀之，政策主事者要對標的對象，提出一個或多個引領其認同政策的標竿，致使政策得到合法化的地位。蓋任何政策，在民主自由的社會，主事者若不經說服的過程，而堅持自己的政策主張之健全性，本不易取得他人的政策認同。是以，主事者要精通政策說服術，俾便學習贏得被代理人認同政策的策略。

五、要省思政策效應

　　任何政策一旦成立，不論執行幅度若何，均會產生政經社文的影響，甚至連結到其他領域的衝擊，波及主權地位的完整性，抑或與其他國家的正式或實質外交關係，以及己身的政策自主性，加深對政策的外控性，提高對他國的資源依賴度。是以，政策的主事者在推動政策的合法化之際，一定要接受主權者的問責，吸納他們的政策見解，加強政策內容的安排。

　　大凡政策的效應絕不可能單獨出現正面且為標的團體冀欲的效應，負面效應亦會如影隨形地隨勢出現。是以，主事者要提供專業的分析，以權威的數據作為政策效應的說明，但本身並無權力進行任何專業調整，以免損及專業的權威，破壞以權威作為政策說服的依憑。蓋這樣的號稱專業調整，可能旨在消除利害關係人的疑慮，但如斯的作為恐適得其反，進而加深主權者對政策的疑惑，遲延政策的作成。

主事者可以決策樹的方式對政策作為或不作為行為所產生的正負效應，對哪些領域有益，而對哪些領域有害，要有哪些因應的措施，才能取得受不利影響的標的團體願意配合政策行動，致使政策本身早日取得合法化的地位。換言之，在專業知識競爭極為激烈的時代，多元不同的專業團體均有能力進行效應的分析，應用模型的推測，稍一偏離容易被識破，反而影響政策的說服工程，只因其已違背權威說服的根本原則。

六、要設計退場機制

既然風險與機會可能並肩而行，一旦風險已超過政治體系所能承擔的範圍，且影響到治理代理人持續治理的正當性，而且機會之運用所能獲致的效益，亦難抵風險所帶來的損失，主事者無權再讓政策存活，顯然是政策已到終結或退場的時刻。換言之，既然事前的擬斷已經失準，弊病逐步出現，此時乃是主事者發揮適應性領導的最佳時機，針對新生的現實，做了因應的對策，中斷已現疲軟的現策，重新部署政策安排，再度動員執行的轉化工程（Heifetz, Grashow & Linsky, 2009）。

通常，政策的策劃者會在政策的內容上設有日落條款，要求行政部門所主導推動的政策，於一定的期限內，若未能以具體的績效，通過國會的問責，該項政策就不再得到撥款而走上終結的結局。蓋政策歷經存活一段時間，各種不同的資訊不斷湧至，其解決問題成就目標的能力主事者或可掌握，另外衍生的後遺症也無法隱藏，當然失去生存的空間。

臺海兩岸的新經貿政策，如政治風險未能免疫，又可能排擠對其他自由民主國家的進出口量，加深對中國的經濟依賴，所以事先設計安全退場機制，抑或防火牆的安裝，才能減輕風險的威脅，事先做好政治風險管理。換言之，政治體系為了自身的生存，時時針對嶄新情境的演化，對政

策進行彈性的調整、賡續，乃是理性的選擇。這項選擇甚至涵蓋終結的選項，俾以掌控政策推動的適宜時機，確實理解到政策在何時要終結，何時可以新的態貌加入政策空間，相互協力完成政治體系的願景。

政策形成之前與之後，均會出現一些狀況，以致影響最終的政策產出或成果，對之進行有效的管理，方能減輕政策失靈的機率，開創造效益的動力。不過，在這兩個政策旅程上，主事者要發揮積極的領導，進行政策的部署與改革，確實推動六要的政策作為，盡量避免由政策滋生對體系的政治風險。事實上，這六要是政治風險管理所要作為的標的，主事者恐無權規避它，而犯了忽視六要的謬誤。當然，如若同時以六不的不作為行為，協助抉擇較為安全的政策，當可較為周全地鋪排政策績效產出的路徑。

第二節　六　不

政策的優質化及時宜化，除了領導者要厲行前述六項的積極作為，以構思相對較為妥當而無誤的政策劇本，並擬設各項防火牆以事先防止可能的政治風險，還要在消極不作為上，規避無效能的及不論理的劣質領導（Kellerman, 2004），以防該類領導對政策優質性及時宜性的傷害，造成雙元的弊害，一為未能解決原本已惡化的問題情況，反而增加問題涉及的幅度，二為由於當初政策設計的不良，問題面的全局關照不足，而釀致新的問題窘境，甚至帶來政治體系的他賴性，形成一個外控性的國家。因之，為了預防雙元性的傷害，政策領導者在重大政策形成之際，恐要審慎注意攸關政策妥當的六不行為。

一、不僵硬食古不化

政策主事者不能忽視內外在環境的不斷演化，而一直固守原本意識形態的偏執，疏忽其他更具建設性的政策思維及主張，表現出絕不退讓的態勢，深信自己的見解是不容挑戰，他人的批評是毫無理據的，甚至將其歸類為「為反對而反對」，不必對之理會而改變原本的構思，調整政策工具的套案。

事實上，政治社會的不同部門均造就不少的專業之士，對於倡議中的政策，持有不同而且新意高的理念，蒐集到極高價值的資訊，可供認清更底層的問題本質，設計較為全局關照的方案內容，掌控未來可能的政策發展情形，但僵硬而食古不化的政策領導者，一則未能或根本不願意隨著時境的變遷，他國的政策改變，而調整原本的政策方向，二則無法藉彈性學習機會吸納他人根據時移勢異而設想的政策處方，用以補正自己政策思慮的盲點，促使政策的更佳健全化。

何況，政治體系的職司者，本就可從比較公共政策的角度，從其他國家的類似政策學習政策成敗的關鍵因素，但繫他或她是否願意對之進行前瞻性的評估，理出政策移植的妥善安排，事先預防水土不服的困境（Rose, 2005）。因之，設計良策的渠道不少，但最忌諱主事者故步自封，彈性不足，鄙視他見，自見自是，因為這樣的僵化，本會窒息新念的釋出，不再考慮他案於情境變遷之時，窄縮方案可資選擇的空間。

二、不錯估民意取向

倫理性的領導特別強調：不要代表錯誤的民意，而誤以為民意是站在同樣的政策立場，乃堅持原定的政策路線，加速與另一個政策主體進行政策協商，務使其完成合法化的工程，以規範執行的各項遊戲規則

（Northouse, 2007）。不過，民意本會隨著時境的演化而變化，亦會因不同論述的提出，以及論述的合理性而調整，更會因重大焦點事件的發生，而對另一個政策主角產生質疑。

　　不過，主事者絕對不可爲了行銷政策而製造支持性的民調，抑或信度與效度均不足的民調來支撐政策立場。蓋這樣的作爲非但失去倫理性領導的標竿，也未能取得實質的政策正當性。而一個欠缺正當性的政策，可能較難引領標的對象的順服、投入及合產，而易導致政策失靈。尤有甚者，主事者如再以製造的民調來壓制不同的政策聲音，就更不具政策的倫理性。

　　政策領導者如又以取得治理權之時的投票民意，作爲推動政策的民意，亦是一種牽強的政治說法，因爲那時所展現的民意，在於付託主政之權，本身是一種政治授權行爲。而在取得治理權之後，爲了鞏固再度執政，推出政策以勝出績效，其正當性的取得，除了透由法定程序完成合法化之外，如能獲取新民意的支持，才在正當性上做了優質的管理。是以，舉辦公民會議，抑或建立全國性議題論壇，有效引入公民的意見，進而提升公共商議的品質，致使政策得能更具回應性、負責性乃問責性（Melville, Willingham & Dedrick, 2005）。這樣一來，將使政策的決定立基於：對一項問題，及共同決定所引發的成本、後果及效益有了共通的理解或共識，以利政策的執行及績效的勝出。

三、不但憑單眼思考

　　政策領導者在抉擇重大政策，或因應緊急災難事件時，由於需要思考：問題的範圍；每項列入考量方案的可能正負衝擊；以及牽涉到的不同利害關係人，其對未來政策的需求，每每需要多元不同的政策諮詢者，從

各種互異的角度或視野，提出審慎而周詳的見解，再逐步建立對應問題的政策架構，凝聚出整合性、配套性及針對性的政策內容，一舉推出即刻減輕問題情境的對策，以滿足政策顧客的希望。

於是，政策領導者在政策作成的過程中，主導的團隊成員不可同質性太高，形成全體成員只有一個腦子的思維，只在複誦領導者的思維，而不敢或不願提出議論中的政策方案，其所潛存的各項盲點，以致所抉擇或定案的方案，就不易成就設定的目標，甚至衍生不少新的問題，有待更多的資源投入，而排擠解決其他問題可資運用的資源，使其因資源不足而無法全面性攻克它的不利影響。

尤有甚者，這種一個腦子的思維，每每在搜尋、設計及創造方案之際，並未盡全力並以完整的方式為之，以提出效用極大化的對策；對所偏好的政策選擇，也因急就章而未能檢試其所存在的風險，進而事先安排防火牆以圍堵失靈情勢的發生；對所要經由政策達成的願景，也未能徹底的分析，其是否針對標的對象的迫切需求；且對問題情境發生之初，相關人員所提出的對策，由於與問題情境的連結度不夠強而未列入考慮，但未在問題情境已巨幅演化後重新評估其妥當性，而失去一個有價值的選項；甚至在搜尋決策所要根據的資訊及理由，也未盡力全面與周備，而對所蒐集到的資訊，在處理的過程中，又出現選擇性的偏誤，而使政策論證及主張得不到堅實的支撐；最後也因在集體盲思的情況下，未能設計權變因應情境變化的對策（Janis, 1982）。總之，政策領導者在處置結構複雜的問題時，絕不可依賴單眼思考，選擇政策諮詢者亦要擇用多元不同的專才，容許不同聲音的提出，接受不同意見的挑戰，方較有可能理出對應荊棘的政策難題。

四、不滋生注意赤字

政策領導者肩負抉擇妥當政策的角色，並要對政策失靈或無能接受問責，並無卸責的機會或權利，因其取得決策權本要由主權者的政治委付，並且必須於一定的期間內接受最高民意的檢驗。而通過這項檢驗的前提，恐是展現卓越而顯著的政策績效，以之作為爭取回溯性選民的再度授權，完成完全問責的民主要求，建立兩造之間的政治信任。

不過，政策領導者為求政策績效的勝出，在政策形成的過程中，絕對沒有空間出現注意赤字的現象，一則無法正確感知內外在環境的變化，即時射準政治體系所要面對的重大問題；二則政治體系不能對所安排的各項信號或指標的變化，適時由主事者敏感到民怨的所在，政策的失靈情況，資源受到不當移轉的情勢；三則在前二者的變化下，各種政策領域其實已出現不少有待改進的情況或機會，但主事者並未覺察到，猶對之採取忽視不理的作為；四則主事者在面對問題的解決之際，對於可資作為經驗學習的他國或他地的套案，出現選擇偏誤的現象，甚至發生誤讀或斷章取義，不諳其他必要的配套安排，致使移植而來的政策出現水土不服的情勢，無法攻克原初的問題；五則不識問題的嚴重性，抑或緊急災難的破壞性，致使決策的黃金時間推延，失去減輕問題壓力的機會；六則在團體盲思的制約下，政策設計的理性不夠周全，即以犬儒心態議論他人思維，不能摒棄個人本位思維，無法吸納他人不同政策視框，難以建立互信氛圍，未能抱持解決問題的情懷，以及在政策互動過程中，不易展現政策調和的判斷力。

五、不規避政治問責

政策在本質上是未來導向的，基於資訊的限制，人類有限理性的束縛，或政治判斷主導政策的選擇，以及外在環境的測不準性，政策本身本就有失靈的風險。不過，政策失靈有時源自政策設計的不良，諸如問題成因的認定失準，標的團體的錯誤射準，連結的方案出現落差；有時來自執行的失敗，比如對政策的解讀發生誤差，以致對標的團體的認定，超過原本的預算配置，抑或縮小標的團體的範圍，致使原本符合政策規範的對象，未能納入受益的標的，無法解決他或她所面臨的問題，甚至多元執行機關由於迫切感不同，導致成為極為勉強的協力合夥人，因而不易產生政策的合超效應；有時因為外在環境的快速變化，驅使原本的政策失去鑲嵌的環境，而任由執行機關再怎樣地著力，亦無法貫徹原本設定的目標，致讓問題無法消融。

最後一種政策失靈，非政策領導者所能掌控，只須在另一個政策循環階段，再糾集專才及經驗人士共同診斷問題情境，理出比較能攻克問題的對策。而針對政策設計的失靈就要追求該負責的標的，理解他們的解釋，找出抉擇有誤之處，進行嶄新的政策學習，從事必要的思維革命，盡可能由他人的視野，加上自身的體驗來觀察實際的問題情勢，再理出較貼近實況的視框，且以之設計解決的套案，避免單獨個人的判斷主宰決策的作成。至於政策執行的失誤就要由執行機關及人員來承擔執行脫軌的責任，並以之為借鏡改變未來的執行模式，以提供表現的機會，養塑執行的能力，及激勵執行意願的誘因，由職司執行人員轉化抽象的政策內容成為具體的政策行動，引領政策績效的勝出，減輕問題對標的團體的傷害。

總之，政策領導者最忌諱不斷改變理由或說法來規避政治問責，盡躲在各種理由的背後，而要以虛心檢討的態度與承諾來研判政策失靈之因，

並重視與關切標的團體的需求、想望與要求，使其注目於未來的政策改善，決策的時宜性，以及互動性對話的講究，而扭轉他們對政策領導的印象，取得他們的信任，才不致於喪失政治支持。

六、不現假性迫切意識

緊急災難的發生，國際危機的出現，政策問題的幅度廣大，政策領導者在處置這些狀況時，為了即時平息苦主的不安心理，本要展現出真誠懇切的迫切意識，推動「當下」一切必要的行為，並將每一個行動均緊要而具實質地連續進展，設定行動的優先順序，配置足夠的資源，接受任何國際的外援，增取救援的黃金時間，減少人命及財產的損傷。

不過，政策領導者如果臨事像無頭蒼蠅一般，並沒有政策方向，只是限時召開會議，但未能達成解決問題的決議、步驟與安排，這本是充滿不具任何作用力的假性動作，雖組成任務編組卻不停地開議而不決的會，對外又急於自行辯護，推卸責任，並提出另有負責的職司，而相關部屬則忙於文書作業且進行一些對災難防救無濟於事的報告，這些表徵正反映Kotter（2008）所提出的「假性迫切意識」的症候群，予人壞領導的認知，輕易流露政策行動的無能、剛愎、無情及偏狹的指標（Kellerman, 2004）。

是以，為能快速平息災難的紛擾，政策領導所建立的團隊本要展現真正的迫切意識，一則積極掌控外在現實，引用撼動人心的事件；二則在行事上展現迫切意識，把握各種機會傳達真誠與關懷之情；三則盡可能在危機之中尋找轉機的機會窗，並隨時警覺任何狀況的發生，採取對應行為加以應付；四則有效化解反動者的反彈，削弱任何唱衰的力量（Kotter, 2008）。如此一來，政策領導者方能在緊急災難發生時，減少形象的破

損，更運用有效災難管理的機會，營造另次選舉的優勝。反之，他或她如若無能因應緊急事件，只是表演一些假性的迫切意識，根本無法提出適切的緊急回應，用以滿足受難者的需求（Olasky, 2006）。

一個成功的政策領導者絕對沒有空間產生不良的領導，以免減損自身的政治信譽，以及標的團體願意授權的心志。是以，他或她在平日或緊急情況的營為，就不得出現六不的行為。這其中過度自我防衛的假性迫切意識，其功效可能適得其反，還會引發利害關係人認為無情的象徵，不會有效運用動員力高的防救機制。尤有甚者，政策領導者更不能錯解民意，而誤以為取得制定任何政策的一切授權，而是要針對任何政策個案，洞穿真正民意的歸趨，再推出對應民意取向的作為或不作為行為。

第三節　角　色

從六要及六不的分析中，吾人或可從中理出政策領導者，為突破成長的瓶頸、災難的防救、問題的解決、網絡的治理、公共價值的創造及公益的增進，必須扮演一些角色，以成就上述的標竿。茲分析討論其中要者。

一、催化者

任何政治體系歷經運營一段時際，可能會面臨一些成長的瓶頸或僵局，極需政策領導者帶領一群具創新思維的智囊思索突破之道，不得受制於政經環境。比如在遭逢重大災難之際，憲法本賦與總統發布緊急命令權，以避免國家或人民遭遇緊急危難，安排各項必要的處置，突破一些經常性法制的限制，以迅速完成排難、重建及復原的工程，致使受災戶早日

脫離災難的陰影，回復常態的日常生活。與此同時，他或她亦可藉由災難所衍生的各項問題，進行針對性的診斷，並透由多人的腦力激盪，想出方法，予以根本性的解決，致使標的團體不再受同樣的苦難。而且於下次經歷同樣的緊急災難時，不再發生過往同樣的缺失，完全得能步入快速動員及熱情展現的渠道。

尤有甚者，政策領導者亦可藉由處理緊急災難的經驗重新部署專才，使其適才適所，並能於適切時機為對應問題情境的行為，做出時境及標的團體所需的行為。換言之，快速調整適才的部署，才有力量突破發展的瓶頸、成長的極限與動能的弱化。

二、投資者

民間的力量至為龐大，又擁有巨額的知識資源，足以優質化政策選擇的品質，避免政策與標的對象的想望，失去連結的尷尬，而降低政策作為的正當性。是以，政策領導者在政策形成之際，盡量安排管道或平台，使其有機會投入或參與，用以提出貼近標的團體的想法，反映他們的需求，並以之引起他人對政策視框的反省，從互動交流過程中，理出較具建設性的政策部署。

今日的政治體系被賦與公開透明的義務與責任，何況但憑自身的力量，業已無法做出令人滿足的績效，而須徹底地進行思維的轉型，引進公民的力量，使其加入協力治理的行列，以共同的努力，促進政策績效的合超效應。尤有甚者，公民本身更須改變過往他賴的態度，去除政府服務消費者的刻板印象，而改變成為治理的共同夥伴，協力完成政治體系所遭逢的內外在挑戰（Morse & Buss, 2007; Sirianni, 2009）。

換言之，政策領導者有必要投資於「關係化學」的修習，傾聽標的

對象的心聲，知悉他們的偏好順序，引領他們的投入熱情，支持他們的未來視野，連接他們的利益追求，瞭解他們的人格，賺取他們的信任及學習與他們行事的經驗，進而形塑協力夥伴關係，以共同創造績效的勝出（Maxwell, 2005）。

三、循證者

　　政策必然對內外在環境產生衝擊，更對標的團體帶來正負影響，也會產生多元不同的後遺症。換言之，天下的政策沒有白吃的午餐。既然政策有其無情的一面，政策領導者在導航與行銷之際，斷不能以個人的好惡，抑或主觀的判斷作為說服的基礎，而要以權威的專業知識，科學的統計資料，過往的他國經驗作為論證的依據，以引領標的對象對政策主張的支持。

　　他或她更不能以半真半假的傳言，抑或完全杜撰的說法來論證政策主張的合理性，蓋這樣的做法無法對政策風險免疫，反因立論的瑕疵而種下失靈的基因，為政策環境帶來重大的負面衝擊。總之，政策主張係建立在那些前提上，未來職司推動的組織，其特性是否合乎這些關鍵性的前提，主張背後所認定的因果關係，其妥當度與正確程度如何，是否根本不存在？這二項問題政策領導者向皆要以循證的精神加以回應，不能以胡扯的說法要人信服。蓋這種敷衍的政策形成作風，並不是負責任的政策作為，何況有些政策一旦推出，就無法恢復原初的情況，恐要永續受制於其他政治力量，而失去政治體系最重要的政策主體性，所以主事者非審慎不可。

四、識透者

　　政策問題本至為複雜，而政策的影響又是何其的深遠，問責的機關也不停地在關注政策的運行，主權者亦持有蝴蝶的作風，會以政策績效來決定政權委付的基礎，是以政策領導者就要有千里眼的眼力識透問題情境的經緯，解決方案與問題緩和的連結度，政策最終的衝擊，盡力認清環節，才作出有效力的決定。

　　如果政策領導者的眼力尚有待加強，則要扮演「順風耳」的角色，對他人有創意、洞見癥結的觀點，願意悉心接納，作為省察先前不足的視框，加進補強政策設計的方向。他或她恐無拒絕的權利，蓋政策的倫理領導並無壓制他人建設性意見的特權。是以，一位善盡倫理領導的政策領航員，定要展現尊敬別人、服務別人、展現正義、發揮誠信及築造社群的風範，定不可分化社會的凝聚（Northouse, 2007）。凡事願意接受他人不同見解，而不自矜自己的偏狹視觀，才是展現領導的風範。

五、樹立者

　　政治體系發生重大災難事件時，政策領導要扮演三項任務：果斷的決策、同理心的展現及為苦主發聲，站在以人民為導向的領導事功，才足以樹立領導品牌，贏得領導的信譽，吸引更多人的服膺，願意在協力治理上貢獻所擁有的才華與資源，致使災難的處理出現大不同的成果，災民早日回復常態的生活模式。

　　不過，在樹立領導品牌的過程，要有高度的「情境醒覺」，不得提出缺乏同理心的言談，而要有感同身受的體會，表現出真正的迫切意識，流露真切的態度及第六感，以引領標的對象捉住各項機會，避免再度受到風

險，並促成重大的政策作為，以及穩定地帶動各項優先順序較為次要的活動順勢而優質地開展。是以，領導者不該言及與防救災難無關的事，更不能與苦主形構疏離的情勢，而要將災難悲劇意義化，從中汲取未來重建的教訓與經驗。尤有甚者，領導者更要快速進入「人性空間」，與民協力與民同心，不必為自我辯護，而勇於承擔各項責任。

六、無懼者

　　政策領導者在推動對應時境的政策時，每會遭遇諸多障礙，阻擋領導效能的發揮，此時他或她就要有無懼的擔當，展現管理價值衝突的能力，調和不同視框的努力；有站穩政策立場的勇氣，果斷地採取必要的政策行為，且以嶄新的信心及無比的熱情，激起利害關係人的政策投入；有自由度選擇新的參與及涉入的水平，冀望由參與互動的過程，激盪出對味的政策安排；有處方或良策轉型政策設計者、職司推動的團隊及共同協力的組織，趨同於一致的政策焦點，並領航執行結構，排除聯合行動的複雜問題，達成政策所要成就的目標（Malandro, 2009）。

　　尤有甚者，無懼的領導要做好組織氣候的管理，更清楚地認清文化的取向，更積極地管理組織氣候，注意政策環境的變化，領導政策團隊適時推出對應的政策，以攻克其所面對的問題。而在遭逢團隊成員出現不具生產力的政策行為之際，導致政策成果及成員之間的工作關係受到毀損，就要針對這項盲點，以無比的意志加以克服。蓋如若成員之間無法進行協力，政策的使命極可能一事無成。

　　六種角色的稱職扮演，一則展現堅強的領導能力；二則發掘標的對象的政策渴望；三則設計出問題、目標與方案三方連結的政策內容，找到問題可以改善的機會；四則引領標的團體相信，其所遭遇的問題或災難不

會重複；五則期許他們擁有一個平順發展的環境；六則養成情境警覺的能力，並不自滿於原本的政策經營，而是隨時均有迫切意識，認真接受問責的要求，絕不啟動卸責轉移機制。

結　論

政策的抉擇，時效與實效至為重要，而二效之獲致，政策領導就甚為關鍵，由其引領克服參與決策者在認知上、行為上及思維上的盲點，進而大轉型政策內容的全局性安排，使政策本身找到問題解決的機會。而在整個政策發展形成中，六要與六不的運營，領導者本要對之聚焦，致使政策安排連結成一體系，各元素相互連貫與支援，創造出政策所要追求的價值命題，並設定、協調及監督政策執行的運轉。經由上述三個向度的分析，吾人或可得到六項知識的啟發。

1. 互動對話的重要性：在決定未來導向的政策，單靠個人的心智架構作為抉擇的基礎是不夠的，因為這樣的作為可能出現諸多設想未到的盲點，限制方案可資選擇的範圍，窒息成功的機會，無法作出相對上較為妥當的部署，所以有必要透由互動性的對話，交換不同的政策視框，築造共同投入的氛圍，想方設法找到化解價值衝突的政策，對準問題情境的攻克。

2. 迫切意識的催化性：政策領導之能順時順勢找到機會，防止風險的產生，擁有真正而高度的迫切意識，引領多元不同的協力夥伴，趕緊在當下的歷史時刻，安排及推出實質又連續進展的針對性政策行動，並非只是進行一些口惠而實不至的政治言談。換言之，真正而非假性的迫切意

識，催化政策領導者採取行動的動力，警覺到問題情境的嚴重性，標的團體受害的廣泛性，決策時機延誤的後果性，乃以劍及履及的態度，讓重大的決策產生，因應各種情況的需要，滿足標的團體的渴望。

3. **多元注意的必要性**：政策的影響本是多元又深遠的，任何的注意赤字，抑或情境警覺的疏忽，均有可能導致政策在出生之際就較為殘缺不全，種下失靈的基因，任憑執行結構的盡力挽回，還是無法解決原本先天性的缺失。斯時，政策領導者或可儘速加以終結，以免因時境的推移增加政策的厚實度，牽涉不少的利害關係人，進而構築反終結的聯盟，阻礙政策的變遷，構成負擔沈重的沈澱成本，排擠其他政策領域可資運用的資源。而在推出新策時，就要注意更多元的資訊，比較不同資訊，理解互異觀點。

4. **角色扮演的稱職性**：政策領導在決策形成過程中每要扮演稱職的角色，不僅接受合理而日常管道的問責，以解釋或說明決策的理由，更要適時催生鑲嵌環境的政策，推動政治體系永續發展的引擎；不斷投資於民主的運營，鼓勵公民參與協力治理，以提升決策品質；養塑循證的能力，應用可靠又有效的資訊作為決策的依據，杜絕主觀的判斷，抑或無端的臆測；識透各項問題體系的環節，並設計對應問題體系的套案，以減輕其嚴重性；樹立領導品牌，養塑以標的團體為導向的決策方針，驅導政策績效及價值的勝出；無懼於問題情境的挑戰，盡力克服盲點的所在，推出深具回應性的政策。

5. **劣質領導的破壞性**：政策領導要避免無能的表現、剛愎的任性、自制的闕如、無情的流露、圓謊的呈現、他見的未顧及痛苦的加施這七種劣質的領導，蓋其會導致並肩者的疏離，標的團體的反彈，政治風暴的撲面而來，破壞領導的效能，失去領導品牌。是以，任何政策領導者要以這七項劣質領導為戒，以排除政策失靈的陰影。

6. **思維啓發的開創性**：政策領導者要抱持開放的心胸，容忍不同的政策倡
   導，引領不同意見的整合，抑或激起充分的自由討論，引入臨時政治家
   的公民，參與決策的作成，由其平日經驗性的知識，衝擊象牙塔內的專
   業知識，進而形塑相互爲主體性的政策安排，得到各方支持的政策設
   計，事先解除執行階段的阻力，創造一個大爲不同的政策績效，攻克政
   治體系所遭遇的急迫性挑戰。

   總之，政策領導者要有優質化政策的使命感，召喚一群有理想的協力
夥伴，熱情投入社會迫切問題的解決，並以全局關照的判斷力，擬斷出對
應問題情境、焦點事件的解方，且以勇於接受問責的精神，承擔政策成敗
之責。尤有甚者，他或她絕對不能濫用權力，出現破壞性的領導，引起自
身權力的傷口，成爲讓韋伯失望的政策領導者。

   政策領導者在推動政策的開創時，本來就要擁有感受強烈的權力感，
不僅對他人的政策取向具有影響力的感覺，更能覺觸到社會脈動的所驅，
根據願景、需求及情境理出貼近問題解決的對策，而且在遵行六要及六
不，履行角色扮演的過程中，展現政策的光明一面，擺脫政策的黑暗一
面。

參考書目

一、中文部分

林水波，2009。「政策篩選」。T&D飛訊，第84期，頁1-28。

二、英文部分

Bovard, J. 2005. *Attention Deficit Democracy*. NY: Palgrave.

Bozeman, B. 2007. *Public Values and Public Interest*. Washington D. C.: Georgetown Univ. Press.

Dunn, W. N. 2008. *Public Policy Analysis*. Upper Saddle River, NJ: Prentice Hall.

Granger, R. L. 2008. *The 7 Triggers to Yes*. NY: McGraw Hill.

Heifetz, R., A. Grashow & M. Linsky 2009. *The Practice of Adaptive Leadership*. Boston, MA: Harvard Business Press.

Janis, I. L. 1982. *Groupthink*. Boston: Houghton Miffin Co.

Kellerman, B. 2004. *Bad Leadership*. Boston, MA: Harvard Business School Press.

Kingdon, J. W. 2003. *Agendas, Alternatives, and Public Policies*. NY: Longman.

Kotter, J. P. 2008. *A Sense of Urgency*. Boston, HA: Harvard Business Press.

Malandro, L. 2009. *Fearless Leadership*. NY: McGraw Hill.

Maxwell, J. C. 2005. *The 360° Leader*. Nashville, TN: Nelson Business.

Melville, K., T. L. Willingham & J. R. Dedrick. 2005. "National Issues Forums: A Network of Communities Promoting Public Deliberation," in J. Gastil & P. Levine (eds.) *The Deliberative Democracy Handbook*. San Francisco: Jossey-Bass: 35-38.

Morse, R. S. & T. F. Buss. 2007. "The Transformation of Public Leadership," in R. S. Morse, T. F. Buss & C. M. Kinghorn (eds). *Transforming Public Leadership for the*

21st Century. Armonk, NY: M. E. Sharpe: 3-19.

Northouse, P. G. 2007. *Leadership*. Thousand Oaks: Sage.

Olasky, M. 2006. *The Politics of Disaster*. Nashville, TN: W Publishing Group.

Paquet, G. 2005. *The New Geo-Governance*. Otlawa: Univ. of Ottawa Press.

Rose, R. 2005. *Learning from Comparative Public Policy*. NY: Routledge.

Sirianni, C. 2009. *Investing in Democracy*. Washington, D. C.: Brookings Institution Press.

Smith, K. B. & C. W. Larimer. 2009. *The Public Policy Theory Primer*. Boulder, CO: Westview Press.

Thacher, D. & M. Rein. 2005. "Managing Value Conflict in Public Policy," *Governance* 17(4): 457-486.

Ulrich, D. & N. Smallwood. 2007. *Leadership Brand*. Boston, MA: Harvard Business School Press.

第九章　政策希望

　　政策領導者在面對多元不同的問題情境之際，每一擇定或射準一項問題情境作爲思索解決對策時，總設想一些理由、理想、方向意識和應許，以作爲推動的能源，積極部署推動政策分析團隊，以鞏固豐碩的人力資本；搜尋決策所要根據的知識與資訊；建立有效人際關係，以資吸納不同的政策知識，點醒職司者可能的政策盲點，甚至避免只由過於同質人士的政策參與，而擴廣與深化參與的對象，用以增寬知識、透視與思維的網絡，進而達及異己參與的境界（improbable pairs）（Whitney, Trosten-Bloom & Rader, 2010），減少政策形成過程上的阻力。決策的理由、理想、方向意識和應許，乃本文所謂的政策希望，推動決策的根本動機。

　　臺灣在第二次政權轉移之後，由於主政者的內在對話，歷經特殊的政治社會化過程，在爲未來尋找經濟出路與對外關係之擴展，其關鍵因素在於中國的權力影響，如未能打通這條通往世界的路徑，則未來的政經發展就會掣肘重重，乃盡全力發展與中國的經貿關係，試圖簽訂兩造之間的經濟合作架構協議。其中影響較著的政策希望有三：一爲推動兩造經貿關係正常化，排除妨礙經貿的限制；二爲避免臺灣在區域經濟整合體系中被邊緣化，取得雙方互免關稅的優惠，增強各類產業在亞洲區域國家間的競爭力；三爲促進臺灣經貿投資的國際化，吸引跨國企業透由臺灣的中介，進入東亞的經貿投資平台（www.ecfa.org.tw），此即爲特殊具體政策所寄望成就的政策目的。不過一般性且可作爲通盤性的政策希望，究竟指涉爲何？職司政策推動者在落實政策希望的過程，究竟要承擔那些角色扮演，方不致於成就希望落空，而導致政策失靈的出現？最後，究竟那些政治挑

戰或政治障礙，阻擋政策希望的達成，甚至承擔不能規避的風險，本是頗值得探討的議題。

第一節　希望所在

決策者及相關的利害關係人，每每期待或希望，歷經問題界定，知悉問題的本質、成因、影響範圍、所涉標的對象及嚴重程度；方案設計，從過往的歷史，或其他國家搜尋可資學習、改良及強化的問題解決方案，甚至根據嶄新生產的知識，以邏輯的推理導出對應問題情境的方案，運用類比的方式，演繹出可以採行的對案；在等待、乘趁政經情勢的配合，締結到多數的政策支持聯盟，通過合法化的階段，致使政策取得執行轉化的前提；接續由負責政策轉化的職司，克服聯合行動的困境，將政策所要遞送給標的對象的任務加以完成（Bardach, 2000; Dunn, 2008）。而後就等待政策希望的順時順勢勝出，至於那些希望是他們所引領企盼的，吾人或可由六個角度觀察之。

一、問題得能緩和

政策在迫切意識強烈的情況下推出，乃希望相關職司引領人員抓住機會，避免風險，俾讓某些重要的情勢發生，致使緩和初始問題情境的嚴重性，標的團體的困難得能化解，進而回歸常態社會的運轉。比如國人低生育率的現象，以造成少子化的問題現今至爲嚴重，連帶影響教育體系的生存利基，加重具生產力人口對依賴人口的扶養照護負擔，於是政策職司機關：內政部，乃以百萬臺幣徵求「催生口號」，希望藉由動人的口號，提

高生育的意願，解決少子化本身所產生的問題，以及與其他情境交互影響而滋生的連結性問題。

　　不過，由於各類問題的範圍並不是固定的，彼此之間無法免除交流互動，以致各類問題之間，極易形成問題系統，很難自單一問題切入，而冀想問題的順勢解決。何況，有些政策，其效應的產生，職司者或協力參與複雜行動者並沒有完全內控的能力，必須仰賴標的團體自主地配合政策的內容，否則政策與問題緩和之間就失去原本構想中的相關性，失去冀盼的連結。

　　尤有甚者，內政部擬想藉由激勵的方式，並以感動催生口號來提高國人的生育率。這種政策擬斷，恐未能完全射準低生育率的形成原因，更是過度簡化對少子化問題的分析。因之，以百萬口號，恐不能有效呼召具生育能力者，投入解決少子化的社會問題。於是，職司者恐要減少對問題成因的注意赤字，過度簡化所造成的政策疏忽，更要探討政策工具的世代變化，以前節育政策有效的減生口號，於今催生口號業已因時空系絡的巨幅轉型，而失去應有的政策號召力（DeVries, 2010）。再者，主事者還要留意期許、情緒、社會規範，及其他看不見、且似乎是不合邏輯的力量扭曲吾人的推理過程（Ariely, 2008）。

二、目標可以成就

　　政府的作為或不作為行為，向來均要以追求一些政策目標，來合理化職司者的政策抉擇。換言之，政策的本質，本是理性的企圖，處心積慮地擬想成就抉擇前所慎重規劃的目標（Stone, 2002）。一般而言，政策所試圖要成就的目標有：公平、效率、安全、自由與社群（Ibid.）。而在政策完成合法化之後，職司者就要以協力治理的方式，強調雙向的溝通，形塑

共識的行動；建立合作的團隊，分享配置的資源；協調行動的優先順序，務必於一定期限內完成各項政策行動；構想具創意性的政策突破，關注對味新新人類的想望；持續留心政策情勢的演變，開發創新性的政策作為，成功而有效的執行，以催促政策目標的實現。

　　臺灣與中國經濟合作架構協議第一個所要成就的目標：推動兩造經貿關係的正常化，其核心的旨趣乃在於促進兩造經貿互動的自由化，排除諸多並不公平的經貿限制，以達互補的境界；其次為避免臺灣在區域經濟整合體系中被邊緣化，其著重在藉之保障臺灣加入亞太經貿體系的國際政治社群，進而享受同等關稅的經貿往來，以免因受制於中國因素，無法與其他政治體系建構平等互惠的經貿地位，需要承擔較高的關稅，漸進失去產業之間的競爭力，致使臺灣的生存安全遭受威脅。第三為促進臺灣經貿投資的國際化，藉之與其他國家順利簽署經濟協議或協定，有助於縮短臺灣融入全球經貿體系的時間，排除中國的阻礙，同時吸引跨國企業透由臺灣進入東亞的經貿投資平台，進而增強臺灣經貿網絡關係，提升安全的水平。

　　不過，這些政策目標是否能成就，就等待完成合法化之後的政策落實，並未出現制定的政策與執行的政策之間的偌大罅隙，而使三化構想落空。是以，接續的有效執行，相關利害關係人的協力，本是目標成就的關鍵前提。

三、標的感受滿足

　　政策在形成之初，如設有參與商議的機制，得能傾聽標的團體的需求，所設計的方案又能反映他們的需求，則在成功的執行之後，標的團體所面對的問題獲得緩和，需求也得到供給，他們會對政策感到滿足，願意

在下次大選支持推動政策的政黨所推出的候選人，使其持續治理之權，認同政治系統的政策治理績效。

不過，有的標的團體，由於自身的屬性特殊，在政策無法全局關照的情況下，抑或歷經利益交換方才達成政策的協議，可能對其不利而無法享受到政策的效益。於是在政策付諸執行之後，明顯受到已擇政策的衝擊，恐會對政策表示不滿，埋怨相關的決策者。臺灣與中國在簽訂經濟合作架構協議，由於解消關稅或輸出入的障礙，對臺灣內需型、較爲競爭弱勢容易受中國進口產品衝擊的產業，如未能在兩造協商時，爭取到該等產業並不列入早期收穫清單，或爭取保留暫不開放、以設定較長期程才開放或調適期之開放配套措施，能爲諸類產業爭取調適空間，同時減緩重大衝擊（www.ecfa.org.tw），則該等產業的標的人口，恐因生存空間受到窄縮而引發民怨，並擴散民怨的效應，波及治理權的穩固。

政策設計本著民主的價值而行，政策執行又按制定的內容而爲，恐是引發標的團體政策滿足感的捷徑。反之，政策的由上而下作成，執行的態度又未能展現對標的團體的同理心，在相當程度上，當然不易取得標的團體對政策運轉的滿意度（Schneider & Ingram, 1997）。尤有甚者，如若政治系統對不同政策所採取的運營態度，因標的團體的政經地位不同，而有不同的政策效率與態度，則較爲弱勢的團體恐因對攸關自己權益的政策內容表示極大的不滿。

四、治理受到認同

政治系統的成員，對施政者所推動當下系統迫切需要的政策，產出極爲顯著的政策績效，既鞏固系統的生存空間，又能爭取到標的團體再度政治授權，委付決策者繼續治理系統的一切營爲。比如，臺灣與中國在簽訂

經濟合作架構協議之後，臺灣若能維持高度的經濟競爭力，關鍵產業不受其他政治系統的競爭挑戰，而弱勢產業又因事先安排的轉型緩衝時間，得於時間內順勢轉型成功，做好各項挑戰的因應管理，則該項政策轉型的成功，治理受到肯定可能就順理成章。

反之，當經濟合作架構協議進入落實的階段，市場競爭的風險未減，反而更加強烈，因為市場競爭力的高低，並不單純仰賴關稅的歸零，而是產業所生產的產品有無創新，進而開創無對象競爭的市場空間，致使競爭成為產業生存無關緊要的因素（Kim & Mauborgne, 2005），這可能表示政策職司者開錯政策藥方，而引發標的團體對政策的反彈。再者，在該協議的大力運作下，將市場集中於中國，將有過度依賴中國、經貿鎖進中國的風險，而中國更於適當時機應用終止條款，終止該協議的效力，引爆中國對臺灣以商逼政的危機。第三，中國在經濟讓利一段時間，臺灣對中國經濟依賴度達飽和的狀態，藉機提出政治讓利的主張，導致政治系統生存的危機。凡此三項風險，若在協議執行階段一一出現，政治系統的治理權恐會逐步流失，蓋政策本身已出現嚴重的失靈，非但原本試圖解決的問題並未達成，反而出現政治系統無能負擔的後遺症。

五、政策得以擴散

政策績效顯著的政策，每每受到不同地區的支系統或不同政治系統的主政者之青睞，擬將其移轉過來，以同享勝出的優質效應。換言之，主政者亦想透過政策的被移植，發揮影響力，建立自身的政治聲望，賺取一定的政治信任，即以優質又效應良好的政策，作為信任取得的代理者或工具，扮演與網站（網際網路）同樣功能的角色（Brogan & Smith, 2009）。

政策之形成，有的啟蒙於他國同類型政策的學習，即政治系統之間，

相互學習或請益政策創制成功或失靈之處，一則建構或值入類似的政策內容，以分享同樣的政策效應，引領系統對政策的順服；二則洞悉政策失靈之因素，釀至的工具安排，而於擬定之際事先加以預防，杜絕其浸潤於政策的內容上，導致績效無由勝出（Rose, 2005）。

臺灣與中國所簽訂的經濟合作架構協議，若能協助臺灣超越過往中國抵制其與其他政治系統簽訂自由貿易協定的情形，則臺灣就能快速融入區域經貿體系，不致被邊緣化。不過，如若這項協助之功能不彰，甚至反有助於臺灣主權地位的被矮化，則臺灣未能獲得政策擴散的效果，更有被鎖住中國的經貿風險。

臺灣正在面對嚴肅的少子化問題，同樣深受該問題浸染的日本，抑或歐洲的德法等國，其所採取的對策，不論在生育意願的提升，組織工具的運用，對策法令的制頒，家庭、學校及社區形塑協力治理體系，對生育政策從事全局性的調研，以共同理出的共識，催生政治系統健全發展所需的人力資源。至於德法改良外來移民的做法，亦可作為內政部政策學習的典範，再安排出與臺灣系絡鑲嵌的解決對策，務必要跳出催生口號與提高生育率之間一廂情願的虛擬假定。

六、隨著情勢演化

政策效應的滋生，有賴於內外在環境系絡的配合，不致發生水土不服或過時的窘境。是以，政策絕不可任意出現惰性的現象，不論環境如何變遷，政策立基假定效度的退化，抑或逐步出現明顯的弱點，政策本身猶維持靜止不動，恐只在浪費稀少而有限的資源。由是觀之，決策者及政策的利害關係人，勢必要保持對政策的警覺性、敏感性及應變性，總要希望政策隨著情勢的發展而演化調適政策的合理安排。畢竟吾人乃處在極端不確

定性的時境裡，主事者如未能適時發覺變遷情勢的來臨，政策恐就欠缺更新的動力。

然而，主事者評估能力的養塑，審慎察覺出原本政策的疏忽，理解其他政治系統對同類政策的更調，掌握標的團體對政策的滿意度，抑或對那些政策面向提出挑戰，調研各項嶄新的資訊與知識，再行設計對應情勢的政策處置。因之，他們要設法保持政策的彈性，隨時掌握各項變化的指標，再聚焦更新的重點，發展演化原本的政策。蓋由於人類原本就有注意赤字的現象，目前被疏忽的面向，可能成為未來主導政策演化的焦點，只因主事者轉移了注意的問題層面（DeVries, 2010）。

各類政策總是有其主事者所要追求的希望，這些希望扮演政策觸媒的角色，催化政策的出現，造就政策的成長，發揮政策的影響力。是以，主事者就要盡力扮演將思維或知識轉換成成就希望的角色，正如有人將眾多檸檬轉換成檸檬汁一般；再者，他們更要廣聽他人之言，從中發掘政策機會的所在，去除自見自是的政策堅持，以免政策的偏差（Liedtka, Rosen & Wiltbank, 2009）。

第二節　角色扮演

政策希望並不能只限於言談的階段，要由決策者、執行者與其他相關的政策利害關係人，懷抱落實的使命感，克服政策過程每個階段的障礙關卡，方能加以實現。換言之，上述三類人員必須扮演對稱的角色，踐履有效的政策行動，聯合協力衝破各項關卡。至於，其類皆扮演的角色，可以歸納出六大類型。

一、環境觀測者

　　既然政治系統所面對的政經社文環境那麼充滿不確定性，隨時恐有意外或焦點事件找到發生的缺口，引發系統必須迫切處理的情勢，是以相關的政策利害關係人，平日就要發覺各項指標的變化，解譯出斯項變化所代表的意義，是否已在警示原訂政策，立基假定的有效性業已不在，而有走向瀕臨失靈的風險，非進行必要的政策革命，不足以促進政策的永續發展；抑或滋生新的問題情境，等待政治系統的凝聚迫切意識，調研出對應之策。

　　民意的變化，民怨的放大與擴散，在在顯示標的團體對個殊政策的看法，相關職司如未能加以重視，快速地加以反應，反而以自己的認知詮釋民意走向的衝擊，抑或以代理人的身分，直接建構因應之道，恐均會影響系統成員對系統的鑑賞度。是以，相關職司者恐要徹底拋棄政策沙皇的心態，隨時留意民意的變化。

　　臺灣與中國簽訂經濟合作架構協議之後，諸多過往在簽訂階段所未明見的面向，或事前並未注意到的焦點，以及雙方在執行互動的過程所衍生的情況，甚至連明定的終止條款，也存有窒息臺灣經貿發展的風險，恐演化成一條會發炎的「政策盲腸」，職司者均要有警覺意識，不斷觀測，提早發覺變化的暗示，立即採取控制風險的措施。因而，政策作成之後，並不是對之關注的結束，而是對之進行更緊密注意的開始。

二、目標設定者

　　政策目標的成就雖受到多元因素，以不同的權重或比例所影響，但主事者於政策作成階段如未能設定有效的願景，用以領航政策設計的方向，不同政策工具的組合與安排，恐在先天上就存在目標難以實現的障

礙。因之，領航政策之制定者或變遷者，就要洞識有效願景的關鍵特性。根據J. P. Kotter（1996）的理解，有的政策願景不能缺少六大特性。一為想像性，即描繪出政策在未來所要追求的圖像，立下目標之間的先後順序性，以及產出的前提要件；二為可欲性，即對多元政策利害關係人提出他們所欲的長短期利益，藉以誘引他們在各段政策過程的參與心、投入情、權能感及責任識，展現出對應政策發展適宜的行為；三為可行性，即以務實的、技術性知識足以支撐的與可以投入資源實現的目標，作為取捨的標準，暫時排除類如海市蜃樓的主觀想像。

四為聚焦性，即追求的目標有重點，有先後順序，並有聚能性，不可過於多元、模糊，甚至失去中心的旨趣；五為彈性化，即可以根據內外在情勢的變遷，調整不同的政策方案和反應措施，不可一成不變而失去彈性，以致願景與實現方案之間的脫節；六為可溝通性，即願景在政策利害關係人之間可以相互對話、相互解釋，以便取得共識，用為全力以赴的標的。

三、共鳴異聲者

政策的作成可能引領政治系統從事巨幅的變遷，影響到多元政策利害關係人的價值追求，所以事前的審慎，察納雅言，同理傾聽對政策的不同看法，摒除少數人主觀對政策的論斷，以免滋生嚴重的注意赤字。蓋近親參與由於參與成員的同質性太高，見解的異質性亦低，不易接觸到不同見解，進而激發深層思考，發現視框盲點，引導視框反省，孕育互補方案，學習不同經驗，防止政策誤判，築造共同意識及形塑關係資本。

公共政策由於是不同政策主張之間的競逐，於作成之前出現公共爭議本是自然之事，所以主事者用心於政策視框差異的處理，試圖綜合出各

方認同的解決方案，用以緩和問題情境的嚴重性，縮小波及標的團體的範圍，本是長久以來所要面對的課題（Forester, 2009）。

主事者為了順時順勢化解政策差異，扮演共鳴異聲的角色，認真認定差異的所在，憂慮恐懼的熱點，不利影響的主觀建構，進而以循證的做法，科學分析的理據，他國的政策經驗，歷史的對照案例，試圖對持不同意見者解釋、說明，並站在他人的立場來調整政策佈局。換言之，一個促進政策優質化，追求政策卓越的決策者，重視政策學習、差異調解，不宜壟斷主導、傾銷己見。尤有甚者，他們更在吸納異見之後，創造革新的方案安排，設置後遺症可能滋生的防火牆，超越抵制的城牆，形塑推動政策的動能。

四、促進公益者

決策者所創造的價值本要具有公共性，並不偏袒特別產業的利益，以免受經濟個人主義的主宰，公共價值的私營化（Bozeman, 2007）。蓋這個局勢的出現，極易出現分配正義不足的現象，致使中產階級的逐步消失，貧富差距的擴大，社會流動的遲緩，終極影響到社會穩定的發展。

再者，決策者在抉擇政策方案之際，不能逃避公共精神的發揚，推動互動式的決策模式，促進決策的開放性、透明性與問責性，採納共同治理的策略，即為了滿足及服務不同系統成員的想望，於規劃政策之際，廣納他們的想法於對話及決定的過程中，欣賞他們極富價值的政策貢獻，以確保資源的順利動員，共同承諾的養塑，成功的創造對成員均為有益的政策將來。尤有甚者，政策的抉擇更要摒除只是政黨私利的考量，以免造成強大的政治杯葛。

五、協力管理者

　　政策希望的實現，需要主職司機關統合其他協力機關，以及關鍵的標的團體，共同致力於執行的事功，推動政策的遞送工程。不過，由於參與執行的機關不少，溝通、協調及合作並不容易，極有可能出現聯合行動的複雜性，即不同的執行參與者，同時擁有不同的政策承諾，無法分神他顧其他的政策行動；縱使在政策承諾上，機關之間並未出現直接的衝突，但畢竟會出現不同的政策偏好，投入有異的動員能量；有時執行的參與者，同時要投入不同的專案，導致對各個專案賦與不同權重的投入，影響到執行的果效；執行事功的成就，本來就有他賴性，要仰賴其他機關的行動配合，但偏偏遇到迫切意識不高的協力機關，難免延宕執行的落實；有時在所有的執行機關之間，對於領導的策略，以及組織適宜扮演的角色，抱持不同的看法，以致難以同時產生促進執行的功效；最後，每個執行機關的執行做法有異，歷經程序有別，依據法律不同，不易形塑同品質的政策落實（Pressman & Wildavsky, 1984; Starling, 2008）。在這樣的情勢下，主事者就要建構協力的要素，扮演稱職的公共協力者，一則社會化各執行參與機關，體認互賴關係的迫切性；建設性地進行差異管理，調和步調不一的政策行動；共同分享各項執行決定的權力，不容單一機關壟斷決定的所有權；集體負責政策執行的成敗，奠定未來夥伴關係的凝結素（O'Leary, Gazley, McGuire & Bingham, 2009）。

　　再者，諸多的政策成效，執行者只能提供政策的資訊，可供標的團體應用的工具，但要繫之於他們對政策的順服，共同生產適宜行為的改變，將之養成習慣，所以設法激勵引入他們的執行參與，投資於他們自主能力的養塑，而將執行機關的角色設定在公民塑能者，本會減輕執行機關的負擔，並收事半功倍的效果（Sirianni, 2009）。

六、接受問責者

職司政策之運營者，不只在決策之時，對受政策影響者敘明抉擇的理由，說明選擇的時境，答覆他們的質疑，吸納別人建設性的政策倡議，進行相互學習的對話，以促進政策的優質化。蓋這樣承擔政策問責的任務，提升產出正面政策效應的空間，避免因政策內蘊的盲點而增加失靈的風險。

而在政策歷經執行之後，可驗證原本的假設：政策，能否受到支持。如若假設得以成立，進而產出符應標的團體的政策希望，則政策職司者的權威得以樹立，政策取得更鞏固的正當性，永續不斷地勝出受人肯定的效應，有機會取得主權者再度的治理授權。反之，如原先的假設受到執行的拒絕，這乃表示方案與目標並未存在因果關係，斯時職司者恐會受到挑戰與質疑，要以負責的態度評估反省：政策究竟在那個環節失去原先設想的連結，如是設計的誤失，情勢的誤判，效應的過於樂觀推測，則要啓動變遷的作業；反之，如是執行治理的失調，發生橫向溝通的障礙、垂直整合的困難，標的團體的抵制，就要由這個層面下手，強化步調的一致，迫切意識的同一，專案落實順序的同位，適當資源的配置。

政策希望的落實，政策相關的利害關係人均有角色要承擔，有的要妥適觀測環境的更迭，提出各種警示，催促政策過程的啓動；有的要遵循目標設定的六大原則，建構出資源投入的觸媒；有的要鑑賞不同的政策聲音，從中吸納未見的觀點，增強政策設計的佈局；有的要從公益的促進著想，摒除任何私利的考量；有的要運用協力治理的策略，整合各個執行參與人，同時涉入政策的執行；有的要接受問責，一方面對決策提出合理解釋，另一方面承擔政策失靈之責，觸發政策的變遷。

第三節　希望障礙

政策希望雖然催促決策者想方設法通過合法化的關卡，再透過執行轉化過程，將抽象的政策內容化爲具體的服務，抑或推動契約型政府的政策工具，以簽約外包的方式，而由私部門或非營利組織從事服務遞送的事務。姑不論政策的落實，究以何種途徑完成，政策希望恐易受到多元不同的阻礙，而無法將其加以實現。這項阻礙或可由六個面向加以觀察。

一、過度樂觀

決策者爲了政策得能作成，乃想盡辦法超越抵制的圍牆。其中最常用的策略，即構想相當樂觀的遠景，令人吸引的利益，以及以政策作爲工具，俾便政治系統連結與其他系統的經貿關係。這項過度樂觀的願景佈局，往往掩飾潛在問題的存在，未能將之透明成爲各方議論的議題，而於政策設計上以工具加以預防；並未顧及由政策本身連帶而來的風險，尤其是經濟政策，由於這類政策與政治衝擊無法切割，於是雖在經濟面有所受益，但在政治上可能無端受害；僞裝政治團體擔憂的現象，使其隱而不顯，不致引發他們對政策的挑戰；以單一專家見解作爲支持政策效益的理據，而忽視其他與專家不同的看法；深畏眞實現象的提出，而以議題取代或議題圍堵的方式，讓眞實現象描述的議題消失；不能接受其他與政策主張不同的事實，而盡情保證政策的各項安排均不成問題，願景實現的機會窗始終開啓的寬度不小（Scott, 2009）。

這種過度樂觀的願景想像，再加上意外事件的發生，參與制定政策的另一造，在政策合法化具有約束力之後，再顯露其潛藏的政治想望，將使原先的政策期待，碰到現實的障礙，而找不到出口的路徑。是以，在政策

希望的實現具有高度的依賴性時，過度樂觀可能不切實際。

二、示警論證

決策者爲了行銷政策主張，快速締結政策合法化所需的多數聯盟，取得系統成員對政策的廣泛支持，每每提出各項示警，抑或政策一旦時機延宕，將爲政治系統帶來多大的危害，產生那些政經風險，非儘速加以制定不可。比如中國加入東協之後，臺灣如未能與中國盡早簽訂經濟合作架構協議，臺灣在東亞區域經濟的發展上，恐有立即被邊緣化的威脅或風險，再敦促相關職司者推動斯項協議的簽署。

不過，示警訴求往往非當前具體的事實，也許只是訴求者的主觀想像或建構，其究竟能否接受檢驗，有待一段時間的經過才能斷定。然而，根據示警而合法化的政策，一旦示警被證明是虛擬，過度誇張，違背因果論證，則政策所想追求的希望，因論證的欠缺合理性，未能接受合理性的過濾，恐就有落空的風險，而要承擔另外連帶滋生的風險。於是，主事者在重大決策過程中，本應格外小心，以免犯認假爲眞之誤，導致政策的多餘性、累贅性與風險性。

三、領導不佳

爲了領導智商的優質化，領導效應的活絡化，通常領導者要扮演八大角色：人才揀選，以貢獻才華於政策設計的機敏性；影響評估，以探索事前的方案，及事後政策影響的評估，以爲抉擇或持續政策的準據；溝通協商，針對政策利害關係人，在問題觀、目標觀及方案觀的差異，從事溝通協商，以利以妥協爲基礎的共識得以形塑，促進適時決策的作成，避免政

策的延宕；風險預防，射準預擬政策的風險，事先備妥權變因應的替代性方案，抑或部署防火牆機制圍堵風險的浸潤；關係建立，築構政策執行的策略性夥伴關係，俾使作業治理產出協力的果效；問題解決，以妥適的政策設計，成功的執行，解決標的團體所面對的問題；償付代價，對受到政策制定或變遷不利影響的政策利害關係人，給與合理的補償，而且運用能力建立的政策工具，使他們受到衝擊之後，另外尋到發展的立基；效應合超，聚合多元不同的政策利害關係人，以協力的方式促使他們在政策運作的過程中，彼此均能一起發展、成長及改進（Murphy, 1996）。

　　如若這些領導角色，未能達及稱職性的扮演，只容近親的參與，防堵不同政策視框的吸納，滋生嚴重的注意落差，陷入一廂情願的思維，每每導致政策希望的成就有所困難。換言之，領導者若在政策過程上，未能展現策略性謙卑，即認識到本身猶有極大學習的空間；承認政策錯誤並從中學習；相信獨木難撐大廈，政策成效有賴他人協力；與別人懇切地討論政策議題，洞悉所有相關的觀點，整合出相互認同的政策交集，再全力付諸執行（Murphy, 2007），以免政策希望的無由勝出。

四、假定無效

　　政策主張本仰賴各項假定來支撐，並藉之行銷，以贏得各方的支持，排除抵制的力量，以填補政策空間的罅隙，擁有對應之策以攻克業已滋生的問題，成就政策利害關係人的想望。不過，這些假定的效度若有問題，立基其上的政策，恐就不易完成既定的政策目標。

　　臺灣與中國簽訂經濟合作架構協議，從其內容中，吾人或可推出四項關鍵性的假定：政治與經濟可以加以完全切割，兩者不會發生交互影響，可在兩條平行線上獨自運行；關稅的降低是臺灣產業提振競爭力的楨

桿因素，產品的創新與不易模仿，只是居於次要地位，不一定要全力加以關注；經濟合作架構協議是開啓：臺灣取得與其他主權國家簽訂自由貿易協定的門票，不再受到嚴重的阻礙；貿易經濟協定，並不涉及國家主權與臺灣未來的政治安危，相關人士不必杞人憂天。這些假定在效度上是否充分，可以時間來驗證，如到時類皆失去立基，則原本的政策希望可能落空，而衍生臺灣沈重的後遺症負擔。

五、衝突不斷

　　政策非但在作成過程上，引發追求價值不同政治團體之間，在政策倡導上的差異，迫切時機和程度理解的不合一，政策合法化的機制適用在認知上的歧異，進而導致劇烈的政策衝突，無法將各方的差異有效處理再轉化爲機會窗的開啓，同蒙政策希望的早期收穫；而且，如果主事者在國會擁有巨靈的情勢，可由單一政治團體的支持下，勉強取得合法化的地位，只是在執行的過程上，又因與標的團體之間的執行協議，未能建立共識，發生執行抵制，延宕作業的進展，導致政策希望的實現發生困境。

　　而在政策衝突發生之際，最需要具有權威又能折衝樽俎的斡旋者，極力以整體的利益來協調各方的政策堅持，不能只代表部分人士的觀點；同時推展系統性的思維，理出各項執行環節的合適做法，且願意在調解過程中，隨時學習及接納建設性的執行策略，靈敏地反應標的團體的要求；且在衝突的各造之間建立交流互動的橋樑，以建立信任，而有益於執行方案的行銷；致力探索執行方案的創新與不同機會的提供，將各方的衝突加以轉化（Gerzen, 2006）。如若調解者未能正視實際的衝突情況，進行不切實際的對話，違背上述諸原則，則衝突不易化解，執行未見快速展開，當然希望就未必成就。

六、風暴共伴

政策執行過程中，作成政策的政治夥伴運用各種機會宣示，其在作成之際並未明示的政治主張，試圖限制另外一個政治系統，與其他政治系統築造區域經濟、排除關稅障礙的經貿協議，而逐步矮化原來政治系統的主權國家地位。尤有甚者，正當臺灣與中國在經貿更加熱絡之際，造成經濟強烈依賴中國之時，中國若應用經濟合作架構協議的終止條款，單方通知臺灣對該協議的終止，致使臺灣的經濟陷於極端風暴之中，即採取以商逼政的手段，導致臺灣的股市經濟恐有一夕崩盤的風險。

此外，臺灣內需型產業在受到經貿協議的衝擊下，漸漸失去生存的利基，而政治系統的對應措施又未能有效而適時地推出，引起劇烈的政治抗爭，加重系統的治理負擔，排擠重大議題的處理，構成國內的政治風暴。而在這兩種風暴接踵而來，形成共伴效應之際，對政治系統的政經傷害恐不少，當然有礙於政策希望的達成。

政策希望並非政策制定之後，就順勢找到成就的底盤結構，除了主事者要扮演前述的六大角色，以完整鋪設成就的路徑或藍圖之外，還要想方設法排除過度樂觀、示警論證、領導不佳、假定無效、衝突不斷及風暴共伴的情勢之演展，突破障礙的關卡。因之，政策的作成不是關注的停止，而是不斷警覺的延續，隨時注意到不利希望成就的障礙之發生，並在行動不致延宕之下，形成不同的荊棘難理議題。是以，在政策命運甚為依賴才華之士的運籌帷幄之當下，主事者恐要網羅全局治理之士，構思符應的政策希望，打造成就希望的團隊，並將希望落實。

結　論

　　政治系統的成員總對政策擁有一定的希望，並期待是項希望得以在成就文化的支撐下順利達成。不過，政策希望的達成，但憑一方的作為無法竟其功，猶必須依賴標的團體的協力，願意改變原本的行為模式，順服政策本身的規制，以共同生產的方式，達致政策希望的成就，所以其是一種互賴性、集體性及互動性的作為，講究互動治理的運用。歷經前面三個主題的聚焦分析，吾人或可澄清出六項知識啟蒙：

1. **洞穿的重要性**：政治系統的治理者之能取得政治治理權，關鍵在於能否由各項政策指標或社會審計洞穿，系統成員的想望，以及對政策期待的轉變，而適時推出符應的政策，藉之為成就希望的工具，並時時監測以防政策脫軌，阻礙成就的獲致。

2. **才華的迫切性**：政策的研擬千萬不可憑空想像，更不能抱持一廂情願的想法，畢竟政策內蘊有其一定的專業性，需要循證基礎，對未來趨勢的預測，所以遴用深具才華之士，連結外在的政策菁英，納入有殊異觀點者，以防疏忽的產生，注意赤字的出現，種下政策失靈的種子，妨礙政策希望的成就。

3. **角色的催化性**：政策希望的獲致，本仰賴多元不同的政策利害關係人，於各自運作的崗位上，履踐稱職的角色，推動本身需要付出的任務，以共同協力的夥伴關係，發揮希望成就的合超效應。換言之，主事者、執行機關、職司團隊和相關的每個人，盡力完成份內的任務，盡職負責所指定的工作項目，即信守OZ原則，藉之完成政策希望，成就諸多事功（Connors, Smith & Hickman, 2004）。

4. **樂觀的吹噓性**：政策行銷若以過度樂觀的預想，吹噓政策成果如何可

觀，而規避可能藉機趁勢出現的風險，反而引起強烈的挑戰或質疑，延阻政策的推動，推遲政策希望的成就。是以，政策參與人要有靈敏的鑑賞力，發覺自身是否陷入過度樂觀的想像，而認清擬定中政策所要追求的務實方向。

5. 執行的連結性：政策希望自身本無法自動成就的可能，是以不可光以政策的作成，就期待政策自動的運行。蓋等待政策希望的造就，有如守株待兔的翻版。於是，政策執行絕不能流失，或淪為紙老虎式的作為，恐會形成失去政策制定與希望成就之間的連結，無法落實原定的政策期待。

6. 評估的反省性：政策不只是射準特殊情境系絡的產物，更是一項等待驗證的假設，歷經執行的落實，如主事者發現原先的希望並未出現，就要確實評估，反省究竟政策在那個環節失去應有的連結，抑或出現原先並未料準的情勢，再射準那個環節從事因應的措施，學習不同的佈局，用以引導政策希望找到勝出的渠道。

洞穿啟動政策推出的時機，填補政策的真空，鋪排希望之路徑；才華奠定政策的周全性，消除政策的盲點，強化政策的準備力；角色的稱職扮演，催化政策準備的強健，執行監測的落實，標的對象的主動參與與合產；樂觀的過度，顯現主事者的主觀、片面及不切實際，未能踐行策略性謙卑；執行在於扮演連結的功能，致使各方力量匯聚於政策希望的成就；評估才有機會反省、知到及學習政策待補強的標的，強化成就政策希望還要有的作為。

參考書目

Ariely, D. 2008. *Predictably Irrational*. NY: Harper Collins Publishers.

Bardach, E. 2000. *A Practical Guide for Public Policy Analysis*. NY: Chatham House Publishers.

Bozeman, B. 2007. *Public Values and Public Interest*. Washington, D. C.: Georgetown Univ. Press.

Brogan, C. & J. Smith. 2009. *Trust Agents*. NY: John Wiley & Sons, Inc.

Connors, R., T. Smith & C. Hickman. 2004. *The OZ Principle*. NY: Penguin Group Inc.

DeVries, M. S. 2010. *The Importance of Neglect in Policy-Making*. NY: Palgrave.

Dunn, W. N. 2008. *Public Policy Analysis*. Upper Saddle River, NJ: Prentice Hall.

Forester, J. 2009. *Dealing with Differences*. NY: Oxford Univ. Press.

Gerzon, M. 2006. *Leading Through Conflict*. Boston, MA: Harvard Business School Press.

Kim, W. C. & R. Mauborgne 2005. *Blue Ocean Strategy*. Boston, MA: Harvard Business School Press.

Kotter, J. P. 1996. *Leading Change*. Boston, MA: Harvard Business School Press.

Liedtka, J., R. Rosen & R. Wiltbank. 2009. *The Catalyst.* NY: Crown Business.

Murphy, E. C. 1996. *Leadership IQ*. NY: John Wiley & Sons, Inc.

Murphy, E. C. 2007. *Talent IQ*. Avon, MA: Platinum Press.

O'Leary, R., B. Gazley, M. McGuire & L. B. Bingham. 2009. "Public Managers in Collaboration," in R. O'Leary & L. B. Bingham (eds.) *The Collaborative Public Manager*. Washington, D. C.: Georgetown Univ. Press:1-12.

Pressman, J. L. & A. Wildavsky. 1984. *Implementation*. Berkeley, CA: Univ. of California Press.

Rose, R. 2005. *Learning from Comparative Public Policy*. NY: Routledge.

Schneider, A. L. & H. Ingram. 1997. *Policy Design for Democracy*. Lawrence, KA: Univ. Press of Kansas.

Scott, S. 2009. *Fierce Leadership*. NY: Broadway Business.

Sirianni, C. 2009. *Investing in Democracy*. Washington, D. C.: Brookings Institution Press.

Starling, G. 2008. *Managing the Public Sector*. Belmont, CA: Thomson Wadsworth.

Stone, D. 2002. *Policy Paradox*. NY: W. W. Norton & Co.

Whitney, D., A. Trosten-Bloom & K. Rader. 2010. *Appreciative Leadership*. NY: McGraw Hill.

第十章　政策轉軌

　　公共政策的產出向來倚賴兩股推力，一為支撐的系絡或焦點事件的發生，二為政策中人鍥而不捨地尋找推出政策的機會窗。如這兩股力量有了巨幅的演化，抑或發生重大的變遷，政策就會出現轉軌的現象，展示主事者對情境的敏感性，預防原本政策出現失靈的態勢，引發利害關係人的不滿，擬以變換政策支持來催促主事者的轉軌行動。比如，1980年代初期，世界主要國家類皆出現預算赤字的情形，乃爆發有形或無形的動能要求公部門進行必要且充分的改革，用以因應財政緊縮的困境，導致往後一連串的政府改造運動。

　　政策轉軌可以在政策內容的不同、創新或終結上展現，亦可由改變公共政策作成的方式、程序或過程為之，例如加入公民會議的商議階段，以周全公民投票制度的合理化。有時職司者亦可透過國際之間的政策學習，建構符應國情與政策風格的轉軌設計（Rose, 2005）。臺灣在兩次政黨輪替之後，一則主政者的政策認同互異，優先順位關注的議題不同；二則世界政經情勢，尤其兩岸的互動密度與互信程度出現極端變化，乃出現歷史上重大的政策轉軌。這種強勁的政策轉軌引起不少關注，或為研究者射準討論的焦點議題，用以填補這類探討的不足或真空。本文基於這項研究的迫切性及需要性，乃先以總體的角度來透視三個議題：促成政策轉軌的動力為何？究竟那些系絡性因素導致或驅動之；轉軌所要追求的價值何在？即決策者要以那些價值作為政策的導航；為使政策轉軌的時宜性及促成有效的變遷，要採取那些策略，方使轉軌走在正確的方向。

第一節　促成動力

　　政策之所以從這一個方向轉換到另一個方向；抑或從多元配套的方案，成為整體終結或部分終結的情勢；從政策真空到政策飽和的狀態；或在不同政經發展階段，嗣經政策問題的多元變化，而逐步隨境分化成多元不同的政策；由原本多樣態而分化的政策，為了政策管理的方便，政策轄區的統一，乃將性質接近的政策加以統合，以免因事權不一，滋生行動步調不一致的尷尬（Hogwood & Peters, 1983; Lester & Stewart, 2000）；從抽象的政策理念，歷經政策菁英的推銷、述明及說服而取得合法的權威，並由有權者加諸制定成政策，冀欲效益的產生（Genieys & Smysl, 2008）。上述這些轉軌究竟受到那些動力的驅引，或受到那些力量孵化而產生，本是一項值得深究的課題，茲由六個向度剖析之。

一、政治氣候的變化

　　政治氣候的變化，每每形塑制定者不同的期望，增加政策選擇的機會，排除或設下互動諮商的障礙，加速或減緩協議的共識，降低或提高零和遊戲的空間，強化衝突歧見的化解，願意產出政治系統冀盼的政策。公投制度的建立，乃因國民黨體認公投議題對2000年總統大選的殺傷力，就以制度設計制衡力的力道，於各類門檻的把關力強勁，就水到渠成而完備一切合法化工程，提供人民要求政策選擇的機會。

　　臺灣與中國經貿關係的正常化，在民進黨主政期間，由於意識形態的歧異，追求政策的不同，職司者政策意願的強度有別，採取的政策取向趨異，非但沒有大幅進展，甚至有滯退的情形，根本原因乃政治氣候不順，雙方政治緊張不低。到了第二次政黨輪替之後，兩造階段性的政治見解趨

同，原本劍拔弩張的氣氛和緩，加上雙方的需求一致，乃透由江陳會達成多項的經濟協議，熱絡多元不同的經貿關係，維持一定程度的和平穩定。

　　臺美關係亦因政治氣候的「暖化」，而加強政經的互動，軍購以鞏固臺灣的安全自衛，也順勢而成，不像先前受到內部國會的掣肘，多次在立院程序委員封殺審議的議案，美國亦扮演勉強而被動的合夥人，遲延任何軍售的採購案。換言之，沒有順遂的政治氣候之支持，政策行動極易於過程中夭折或靜止，而政治氣候一旦發生變化，經濟期望及政治判斷亦隨之改變，可資選擇的政策方案隨勢增加，如若經濟期望又有政治目的的隱藏，就更有動力推引經濟政策的轉軌。

二、政治派典的遞移

　　政策之推出除了敏感到內外在環境的變遷，致使其得能與環境鑲嵌，以免滋生水土不服導致失靈，進而浪費有限而稀少資源的窘境，還受到時境所推崇派典（paradigm）的指引。比如，臺灣產業政策的演化，早期為了鼓勵企業體積極在國內投資，增加人民的就業機會，鞏固社會的穩定而制定「獎勵投資條例」，發揮了階段性的立法目的。不過，這種依照社會情勢需要的法律，在1990年就由「促進產業升級條例」來取代，用以「促進產業升級，健全經濟發展」，進而增強產業的競爭力，延緩產業的外移。而這個階段性的經濟使命，在歷經發揮之後，由於時境永續的向前進展，而有「產業創新條例」的置換，反映知識經濟的時代，以產品的創新創造無人競爭的市場空間，祈使業者之間的劇烈競爭無關化。

　　政府改革的焦點亦因立基派典的革命而出現三個時期的變化。傳統公共行政時代，政府主要扮演行政人的角色，盡可能講究統整性的理性；新公共管理時代，政府服務的顧客，要求政府扮演經濟人的角色，講究經濟

與技術理性，從行動導航的任務，觸發市場力量的主導；新公共服務的時代，由於政府服務的對象是公民，所以角色著重在諮商與中人的扮演，以創造共同的價值（Denhardt & Denhardt, 2007）。因之，基於不同時代的使命要求，政府改革的重點亦有所差異，由划槳的策略安排，推展到導航及引領催化的工程，再到服務品質的提升，公民參與互動的強化。

三、政策效能的式微

時境政策的倡導、合法化及執行，類皆有內隱與外顯的目標或價值追求，一則追求社會的公平正義；二則促進經濟的成長與發展；三則講究人民需求的因應，所遇問題情境的解決。不過，一旦政策能力不足應付上述三項目標的實現，抑或價值的追求，即政策失去匯集或動員必要性資源，以作成明智的抉擇，以利於公共目的的達成（Painter & Pierre, 2005）。這樣一來，政策維持的正當性就受到利害關係人的質疑與挑戰。

臺灣省政府曾設有物質局及糧食局，這一類組織性的政策工具，用以偵測內外在環境的變化，感知與物質及糧食相關的問題情況，再透過政治系統的「黑箱」轉換過程，推出影響問題情況的對策。不過，這兩個政策工具由於環境演化導致自身業務的消失，組織的統整，標的對象的流失，就逐步走向組織終結的地步。國民大會之所以走到歷史的終結期，亦在正當性的流失，政府有效統治區域的變更，資源的有限性，人民的期待有異，機關權限的重疊，而漸進地走向式微。

四、過往忽略的發現

由於決策者受到自身意識形態的影響，每有選擇性的認知及注意的赤字，而疏忽對於一些問題情境的觀察，以致出現政策設計的不夠周全，導

致效能的產出受到挫折。再者，由於決策時間的緊迫性，資訊循證的不足性、過濾性及篩選性，抑或政策選擇的理想性、理論性及主觀性，欠缺務實性的透視，難免會有注意不及的地方，導致政策轉軌的根源。

由上觀之，為了瞭解政策轉軌的本質，除了要認清或探勘主事者所重視的優先序位問題，更要特別探索過往政策所忽略的面向，並未納入政策範圍的內容。蓋這些先前政策長期忽略的面向，因主事者的注意改變，乃成為政策變遷的核心因素，且居於決策的重要關鍵（DeVires, 2010）。

過去東協加一、加二、加三的議題，並未受到強烈的注意，如今漸進出現以致因關稅的負擔而降低臺灣的競爭力，甚至在亞太區域經濟整合過程中遭到被邊緣化的風險，於是在第二次政黨輪替之後，積極推動與中國簽訂經濟合作架構協議，乃成為政府優先要處理的議題。由是觀之，政策轉軌有一部分的推力來自於先前政策世代，並未關注或有疏忽的面向，歷經時境的更迭，政策者的發現，而在轉軌上扮演重要的角色。是以，先前未進入焦距的議題，在舊世代政策完成任務之後，就會隨著時勢躍上議程，開始另一世代的政策工程。

五、問題惡化的提醒

環境保護與經濟發展本質上是二元對立的價值，更是價值衝突的來源。決策者如過於強調經濟發展的重要，而對開發所要進行的環境影響評估，每會將之列為較次要的考量，而承擔破損無法再生優質環境資源的風險。全球氣候的逐步暖化，本是人類社會過度經濟開發的一項結果，即將帶來動物生活環境的消失、物種的相繼滅絕以及可居陸地的減少，永續發展的社會受到挑戰，於是在綠色政治思潮的引領下，綠色運動的興起，點醒人們關注生態理性的課題，並懇求決策者在強調政治意識形態，追求外

顯華麗經濟價值之餘，有必要將生態主義思維給與較高的定位（Dobson,
1995）。

提供環境價值在決策過程上，擁有代表表述聲音的機會，俾讓環
境正義與經濟發展取得適度的平衡，恐是推動經濟發展政策轉軌的動力
（Stewart, 2009）。尤有甚者，在面對兩種政策價值衝突的管理時，納入
公共商議、理性對話的民主機制，或可推導出防火牆的機制，隨時偵測環
境體質的變化，策略性的以政策工具加以因應。是以，在追求經濟發展的
同時，多一份表示對環境空間的照護，對不能再生資源的審慎使用，諒必
足以增長可用的期限。

政策本是針對問題的解決而發展出來的，如若兩者之間失去原本推想
或預測的連結，甚至造成問題愈加嚴重，波及的標的團體愈多，引發更多
更強的政治積極主義者，於是主事者對現行政策的適時評估與反省，方能
有所政策學習，改弦更張政策的世代，使其更加對應問題的解決。何況，
在民主價值的要求下，政策問責是政治系統無法規避的課題，為了通過問
責的關卡，其務必要早期發現問題，早期加以解決。

六、領導結構的變化

政策本身出現問題，引發多人受到影響，需要具有迫切意識的領導菁
英，從事積極的政策倡導，才會有政策轉軌，抑或推出創新政策的機會窗
（Kingdon, 2003）。換言之，關鍵人士的替換，引進推動政策的中人，穿
梭斡旋於政策主張不同的團體，進行意見交流與衝突磨合的遊戲，方可締
結支持政策轉軌的多數聯盟。

不過領導結構的更調，因帶進不同的治理團隊，有異的政策思維，
也想追求不同的公共價值，導致政策轉型的契機。不過，這只是必要前提

之一而已，形塑社會的迫切意識，展現高度的說服智商，軟化各項抵制力量，吸納他人建設性的政策見解，鞏固政策的配套內容，方有裨益於轉軌工程的平順。再者，推動政策轉軌工程者，不可對政策展現過度武斷的樂觀，自滿於自身的政策設計，排斥不同的聲音，不敢面對實況（Scott, 2009）。是以，他們要展現強勁的領導，要求知道政策的整體圖像，實際產生的效用，可能滋生的代價，再調整政策安排，盡可能極小化政策的後遺症，極大化政策的價值。

政策系統並非運作於真空管之內，不受到任何因素或還境的影響，是以為了自身的生存，每每調適政策內容或制定過程，以取得維持和修補治理的正當性。換言之，政策在前述六項動力的驅使下，就啟動了轉軌工程，並以自主的方式為之，盡可能以全局的政策視框來對待政策的多元面向，並以相互契合的政策工具產生協力合超的效應，斷不可任意加掛相互對立的工具。是以，導使正確的政策變遷或轉軌，本是政策領導者的職責所在（Kahan, 2010）。

不過，基於國際間的壓力或為了國際間的政治和諧，有時亦促使國內政策的轉軌，亦或走向政策趨同的情景，但這樣非自主性的政策變遷，每易發生執行的勉強，而趨向政策的形式主義。是以，國內自主性的考量與重視，方能安排水土較能相符的政策工具，不致出現政策退卻現象，抑或發生政策退縮不敢前進的氛圍。是以，國際間的相互政策學習，如能兼顧學習者的自主性，不致使其滋生外控的依賴性，才不會引發國內強烈反彈（Hoberg, 2001）。

第二節　轉軌效用

　　臺灣在第二次政黨輪替之後，政府積極轉型與中國的政策，冀圖簽訂「兩岸經濟合作架構協議」，以達成「兩岸經貿關係的正常化，避免臺灣在區域經濟整合體系中被迫邊緣化，及促進臺灣經貿投資國際化」。由是觀之，決策者每以政策價值或效用作為轉軌的激勵因素，以導航政策的航行路線，界定可以接受與否的政策安排（Stewart, 2009）。而且，他們更以之作為抉擇的基礎、篩選或淘汰可供選擇的方案系統。至於，政策轉軌的一般性效用追求，或可由六個向度加以釐清。

一、避免政策遲延

　　政策在最佳效能的產生，每需要適宜時機來配合，從中找到突破的機會，逃離稀少資源配置的排擠，開創競爭威脅極小的空間，以鋪排設定目標的成就。不過，一旦原本政策一直處在惰性的狀況下，未能適時適性的轉軌，其他的政策市場競爭者就會趁機而入，構築一定程度的空間佔有，提高產業的密度，致使後知後覺的決策者面臨密度遲延的窘境，即產業利基原本有一定的範圍，在大家逐利加入的情況下，較晚進入市場者，每因密度的升高，而受到市場的限縮，且要接受更細緻的規範限制，面臨新適應的挑戰，關係網絡不足的威脅。

　　臺灣對中國快速發展合作互利的經濟貿易關係，轉軌民進黨主政時期「積極管理、有效開放」的政策走向，恐是擔心密度遲延的影響而採取的彈性作法。不過，在憂慮密度遲延的潛在威脅之際，恐也要審慎分析過度政策超前的陷阱，避免負面影響的超載，更不可一廂情願劃定不切實際的政策願景，而須聚焦當前可行的標的，構想彈性而權變的因應對策，以免

陷入政策的鐵籠。尤有甚者，政策領導者在推動政策轉軌之際，不可以只進行單向溝通，因爲每一個人的視框總有一定的範圍，透視角度也有可能有所偏差，須賴雙向溝通來減縮一廂情願的想像。

二、規避失靈問責

政治系統今日所面對的對象是公民，其每以政策績效作爲問責主政者的標的，決定是否再予以授權的依據。如若政策績效在執行過程中找不到產出的憑藉，引人認同的成績單，公民恐會縮回原本的政治授權。是以，系統的主事者就要設有類如風信雞的偵測機制，隨時掌握政策效應發生的情形，再加以對執行環境徹底分析，政策問題認定加以反省，工具部署加以檢視，理出績效不如預期之處，快速地對政策進行轉軌工程。

主事者最忌諱對推動的政策視而不見，未識其接受經驗檢驗的情形，不比較對照政策前後的情況演變；對新的政策創新不敢嘗試，但求固守現行的政策操作、不知其與環境脫臼的程度；對原本推動的政策，在中途未盡全力加以執行，甚至對之表示倦怠，進而迷失推動的方向（Black & Gregersen, 2003）。這樣一來政策失靈就備好出現的基因，無法規避公民的問責。是以，強勁的領導者，每以克服思維的障礙，領導策略性的政策轉軌，以具體的績效對應公民的質問。

三、填補政策罅隙

在人類無法去除注意赤字的歷史時刻，以及環境不停地演化，政策的構想不易達到全局的境界，難免因爲先前的注意未及、資訊未用及思慮不到而出現罅隙，以致政策目標的成就只達到次佳化的層次。隨著資訊的充

足，環境不確定程度的降低，政策工具歷經世代的調研，乃逐步完備，更在藍海策略的運用上，精緻政策的配套，得到標的團體的順服。

　　初始的政策規劃，由於經驗的不足，抑或資訊的不夠，再加上主事者過往社會化所養塑的認知結構，限制其對政策問題的注意層面。不過，歷經時間的向前推移，空間的質化演變，創新的政策設計或世代的出現，在各政策領域上就會出現異於過往的新策，以符應該政策世代所要追求的主導價值。因之，政策罅隙或可由執行的旅程，接受殘酷的實際檢驗，由標的對象或執行人員發覺出來，再因政策工具的世代演化，政策的轉軌而將罅隙填補。

　　政策本有不同世代的區隔，無法一步到位。譬如經濟合作架構協議，在臺灣與中國不斷歷經交流互動的學習，各自與他國經貿正常化的演進，乃逐步轉軌與調適。尤有甚者，如若過程中出現明顯感受得到的政治衝擊，或臺灣內部出現權力結構的變化，政策世代亦會隨之改變。蓋每一個政策世代與前後的世代，彼此均有差別，只因新世代的政策，勢必服膺社會輿論優先要追求的價值，以取得政策的正當性，奠定執行啟動的扳機。由是觀之，公共政策本處於動態的演化之中，一則要創造新的面向，二則要提升政策的質地，三則要降低副作用的範圍，四則終結累贅無效的工具。

四、推出因應政策

　　政策的推出，本要射準對象的呼求或聲音，才能順勢取得資源，以之轉化抽象的政策內容，滿足政策顧客，再由政策顧客回饋政治支持給主政者。不過，政策如在不透明的情境下，以自己的政治意志強行推出政策，要達到回應性的要求可能不易，難免會出現團體動員的情勢，冀想施加壓

力要求政策改革，改變原本的政策走向（Birkland, 2007）。美牛進口的案例，即可證明這項說法。相關職司由於敏感到這項政策及引發政治動員的影響，乃在立法院作成政策轉軌，限縮美牛進口的部位。

　　每次的災難發生，抑或焦點事件的出現，政府議程的設定、公共政策的內容恐會隨之改變（Birkland, 1997）。如若主事者不能站在災難苦主的需要建構災難管理的內容，抑或安排與組構管理工具的世代，就會出現政策偏誤的現象，引起大小不一的政策民怨。是以，核心的政策行動者要用心發覺現行災難管理政策的迫切問題所在，一則細緻化現行政策的結構，二則發展新政策於前述作為不靈之際。由是觀之，職司災難管理者不可忽視災難管理的重要性，盡可能裝備災民的能力，減少受到災難的傷害。而且，他們更要由焦點事件揭露災難管理失靈的因素上學習，並以上該因素作為政策轉軌的攻克對象（Birkland, 2007）。

五、實現知行合一

　　知識與行動之間常常出現落差的現象，每每因由於主事者個人主觀的判斷主導決策的過程，未將知識作為循證的基礎（Pfeffer & Sutton, 2000），甚至對知識產生誤讀、誤詮與誤用的情勢，隱藏政策失靈的因子，成為問責訴追的標的。事實上，為了作出更為敏捷的決策，部署較為優質的政策工具世代，產出令標的團體賞味的政策成果，或可由資料的深度分析，理出可資依賴的資訊，組構出創新的知識，再將之轉化成具體的行動，將政策導向於目標實現的利器（Davenport, Harris & Morison, 2010）。

　　如果知行合一的落差不小，就會出現如同現行公投制度受到挑戰的情形，公民投票審議委員會角色扮演的變質，高門檻限制所引發的民主

赤字批評，乃是知識與行動不一的展現，更是制度法理基礎認識不足的指標，而二者乃孕育公投成為選戰主題的因素，甚至因此而影響選舉的最終結果。因之，公投制度已到了非轉軌的階段，而首先要進行的課題就要瞭解到：瑞士以公投制度作為政府運作過程完整結構；澳洲與愛爾蘭更以公投影響憲政體制的變遷；美國各州更廣泛使用公投決定公民所要的政策取向；加拿大一直擴大討論，各級政府如何應用公投來養育更大民主化的政治生活（LeDuc, 2003）。

公共政策的演化，本賴於政策菁英擴散關鍵的理念或知識，消解利害關係人的疑慮，化解他們自己主觀建構的威脅，以利政策轉型的倡導。換言之，幫助他們對政策或制度本質的徹底洞悟，才有鬆動既定思維的機會，觸發政策轉軌的空間，消滅這項議題被政治運用的機率。因之，更加民主化的政治生活，吸引更多的政治支持者，可能是臺灣主要政黨所要審慎思維的課題。

六、創造信任指標

政治系統的管理者，深刻關注現行政策的優勢、劣勢、機會與威脅，並進行劣勢的排除，威脅的防火牆，以防威脅的發生，傷及政治系統的政策威信，流失信任的厚實度，毀損治理的正當性基礎。蓋政治系統的領導者每要善用一項秘密武器，即透過政策轉軌或更調取得信任的回饋。

反之，治理者若對現行政策任其發生問題，並採取不作為的作為，或讓政策一成不變，維持初始的樣貌，每易引起標的團體對政策的不滿，對治理者的不信任。是以，為了政策與環境的鑲嵌性，推動政策的階段性發展，克服先前注意赤字所引發的問題，隨著政治文化的進展，轉軌政策以對應人民的認知、評價及情感取向，方是爭取信任的可靠藍圖。

　　政策靜止可能犯了忽視環境的謬誤，更是腐蝕信任的來源。因爲，政策既然出現非變不可的徵象，如主事者猶對之置之不理，顯然未能覺察政策失調的嚴重性，並不能四處找尋可資學習的經驗或典範，當然無法鞏固政策領導所需的信任基礎。職是之故，政策領導者的醒覺，隨時關注政策的變化，做出因應的轉軌，不時創造信任滋生的養分。

　　政治系統的治理，無法一直停留在過去，因爲時間的遞移，空間亦隨之變化，何況內外在環境又不斷演化，焦點事件隨時出現，系統更受全球化的影響。是以，系統及其治理者每要隨時敏感到各項系絡的變化，轉軌原本的政策，使其藉由轉軌得到前述的效用，維繫系統的持續性，協力關係的強化性，面對環境的追根究底性（inquisitiveness），在遭遇問題之際，得能窮極分析、認定與建構，藉以推出對應的方案；主事者一直尋找學習的新課題，以應付任何變化；積極追求專業的新知，以爲採取新行動的基礎；不斷檢試過往經驗，從中抽取可資學習的標的（Black & Gregersen, 2003）。

第三節　積極作爲

　　既然政策轉軌是任何政治系統無法逃避的課題，一直不能退卻、擺脫的任務，就要下定決心加以面對，以求轉軌的時宜性，內容的妥當性，配套的連結性，效度的反映性，資源的配置性，以及執行的準備性。至於系統要掌握的積極作爲，或可射準六大層面的關注。

一、敏感外在環境

　　政策既然深受環境的浸染，而環境又不斷地在演化過程中，立基其上的政策，極可能在環境變異下，失去原本支撐的假定，承擔效用遞減律的風險，甚至滋生系統無法承受的負荷，流失正當性的基礎。於是，系統為了防止這項情勢的推移，要設有多元不同的偵測機制，感知環境的變化，政策失靈的情形，再據之擬斷、謀算與發展不同政策方案以對。

　　再者，政治系統的治理者更要對歷史有所感知，究竟今天國際政治已發展到那一個階段，是否彼此之間已到治理互賴的層次，有些議題如若欠缺同步的治理，績效就不能彰顯；區域經濟若不能加入整合，失去互免關稅的機會，政治系統就會在重要市場失去競爭力，漸進受到孤立。是以，系統的主事者在兼顧國內自主的不受毀損外，就要與其他政治系統協議優質的互賴治理，共創雙贏的契機。因之，歷史感知政治系統的發展階段，規劃對應的政策轉軌，致使各方政策利害關係人同時受益，如若無法達到這樣至善的水準，乃對政策轉軌利益受損者施與補償，亦或能力養塑以應付時代挑戰。

二、安排日落機制

　　政策既受時空的制約，很可能在時空巨幅演化下，失去彰顯績效、成就目標的催化作用，面臨轉軌的壓力。何況，政策在司法、經濟、組織及溝通上的工具亦有不同世代之分，唯有適時加以調適，方有更大空間產出冀欲的成果（DeVries, 2010）。茲為了在適當時機反省政策的效度或妥當性，在政策本身安排日落機制，提醒問責機關在設定的問責年限內，再思原本政策是否猶有存在的必要性，已在效能及效率上出現式微的情形，支

撐的財力資源萎縮，非得轉型無法對主權者交代，乃敦促政府採取對應的興革行動。

日落立法機制的發生提醒作用，敦促必要行動的因應，乃要求國會完備政策評估的能力，認眞評鑑原本政策在內容上、問題情境的認定上、接軌標的團體的節點部署上、策略性協力關係的營造上，是否出現瑕疵或病態，非加以轉軌不可，乃要求行政部門順應調整政策取向，以攻克問題的所在。尤有甚者，國會不可只注重未來必須採取的政策行動，而忽略回顧性的政策評估工程。誠然，行政部門的主動關注，並由執行實驗中發現政策可再精緻的面向，主動提出轉軌作爲，再締結多數聯盟加諸合法化，或是政策轉軌工程有效運行的基本。

三、推動溝通商議

政策轉軌的內涵並非事先安排好的，也不是極端固執的，而是透由政策利害關係人的對話、商議與斡旋，進行差異管理、化解爭議的產物，且透由這些過程取得他們的理解，激起支持的熱情，創造推動的社會網絡（Forester, 2009; Kahan, 2010）。是以，主持政策轉軌者不可能抱持由上而下的宰制心態，而是要以開誠布公的作風，虛心接納任何具建設性的政策見解，致使轉軌內涵更爲充實、更爲聚焦與更爲人所欲。

本來溝通說服一方面要講究藝術，另一方面要注重科學，所以主持政策轉軌的行銷者，可以對利害關係人提出積極正面的希望、可靠的期許，引領他們對轉軌的認同，採取支持的步調；其可與他們誠摯的互動，同理性傾聽他們的意見，吸納有價值的觀點，進而建立信任關係，達成共識的看法；其更可以具體的理由，說明轉軌的必要性、迫切性及時代性，以風險的承擔，展露不轉軌的代價；其猶可以過去政策的階段性任務已經

完成，新推出的只是延續過往政策的一致作法，而在政策工具上以新的世代，符應內外在環境的組合出現而已；其也可展現專業的知識而非主觀的論斷，激起質疑者的態度軟化，進而接受轉軌的合理性及妥當性；其亦能說明轉軌是政策主體之間雙方互惠的結果，並不是單方的讓步而已，而是有所失也有所得的建設性互惠（Granger, 2008）。

四、設定轉軌疆界

每一個政治系統擁有獨特的政策文化，以及採用不同的方式，探詢變遷的面向，政策向前發展的方向，不同階段、時境與系絡的政策世代。是以，職司政策轉軌者，在傾聽各方意見之後，理解利害關係人所冀欲的變遷內涵，最擔心必須承擔的代價，最想維繫的國內自主要項，不希望流失的想望，進而設定變遷疆界的圖像，並與另一造協商，取得共識，才進入落實的階段。

兩個政治系統之間的政策轉軌工程，由於每個政治系統均有力推的要項，但由於時機的尚未成熟，系統的成員疑慮猶深之際，還是以務實可行的面向著手，聚焦於當前迫切需要的標的，再伺環境的演化彈性因應之（Kotter, 1996, 2008）。由是觀之，清晰地設定想望的轉軌疆界，循序漸進地諮商早期的轉軌範圍，端看接續情況的演變，往後各自政治系統的發展，初期早收效應的反映，轉軌原本未明於今已顯露的跡象。主事者審慎因應資訊已經明確的範圍，其他尚未明朗、影響晦暗的部分，就靜待後續的情勢發展再定政策行止，以穩健不急躁的方式對應現今測不準的面向，本較為安全的策略，較被認同的作風。

五、應用願景引領

　　職司政策轉軌者要認清願景力量釋放的前提在於政策利害關係人對即將轉軌的政策，其要追求的方向，試圖成就目標，有了共同的理解，並藉由對未來共同的憧憬形構共同的意識，激勵與協調政策轉型所要採取的各類行動。至於，職司者要以那些特色襯托願景，讓願景發揮引領的功效呢？一爲形構出未來所要達成的圖像；二爲描繪新政策所要成就的長期目標，對多元不同的利害關係人具有那些正面的效益；三爲所設定追求的目標，並非如海市蜃樓般，而是務實的、可以政策工具來完成的；四爲聚焦於系統迫切需要的標的，指引決策的方向、步調與內容；五爲彈性因應變遷的環境，並調整政策世代，務求其與環境一致；六爲可以溝通述明，俾以引起各方對政策的共鳴，浸染對政策的承諾與投入（Kotter, 1996）。

　　尤有甚者，政策與願景之間的因果關係不能是一方的一廂情願，抑或只是主觀的建構，不一定得能接受實際的檢驗，所以事先設有權變條款，抑或情勢變遷原則，不致使政策處在無法停止的狀況。畢竟政策本是未來導向的，其效度與信度本須歷經執行才能驗證：原先政策假設能否有效成立。是以，權變條款的配備，本是更迭政策工具的利器，更是衝破政策僵化的機制。

六、突破政策僵局

　　政策轉軌難免會引起抵制、衝突，而進入拔河僵局之中，居於反對的政策利害關係人，每每擴大議題爭論的層面，增加議題處理的疆界，鼓舞更多的人聲明自身權益深受政策轉軌的影響，應用現行的制度複雜化轉軌的過程（Pralle, 2006）。

　　這項僵局的存在勢必延緩轉軌的速度，增加其困難度，如未能加以紓解恐抵消轉軌的動能。是以，職司者要述明：政策意識形態在全球治理的時代，已經大幅變遷，政經互賴已形成新的經濟秩序，如不調整過程的政策思維，恐將政治系統自行孤立，失去原有的競爭優勢。再者，政府的財政負擔嚴重，不但預算赤字升高，而且稅收也相對減縮，政策的轉軌乃成為不得已的選項。尤有甚者，當代後工業的社會，變遷不斷與不確定性乃表徵這種社會的特色，在政府無法完全掌握政策的正確性、妥當性及成就性，轉軌現行績效未顯的政策，本是決策者重大的政策學習（Daniels, 1997）。是以，以妥當的回饋機制進行政策的矯正與調適乃是正常的舉措。

　　政策僵局的化解是差異管理的工程，唯有提供相互學習的場域，交流互異的政策見解，篩選交集的所在，解釋晦暗不明之處，化解自行建構的疑慮，安排權變因應條款，設定階段問責機制，部署風險圍堵工具，而達及協力的境界。換言之，政策利害關係人要採批判實用主義（critical pragmatism）的風格，指出憂慮的所在，擬暫緩的議題，規劃應變機制，設定問責條項，設計政策指標，以便觀測政策的變化，並非無謂的反對，而是建設性的增補（Forester, 2009）。同時，吾人也要認清：全然的政策犬儒主義，對政策的優質並無濟於事，改採參與協力主義方可形塑較為全局的政策轉軌，畢竟重大政策轉軌本會對全體的系統成員產生影響。

　　政策轉軌本是一項不易、艱辛與費時的工程，需要職司者致力於積極的作為，以化解出現的不利情況。也唯有展現鍥而不捨的智商，敏銳感知環境的演化，安排省知習的定期評估，推動政策衝突管理化減議題的範圍，設定得能掌控的轉軌領域以之作為試驗的標的，構思令人認同的願景引領對轉軌的景從，以及以說服智商突破因誤解而產生的政策僵局。

　　對政策轉軌盡以犬儒主義思維對之，並不是建設性的作風，因為時境

總無法靜止，政策也有頻繁世代變遷的情景，是以政策利害關係人還是以批判實用主義對待政策轉軌，從觀點助益性、盲點揭露性、誤解詮釋性、視框反省性、政策周全性及全然問責性來推動強勁的政策轉軌，方能預防政策失去時境鑲嵌的機率，減少政治系統的不可承受之重，厚植更多的資源處置嶄新議題。

結　論

　　一個前瞻性的政治系統，雖要反省過往治理的得失，習得未來必須記取的教訓，改進後續擬推出的政策，更要瞻望未來，開拓系統發展壯大的機會窗，提出和緊扣機會窗的因應策略，且與時間競賽，有效運用這項稀少資源，不得任意讓拖延成為盜取時間之賊，導致問題領域欠缺對應之策，隨其蔓延擴大，造成標的團體的受害，系統競爭力的下降，正當性的毀損。是以，政策轉軌的適時性，乃是政治系統邁向新治理時代所要特別講究與重視的。歷經前述三個面向的透視，吾人或可得出六項知識啟蒙。

1. 環境系絡的變動性：政策所要面對的內外環境系絡，經常變動不定，創造諸多不同的結構或網絡，改變標的團體之間的互動關係，滋生不同的問題情境，需要政治系統的偵測機制或指標記錄來掌握，以便構思或想像連結的政策，將問題情境控制在合理的範圍。

2. 政策靈敏的關鍵性：既然環境系絡至為動態不定，政治系統為了維繫在面對動態環境的遊戲中，一直得能穩定地走向遊戲的正軌上，不致遭受強勁的衝擊，限縮自身的生存空間，政策的靈敏轉軌就至為關鍵。是以，相關的系統治理者就要養塑感知環境的能力，築造共同的體認，動

員可用資源，架構對應環境的政策。

3. **推動轉軌的價值性**：政策的遲延帶來競爭密度的升高，獲益空間的縮小，甚至有被淘汰的威脅，是以主事者要掌握時間，希望在適當時間完成政策轉軌，用以闢建價值滲出的孔道，增加更多的關係資本，贏得更大的政治支持。不過，轉軌的推動若障礙重重而延宕多時，恐會對政治系統引發不利的影響。

4. **衝突管理的策略性**：政策轉軌難免會在系統內造成價值衝突，而引發抵制的情形，進而滯延轉軌的進程，衍生另外荊棘難理的問題。於是，主事者就要修練說服智商，排除標的團體主觀建構的恐懼，不敢承擔風險的思維。他們要策略運用說服的技巧，形塑對轉軌的信任、希望及期待。

5. **反省機制的提醒性**：政策已不能只在意推出，繼而靜而不動地等待結果的產出，而是要不斷警覺新生情境的趨勢，政經市場的變化，而採取快速而有效的對應措施，才能得到積極的政策效應。因之，不時的反省或定期的檢測，方不致於造成政策的過時或落伍，適時提醒主事者採取必要的政策更調。由是觀之，政策靈敏才能趕上環境的變遷。

6. **迫切意識的催促性**：環境變遷雖給政治系統帶來政策轉軌的壓力，但若無主事者感受迫切轉軌的緊要性，時機的不能延遲性，機會流失的風險性，就會缺少催促轉軌的動能而在強烈的競爭遊戲中失去先機。是以，政治系統要在政策上展現靈敏的能力，快速轉型換軌以因應時境不斷變化。

　　政治系統為了在動態的環境變化之中，維持競爭優勢穩住生存立基，就要不時確認政策轉軌的需要性，推動轉軌的積極作為，做好價值衝突的管理，化解不同源頭的抵制力量，展現轉軌管理的技巧。不過，主事者最

要關注且不得忽略的，乃隨時警覺內外在環境的變化，避免扮演溫水中青蛙的角色，並不理會或在意外在的任何變化。蓋政治系統經常處在不同勢力的競爭之中，稍一疏忽、懈怠或自滿，就會毀損治理正當性的基礎，唯有警覺與行動才能克服影響力入侵的危機。

　　領導者引領適時、適刻及適切的政策轉軌，本是一項責無旁貸的任務，於是在環境與過往趨異之際，他或她就要想方設法，創造系統成員快速而廣泛的轉軌投入，吸納深具洞識的人力資源，規劃對應變遷環境的政策，使其創造系統的競爭力，克服系統所要遭遇的問題，同時又不損系統的自主性，不致成為外控的不利情勢。

參考書目

Birkland, T. A. 1997. *After Disaster: Agenda Setting, Public Policy, and Focusing Events*. Washington, D. C.: Georgetown Univ. Press.

Birkland, T. A. 2007. *Lessons of Disaster: Policy Change after Catastrophic Events*. Washington D. C.: Georgetown Univ. Press.

Black, J. S. & H. B. Gregersen. 2003. *Leading Strategic Change*. Upper Saddle River, NJ: Prentice Hall.

Daniels, Mark R. 1997. *Terminating Public Programs: An American Political Paradox*. Armonk, NY: M. E. Sharpe.

Davenport, T. H., J. G. Harris & R. Morison. 2010. *Analytics at Work: Smarter Decisions, Better Results*. Boston, MA: Harvard Business School Press.

Denhardt, J. V. & R. B. Denhardt. 2007. *The New Public Service: Serving, Not Steering*. Armonk, NY: M. E. Sharpe.

DeVries, M. S. 2010. *The Importance of Neglect in Policy-Making*. NY: Palgrave.

Dobson, A. 1995. *Green Political Thought*. NY: Routledge.

Forester, J. 2009. *Dealing with Difference: Dramas of Mediating Public Disputes*. NY: Oxford Univ. Press.

Genieys, W. & M. Smyrl. 2008. *Elites, Ideas, and the Evolution of Public Policy*. NY: Palgrave.

Granger, R. H. 2008. *The 7 Triggers to Yes: The New Science Behind Influencing People's Decisions*. NY: McGraw Hill.

Hoberg, G. 2001. "Trade, Harmonization, and Domestic Autonomy in Environmental Policy," *Journal of Comparative Policy Analysis*, 3(2): 191-217.

Hogwood, B. & B. G. Peters. 1983. *Policy Dynamics*. NY: St. Martin's Press.

Kahan, S. 2010. *Getting Change Right*. San Francisco: Jossey-Bass.

Kingdon, J. W. 2003. *Agendas, Alternatives, and Public Policies*. NY: Longman.

Kotter, J. P. 1996. *Leading Change*. Boston, MA: Harvard Business School Press.

Kotter, J. P. 2008. *A Sense of Urgency*. Boston, MA: Harvard Business School Press.

LeDuc, L. 2003. *The Politics of Direct Democracy: Referendums in Global Perspective*. Canada: Broadview Press.

Lester, J. P. & J. Stewart, Jr. 2000. *Public Policy: An Evolutionary Approach.* Belmont, CA: Wadsworth/Thomson Learning.

Painter, M. & J. Pierre. 2005. "Unpacking Policy Capacity: Issues and Themes," in M. Painter & J. Pierre (eds.) *Challenges to State Policy Capacity*. NY: Palgrave: 1-18.

Pfeffer, J. & R. I. Sutton. 2000. *The Knowing-Doing Gap*. Boston, MA: Harvard Business School Press.

Pralle, S. 2006. *Branching Out, Digging In: Environmental Advocacy and Agenda Setting*. Washington, D. C.: Georgetown Univ. Press.

Rose, R. 2005. *Learning from Comparative Public Policy*. London: Routledge.

Scott, S. 2009. *Fierce Leadership*. NY: Broadway Business.

Stewart, Z. 2009. *Public Policy Values*. NY: Palgrave.

第十一章　任務編組：議題處理的組織性工具

　　臺灣自第二次政黨輪替以來，由於面對內外在環境巨幅的變化，滋生不少的緊要性議題，必須由新政府快速的因應與解決，以進行治理正當性的管理，一則維護原本取得執政權之時的政治支持度；二則應用適時的適應及趨避議題，試圖修復業已逐步流失的正當性；三則運用對議題的關切、研商及對話，進而協商出解決對策，指出改善問題的機會，進而取得新的正當性，持續治理的生存空間。

　　這項治理正當性的管理，其中有一項特色就是在：遭逢新生內外環境之歷史時刻，迅速加以解讀，設定環境待理的面向，再組織任務編組進行針對性的調研工程，提出一些解決套案，並由最終決策機關加以合法化，再由相關職司從事轉化的事宜，務使各界受到問題情境衝擊的利害關係人，得能提高其政策滿意度。這類任務編組的制度安排，在新政府上任前，因內定內政部長廖風德驟逝，乃率先成立「首長健康顧問小組」，而至9月26日又宣布成立「政府協助企業經營資金專案小組」之後，就已累積成立十七個之多，其各小組名稱及相關運作成員，可由表11-1加以說明之。

　　而總統也鑑於新政府成立以來，「這段時間臺灣的經濟情勢遭遇到嚴峻的挑戰，主要是因為國際金融界發生前所未有的大變化，為了因應新情勢，一方面與行政院增加許多互動，二方面也決定在總統府設立一個任務性的『財經諮詢小組』……（總統府新聞稿，2008）。」與前述行政院所成立的總合觀之，新政府似乎把專案小組當成萬應靈丹，習慣於開

表11-1 新政府成立的任務編組

小組名稱	運作成員
首長健康顧問小組（上任前提出）	衛生署召集
賦稅改革小組（5月）	財政部召集
因應景氣小組（6月）	政務委員朱雲鵬不定期召集財政部、經濟部、中央銀行、經建會、金管會等
關懷弱勢小組（6月）	政務委員蔡勳雄不定期召集內政部、財政部、勞委會、教育部等
高雄海空聯外發展小組（7月）	經建會召集財經部會和地方政府
婦權會小組（8月）	婦權會、內政部
二次金改檢討小組（8月）	行政院副院長邱正雄召集經管會、財政部、經濟部等
扁海外密帳調查小組（8月）	法務部召集外交部等
政府組織再造小組（8月）	行政院副院長邱正雄召集研考會等
加強地方建設專案小組（9月）	工程會召集相關部會、地方政府
整合國家能源小組（9月）	整合國科會、經濟部、交通部、環保署
危機處理運作機制研擬小組（9月）	政務委員蔡勳雄研擬危機處理機制
毒奶粉食品安全小組（9月）	衛生署召集經濟部、陸委會、農委會、消保會、內政部、財政部等副首長
政府協助企業經營資金專案小組（9月）	財政部、經濟部、中央銀行、經建會及金管會之首長，財政部長李述德擔任召集人

資料來源：行政院，中國時報，2008年9月27日。

完會就以組設專案小組為最後結論，再由運作成員形構策略性夥伴關係，協商出一套政策行動，作為運作可能成果（緩和議題的衝擊性）的機制（Andersen, 2008）。

以任務編組對應內外在環境演化的作為，在政策工具的應用上，本屬於組織性的範疇（Hood, 1986; Hood & Margetts, 2007）。而在臺灣的實踐上，可說是各級政府至為偏好的因應議題機制（方衍濱，1992；任可怡，1986；陳明通，1998）。不過，對任務編組進行理論性的專研，中西文獻至為鳳毛麟角，有待加諸耕耘，進而才有基礎評估實際的案例，以增強其

在理論及經驗上的底盤知識。因之，本文所要鑽研的課題有四：成立因素、基本屬性、角色扮演與潛在風險。

第一節　成立因素

任務編組原本是政策職司機關進行議題處理或環境管理而使用的工具，一方面協助提升決策的品質，促使因內外在環境的巨幅變遷，而引發的迫切問題，得能找到基本的原因，進而責成擁有決策權者，適時作成妥當的策略因應，降低問題對標的對象的影響度，達成回復政經穩定的目標，維護治理所需的正當性基礎；另一方面為了因應某一特定、具體又複雜的任務，有必要集思廣益不同功能的專業人員，透由對話理性的追求，儘速化解彼此之間的理解落差，凝聚集體的共識，俾以較為周延的對策風貌，攻克當下組織所面對的問題（Altier, 1986; Galbraith, 1995）。換言之，任務編組的主要追求乃：聚焦及集結運作成員的努力或作為，務必於短期內解決當下政治系統所面對的迫切問題。至於其成立的動力或因素，可由六個角度探索之。

一、面對複雜問題

臺灣自第二次政黨輪替以來，經濟情勢及兩岸商品來往遭遇到相當大的挑戰，衍生出不少的政治、經濟及社會的議題，主政者如未能加以關注，試圖解讀出相關訊息或指標所含涉的內涵，建構出合理的成因，認定出牽涉到的真正標的對象，掌握住問題的核心本質，再對之勾劃出策略圖案，循案加以妥適的處置，以滿足主權者的期待，增強他或她的政策滿足

感。再者，新政府之所以具政治競爭力，於大選中擊敗對手，乃於政治較勁之際，提出為選民認同的政治允諾，現在已到落實的關鍵時刻。不過，政治允諾的實踐經緯萬端，牽涉到重大的資源配置，各級政府間協力夥伴關係的建立，方能運轉實現可能的政治機器（Andersen, 2008），更需要組織基礎廣泛、跨越不同功能組合的任務編組來統一步調，以協力的方式達成新政府的冀想。

何況，當下社會所面對的問題，在政策轄區上每涉及到多元不同的功能機關，有時亦跨越不同的組織疆界，主事者為了顧及公共治理的生產性，乃使用任務編組這項組織工具，並由專業領導人，統合不同的策略思維，擬定出議題處置的方針，再由相關功能職司，盡力加以付諸實行，以應付政策或行動真空的窘境，抑或推出短期應急措施，解決標的對象的困境。

二、展示情境關注

在多元不同的議題不斷出現之際，受到問題情境影響的利害關係人，在在引頸企盼相關職司，得能提出適時之回應，以免因措施或行動的遲延，加深問題情境對利害關係人的傷害，抑或擴大利害關係人的範圍，引起不益於治理的不滿。斯時，對問題情境或議題的主要職司者，每會在實際對策出爐之前，基於事先建構民意防火牆的動機，運用組織符號主義的原理，組成應急的任務編組，並以之展示主事者對議題的關注，將利用這個溝通對話的平台，迅速釐清實際問題的本質，想出針對性的解方，由符號性運作階段進行到採取實際行動的階段。

而任務編組開始運作之際，亦可運用參與治理的原理（Gbikpi & Grote, 2002），邀請重要利害關係人的政策參與，使其在政策推動過程

中，因自己本身已介入形成過程，而願意擔當誠摯協力的合夥人，共同化解執行之際可能發生的阻力，發揮協力的優勢，致使議題的嚴重性減輕。換言之，在利害關係人因組織工具的即時運用，使其初步產生政治信任，主事者再利用這段緩衝的時間，提出實際行動以對付議題，並由行動績效激發利害關係人的政治支持。

三、需要多界思維

　　問題認定的貼近實況，方案組合的有效性，需要多元不同視野人士的參與，從中進行不同視框的學習、吸納及整合，方能達及議題處理的終極目標。反之，如若在議題思考階段，單憑單元聲音的注入，無法開闢溝通的平台，進行複眼思考，從事全方位的腦力激盪，則負責議題處理者恐未能發展出各項可能解決問題的諸多建議，而不能組構出相互連結接軌的套案，以致對問題情境的緩和無法激發出創意（Dunn, 2007）。

　　總統府之所以成立「財經諮詢小組」，即希望提供各界更多表達意見及藉機形成共識的機會，同時幫助行政院擴大政策視野，俾讓職司議題處理的政府聽到更多民間及國內外的聲音，而讓政府相關的政策更具周延性，即在印證各界思維透過有關孔道進入決策過程，並加諸討論及吸納，而對決策的整合性有所幫助。這與民主改革家提倡公民共識會議，引進各類利害關係人，於有關當局處置複雜又荊棘的政策議題時，成立諮商議壇，扮演公共諮商的任務，務使最終的政策抉擇，得能與所欲解決的問題情境出現零距離的境界，本有異曲同工之妙，既增強政策本身的回應力，又提供了各界的協力效應（Dryzek & Tucker, 2008）。

四、防止不當樂觀

臺灣與中國加強互動之際，試圖增進經濟夥伴關係安排之歷史時刻，政策腳步絕不可躁進，更不可輕易表露不當樂觀（unwarranted optimism）的思維，如開放投標無礙品質、擴大投資無礙縮水、承認學歷不會排擠、截彎取直無妨國安、開放陸客解救經濟及外交休兵和緩緊張。蓋這些政策見解非但未能提出積極支持的論證，而且極易指出反證來駁斥其合理性。是以，在政策推出之前與之後，事先進行風險評估，以探究各項潛存的政治風險，並對之管理之後才推出，或可降低風險性；事後進行效應評估，以決定政策之延續或中止，千萬不可出現過度自信、不當樂觀的政策短視。

茲為了避免不當樂觀思維對政策抉擇的影響，預先構築規避風險的防火牆，以及適時發現政策智慧，增強政策選擇的能力，成立任務編組，使之成為利害關係人公共諮商的論壇，或許是處置重大政策爭議的一項合理制度安排。蓋攸關臺灣與中國的政策，每每在做出之後就無法逆轉而又回到原本政策真空的狀態，所以在正式政策踏出之前，還是審慎商議為要，畢竟臺灣資源的有限性與推出政策的風險性是存在的，吾人豈可不對之抱持審慎的態度。

五、預防錯誤決策

當前政治系統所面對的環境測不準性（environmental uncertainty）有三種，一為政策所要處置的環境狀況，每每不易正確的預測；二為發生的環境事件或重大變遷，會對政治系統或政策管轄機關產生怎樣的影響，亦是一件難以事先預測或掌握的情勢；三為組織為了因應內外在環境的劇烈

演化，所能使用的策略性方案，以及每一方案可以成就的效用或價值，亦非職司的組織所能測得準（Milliken, 1987），所以採取或引介錯誤的政策抉擇，可能是常見之事。尤有甚者，如若相關決策者又對未來充滿著過度自信，抱持不當的樂觀想法，陷入錯誤政策抉擇的窘境，恐就沒有空間可資規避。

在這樣的情況，緩衝性的組織建置就有必要，於處置議題的圖案獲得清晰描繪之前，由跨功能的各方人士組成任務編組，交換多元不同的政策見解，發掘各方所提對案的政策罩門，並透由視框反省的過程，俾讓較為周延的套案，擁有充足證據及長遠願景的政策安排有了走出的管道。畢竟在測不準的高度威脅，政策存有潛在負面效應的風險下，多一層的風險考量與管理，就有多一層的政策獲益。蓋風險的降低或歸零，本是政策採納必須考量的定素之一，更為公部門組織有效治理所要關注的標的（Hall & Jennings, 2008）。

主權基金的成立與否本是一項重大的政策抉擇，更對國家形象正負面影響產生衝擊，又未見主流民意的認同。何況，在全球金融風暴未見止歇之際，遽然投下鉅額外匯進行海內外投資之用，本會冒了極大的失金風險，所以為了防止政策的可能誤失，還是由「財經諮詢小組」設定較為長期的調研議程，釐出箇中的經緯，比較各國類似機制的損益，再針對臺灣特殊的政經環境，才下最終的取向抉擇。

六、減少成本負擔

在不當樂觀及過度自信的心理下，決策者所作出的選擇，可能並未評估風險的存在，亦未納入政治社會學家，有關社會關係結構及運作過程的智慧而落入錯誤的陷阱（Hall & Jennings, 2008; Rooney & Mckenna,

2008），政治系統或公共組織就會負擔政策失靈的代價，致使利害關係人政治支持的流失，經濟方面的損失，甚至政策威信亦不易形塑。換言之，天下本無白吃的午餐，不當或失靈的政策，總會溢出不可承受的重擔。

茲為了歸零政策失靈的尷尬，審慎運用有限的資源，減少組織無法內控的政策抉擇，在政策形成之前，透由任務編組的集思廣益，消除過程中的諸多陷阱，抑或減少成本的負擔。而在議題處置的執行過程上，由於議題每是跨越多元組織而存在，不同任務分由不同政策管轄機關或單位職司，為了集體有效處理共同任務環境出現的議題，亦可透由任務編組的機制，溝通協調出一體運作的步調及方程式，適時適刻將議題作有效的處理，化解聯合行動可能產生的諸多掣肘問題，減少不必要的成本負擔。

在風險社會的時代，凡是講究多元商議的當下，政策代理人為求政策的回應性，務實地處置複雜荊棘的議題，徹底展示對發生問題情境的關注，實在需要多界的思維而不受限於單眼思考；甚至為了防止不當的樂觀主義，避免推斷因果關聯度不強的關係，預防錯誤決策的滋生，降低昂貴成本的負擔，乃在議題處置決定前，為了顧及斯項決定的周延性、未來性及前瞻性，每有仰賴組織性工具的趨勢，組織成任務編組來因應議題的演展。

這種以協力的方式來處置重大組織議題，其成功的定素有四：一為設有緊迫而重大的目標，以為追求的所繫；二為推選核心領導人物，而將各項事情的環節整合，理出一條解決途徑；三為引入坦率誠摯的團隊成員，兼顧各項專長而願合力打拚的志士；四為參與者要有專案管理的知識與經驗，以利於處置行動的相互配合（Ashkenas, Ulrich, Jick & Kerr, 2002）。是以，負責任務編組的推動事宜者，在組成及運作過程上，就要留意這些關鍵因素，務必使其達成設定的宗旨。

第二節　基本屬性

任務編組本是職司治理者，爲了解決某類特殊性、緊要性及時機迫切的議題，而採取的團隊組構，並由不同功能部門指派適格處理議題的人員，共同調研貼近解決議題的處方，經由法定程序取得合法對策的地位，再由執行人員負責落實轉化的工程，期盼減輕議題的嚴重性，減少受影響的標的對象，而使政治系統恢復常態的運轉，回復正常偵測未來可能即將出現的嶄新議題，預先設想方略，使其找不到發生的臨界因素（方衍濱，1992；Altier, 1986）。因之，從上述的界定，吾人或可從中推出這類團隊建立，以處置議題的途徑，具有六大基本屬性。

一、暫時性

任務編組成立的旨趣：在於處理至爲不尋常的議題，如若以原本運作的常態來對應殊異的問題情境，恐會因迫切意識的不足，不同功能部門之間的步調不一，而延宕對複合性議題的處理，於是由職司政策議題的關鍵人物負責組構，希望於最短期限內，化解問題所涉及的範圍，不致四處延伸或擴散，加重處理的困難性。

不過，根據任務編組的本質，其並沒有任何理由或藉口無限期的存在，本應在問題情境和緩之際，媒體對問題情境的承載逐漸消失之後，就要將成員回歸原本的組織建制，推動法定的專業任務。因之，任務編組的持續時間應是短暫的，職司者不可因原本的情勢已經變遷，而任由任務編組永續，最終演變成組織累贅，或成爲疊床架屋、以會養會的窘境。

二、議題性

　　任務編組成立的動機本是有針對性的，即對照社會上因內外在環境的
劇烈變化，滋生一些嚴重而跨功能部門的複合性議題，為了防止各部門的
本位作風，優先關注議題對象的不一，配合行動的步調不同，而延緩議題
攻克的期間，乃由組織領導人物號召成立任務編組，以協力的優勢，試圖
於最短時間內，減輕問題情境的影響面。

　　政府鑑於國際金融情勢的危急，企業經營所需的資金或有短缺的困
境，而危及其生存空間，甚至引發失業率飆升的問題，行政院乃於2008
年9月26日，成立「政府協助企業經營資金專業小組」，由財政部、經濟
部、中央銀行、經建會及金管會之首長組成之，且以財政部長李述德擔任
召集人。由是觀之，主事職司者一旦發覺社會運轉出現異常，有些作為至
為需要推動，有些措施要有所改變方能對應時需，目前已現的情勢可以診
治得更好，如若單一職司可能設想不出較為周全的政策，乃適時集結相關
力量，共同攻克前述諸端現象，本是人類理性的行為。

三、對話性

　　由於任務編組的成立，不論是為解決緊急事故而成立，抑或為處理
複合性的問題而設立，在運作成員的揀選上，就要讓對問題情境最富知識
者，與問題情境最為貼近者，及可能提出具洞識性又獨特性解決方案者參
與任務的對應。蓋由這些人的加入，方能進行建設性的對話，而對待決的
迫切議題進行周詳的解讀，理出造成的關鍵因素，探索出真正受到問題情
境影響的利害關係人，瞭解他或她的想望，擬出可資運用的資源，創設合
理可行的套案，進而快速止息問題情境的蔓延。

　　尤有甚者，當今全球化風潮下所形成的問題，每每是結構不良且荊棘難理，通常負責處置者對問題的本質或界說，並未有一致的認知，有須任務編組這個平台，進行建設性的溝通與對話，從中化異求同以建立共識，並以之驅策步調一致的政策行動。因之，對話雖不是行動協力的充分條件，但絕對是一項必要的條件（Roberts, 2002）。

　　參與對話的人試圖透過溝通的運轉，一則化解各方對議題的理解落差，進而運用合理的論證導向共同的理解。蓋參與者藉由同理性的傾聽，去發現另一造政策見解所蘊含的優勢和價值。他或她再檢試自己及他人政策主張所支撐的假定，而後再整合出擁有合理假定支撐的政策套案，才會減少可以避免的政策風險或可怖的後遺症驚奇（Dewar, 2002）。不過，參與者要肯認：彼此之間的相互學習，確實得以改進或優質各自的政策思維，並由相互學習的過程中，他們隨即演化出信任的意識，以及共同的理念，深信彼此之間的政策觀點、環境透視及行動主張，會因對話而有了大轉型，導致一致行動的孕育（Roberts, 2002）。

四、非正式

　　任務編組通常是針對內外在環境的變化，衍生出複合性的問題時，為了凝聚共同涉入問題情境的不同功能部門，採取劍及履及且動作一致的作為，而組構的對應機制，所以本身是暫時性的組織工具，更是非正式的組織編制，必須於任務完成，抑或議題受到緩和之際，立即加以終結，以免破壞常態的運作模式，成為任務編組的附庸。是以，在成立任務編組之際就設定一定期限的日落條款，時限一到，相關職司就要馬上評估任務編組是否有存續的必要，如無賡續延長的必要者，一律加以裁撤，以減少對正式組織發展之妨害。

大凡根據組織法規、計畫辦法或要點而成立矩陣式組織，姑不論是跨功能部門的組合，抑或專案組織（Sy & D'Annunzio, 2005），雖有類似任務編組的意涵，但因其已處正式的、按一定程序運作的機制，而與臨時性與非正式的初始要義不相吻合，還是不要勉強將其歸類爲正統的任務編組。

五、諮詢性

由於當前所出現的議題，大體上均爲跨政策領域的性質，爲免單領域的情境透視過於狹隘，發生只見樹不見林的窘境，以致未能掌握問題之間的連結性及系統性，進而建構出視野不夠寬廣的方案，政策周延性不強的處方。於是，爲了善用有限而稀少的資源，開拓政策的機會窗，乃於情況出現時，立即揀選對議題有所專精的人士，以及負責政策職司的相關部門，共同對話商議在此歷史時刻，可資用以解決問題情境的整合性配套措施，恢復政經社會的穩定。

不過，任務編組並非擁有最後決策權的場域，每每只在相互進行知識激盪，彼此視框反省，而理出具共識性的政策建議，再由有權責的機關合法化原本的政策建議，抑或因參與人士的不同而對原建議加以增刪補闕，完成執行的法定前提。是以，參與任務編組的有助益成員，要經過愼重的揀選管理，並做好利益衝突迴避的檢驗，以提出專業且不偏不袒的政策套案，足以攻克當前迫切的議題。

六、執行性

由於要處理的議題本涉及相關的功能部門，於是在執行已定政策之際，每每會發生聯合行動的複雜性，即處置優先順序的排定或有不同，

夥伴協力關係至為勉強，行動步調不一（Starling, 2008）。於是，為了因應議題處置的時間壓力，不容許須臾的延宕，導致問題的擴大延伸，乃快速成立任務編組，指定召集人員負責動員一致步調的行動，以免執行脫軌情勢的發生，抑或落入諸多不易產生執行績效的遊戲或賽局之中，諸如形式的執行，過度浪費有限資源，加掛其他任務及不當抵制等（Bardach, 1977）。

　　由是觀之，任務編組之設立，有時在於爭取有限的時間資源，務必於短暫時間內糾集相關功能部門，共同將任事的焦點鎖住當下利害關係人最為關切的議題，立即推動已備妥的對策，而使問題情境得以壓制，進而縮小其波及面，儘快回歸常態的政經情勢。而這種組織工具的出現，總希望執行得能找到組際之間的協力，從中引發協力優勢，而造就厚實的執行績效。

　　在當下風險頻繁的社會，不同的議題每會隨著情境的變化，不同焦點事件的發生，要由政府即時提出合宜的對應之策，用以在議題惡化之前加以處置。不過，由於時代的議題已非單純單一化，而因諸多議題無法切割各自的界限或範圍，並已構成議題系統，是以臨時組構任務編組，旨在勝出系統的、全面的、合作的及整全的處置策略。不過，這類組織性工具，要安排理想的對話情境，即每位參與者乃要信任各方，以他人的視點反省自己視點的不足，以求互補的議題論述；專注滋生議題的情境，從中理出箇中原委；抱持貢獻的情懷，提供對應情境的方案，並以系統的結構部署行穩致遠的方案，減輕議題的嚴重性（Fox & Miller, 1995）。尤有甚者，任務編組除了政策諮詢或知識的生產外，有時亦以之來從事政策執行的課題，透由機制的有效運轉，迅速排除平時聯合行動所可能滋生的脫軌現象，而以步調一致的行動攻克時下為被代理人關切的議題，對抗各類不同的政經風暴。

第三節　角色扮演

　　任務編組既然針對緊要性議題的因應而成立的組織機制，並由不同政策領域的專才共同運作，其得能勝出績效，攻克時下發生的議題，乃要求參與運作的成員，不但具備專業的能力，更要扮演成功九大角色（參閱圖11-1），才能發揮建制的使命及解決問題的重任。至於，它所要扮演角色的內涵分別描繪如下（Robbins & Judge, 2009）。

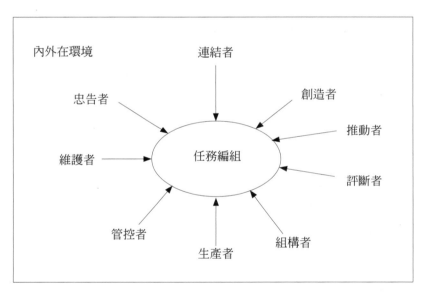

圖11-1　任務編組九大關鍵角色

資料來源：參考S. P. Robbins & T. A. Judge. 2009. *Organizational Behavior*. Upper Saddle River, NJ: Prentice-Hall: 366.

一、創造者

運作成員既然被揀選為團隊的一個成員，有時就要扮演創造者的角色，提出深具創意性的觀念，作為探究對付議題實境的基礎，從中推演出議題演化的關鍵環節，築構整全的議題敘述，並由共同參與者進行審慎思辨的過程，理出關鍵的議題結構，再調研各項針對性的套案，而於適當時機推出，以收攻克之效。

不過，平日的知識管理就對觀念的創造極為重要，於是他或她除了備有相關議題的知識，更對之吸納與消化，而成為記憶的一部分，得於應用之際，隨時調出而使用在議題的分析上。同時，他或她更要養塑有批判及深度解讀的能力，得能一針見血地理出議題的因果關係，俾以研擬處方的準據。

二、推動者

在成員之間，有人提出詮釋議題的相關觀念後，如有成員至表認同，認為具有視野啟蒙之效，得以透視出議題產生的背景、因素及階段，參與的成員就要加以力挺，使其蔚為主流，並由整個編組對之研擬，進而建構出具解決力的對應之策，抑或反應危機的有效處理。

然而，如若成員所提出的觀念，蘊含不良的政策基因，其他的成員亦要提出不同的看法，透由腦力激盪的過程，整合出較為中肯的觀念，不致導出失靈的處方，而要負擔昂貴的代價。尤有甚者，由於諸多的政策主張，一旦付諸執行，就無法再逆轉而回至原來的情境，所以在事前對之仔細思量，從事事前的風險分析及控管，以減輕決定的測不準性及潛在的負面影響。

三、評斷者

　　任務編組本是為回應待決議題而設立的，當然核心的任務乃提供具洞識力的分析，釐清各種可擇方案的優勢、劣勢、機會及威脅分析，再由參與者共同決定權重不同的方案組合，以對應議題的消融。

　　換言之，任務編組的成員，要以自身的知識及他人的見解，設定評估的標準，諸如效力、效率、回應、充分、公平及妥當（Dunn, 2007），而對已列議程的方案進行評比，再商議如何組合，方較能攻克已受被代理人極度關切的議題，克服代理人因受議題之困而流失的正當性危機，擁有威信處理續階出現的議題。

四、組構者

　　任務編組除了為協調各功能部門所共管的議題之處理外，亦應運用公私合治的觀念，組構與民間社會共同協力處理議題的機制，以利於知悉民間社會的所需，要優先處置的課題，以達及適時回應需求的企圖。

　　蓋當今業已複雜化的議題，其不僅涉及到功能不同的轄區，更須大幅仰賴民間社會的政策參與，並以策略性夥伴關係的聯盟方式，共同擔負議題化解的任務。是以，領導任務編組者就須以當責的精神，納入有助益的力量，去執行推動議題的處置工作、屬行當責式管理（Dealy & Thomas, 2007），懷著戒慎恐懼的心情，加入民間的力量，方能使議題的處理更為完善，畢竟擁有多元不同資源的公民，在提升優質政府上有其要扮演的角色（Schachter, 1997）。因之，政府本身在推動改造之時，吾人亦可投入公民的改造，並由政府供應管道投入政策參與的賽局。

五、生產者

任務編組的成員，在偵測內外在環境的變化後，要對該立即處置的議題，提出應對的方向及套案，並安排落實的組織聯盟，確實貫徹政策行動，並追縱其成效，抑或掌控隨勢而來的嶄新課題。畢竟所推方案，本是指向未來的，產生效應的積極性或消極性，每有一定程度的測不準性，非要不時的關注，建築因應的防火牆，才有機會逃離脫軌的窘境，不必面臨代價高昂的成本，而可獲得吾人所渴慕的成果。

政府所提供或生產的作為，本有一定的價格（Osborne & Hutchinson, 2004），主權者有無意願承受，當要由操盤方向的正確與否，以及不斷追蹤作為的走向，並適時採取必要的導正，才作成最終的決定。因之，職司緊要議題處理的任務者，絕對有必要把握住關鍵議題的面向，運用合理的預算，設定任務處理的優先順序，展現主權者所重視的果效。

六、管控者

任務編組在推動議題處理的各項細節時，也有必要診察相關人員是否順服，以避免紙老虎式執行的諷刺，而引起利害關係人的不滿，滋生另類需要對付的議題，進而排擠原本處置議題的資源幅度。尤有甚者，組內的成員要隨時留意有關議題的資訊，作即時因應的作為或不作為決定。

任務編組的運作成員，更要信守已立的規範，鎖住不同類型的編組原本鎖定的任務定位，而不得入侵其他的職權界限，以致產生越俎代庖的不良形象，做出不合本分的事。比如，行政院所設立的賦稅改革委員會，本就定位為：研討長期性的賦稅制度與稅務改革，而非研擬緊急應變的短期財經政策，如相關者要求改弦易轍，則參與的學者可能認為有背書短期財經政策的疑慮，而中途退出任務編組的運轉，就失去設立的初衷。

七、維護者

　　任務編組在處理緊要議題之際，一定會面臨外在的挑戰與批評，所以運作成員要對政策主張的立論理由，其妥當性進行衛護，提出為人接受的駁斥立論，反挑戰反對者所提出的質疑。再者，各項核心資源的籌集，更是落實已定方案的動力，主事者每要想方設法讓這些資源迅速到位；三者輿論的鼓吹及支持的動員，亦要找到可接近的路徑，提出具說服力的論述，用以降服媒體對政策主張的正面促銷；四者主事者更要有法治警覺，將打算執行的作為符合適法的界限，而保持未有範圍延伸而遭受質疑之嫌。

　　換言之，任務編組在面對外在環境的挑戰或威脅之際，要有應戰的決心，構思講究技術、經濟、法律、社會及實質理性的論述（Dunn, 2007），回應相關的抵制，以排除擺在執行之路的障礙。如若不然，任務編組將轉化為符號主義的作風，引不起利害關係人的認同。而在編組內部的運作上，更要尊重不同的意見，吸納有長期遠景的制度規劃，不得只想利用成員的公信力為政策背書，有如第三次賦稅改革委員會的運作情況一般。

八、忠告者

　　任務編組有時也要扮演忠實政策顧問的角色，不僅要對政府所提而用以因應內外在環境演化的措施，供應可資比較採行的對案，以進行建設性的政策對話，才於優劣點釐清之後，再作成最終的決定，以免政策於初始階段就因先天的基因改良不佳而註定失靈的結局。再者，資訊本是轉化為政策主張的核心依據，所以任務編組的成員也要鼓舞或協助搜尋更多趨

同性的資訊，足以交叉驗證政策主張的合理性。吾人若以樣本的特性或取向，來推論母體的取向，進而依據該取向來建構政策主張時，就要講究樣本是否具有代表性、抽取樣本達到調查研究的所需規模，樣本所表示的見解，確爲反映本人的心聲，如若三個條件缺一，則推論就有了問題，由其延伸的政策主張，就不符以證據爲基礎的論述，當然潛存失靈風險。

政策諮詢的角色至爲重要，蓋在政策效應存在測不準性之際，多一份的善意忠告，多一份的再思示警，或可於決策之前多一份的衡酌，尋求較爲安全的政策方向，抑或事先規劃權變性的因應對策，安排化險爲夷的防火牆。是以，稱職的諮詢者，就要履踐言責示警、供資及點醒的角色，務使政策事先準備周詳，足以成功消解問題情境，做好風險管理，窄縮風險出現的空間。

九、連結者

任務編組爲了快速因應議題的處理，就要以溝通的平台協調不同的政策主張，從中整合出能爲成員接受的套案，以集體的力量處理共同任務環境所發生的問題。再者，爲構築與民間社會的協力聯盟，納入豐碩的力量，更要扮演結構孔道或政策中人的角色，從中連結分散的力量，將其集中貫注於緊急情境的解決。

衡平而言，當今錯綜複雜的政策議題，已非單一政策轄區所能獨治，組成任務編組加以處理，旨在打破原本的組織界限藩籬，消除各自本位的行爲慣性，而邁向複合性問題的解決。是以，任務編組爲了推動革新措施，執行對應議題的決定，一來內部成員之間，要由領導者扮演連結各個成員的角色，既引介與推銷，又直接與間接地激勵其他成員接受必要的革新；二來連結外在的力量，共同作爲推動變遷的代理人，共同化解可能的

抵制力量，而把核心資源運用在議題的處理上。

　　任務編組爲了有效處理當下的重大議題，前述九大角色的扮演，並積極主動地採取行動，以對應各種狀況的發生，才能形塑出被代理人認同的效應。不過，領導者在運作成員之間的當責行爲，得能將各種任務以同心協力的方式加以完成，並願爲最終的成果負起責任，可以引領貢獻者對編組的向心與委身，他或她就要有連結達人的能力，抱持超越單一組織的觀點，採取追求共生價值的視觀，並將其傳輸給每一位成員，並以關懷、希望與熱情引來成員共鳴，步調一致地追求重要而緊急的目標。

第四節　潛在風險

　　任務編組每每針對嚴重迫切議題的出現，政府本著當責的精神，積極主動並面對及解決問題而設的組織性工具。這項機制的安排如能有效扮演九大關鍵性的角色，則主政者對主權者的述職就充分的展現，非但做好了危機處理，因應利害關係人的想望，更實現治理正當性的管理。不過，任務編組本身是複合性的組織建制，如參與者固守自己的組織邊界，抑或主導運營者未能信守原本的組織定位，服膺要調研的主軸任務，則形色不一的風險就趁機滲出。其中殊值得吾人關切者爲：

一、問責斷層

　　由任務編組的成員共同設定的政策方向，最後成爲法定的政策，並由相關的職司付諸執行。不過，一則由於事先抱持不當樂觀的思維，未能質疑支撐政策主張的假定之合理性或妥當性；二則由於迫於時間、環境及利

害關係人的壓力，常有在倉促之下就作成決定，無暇顧及抉擇方案的風險性，而隱存失靈的基因；三則由於政策本是未來導向，而人類在資訊及認知的限制下，未能完全預測未來運作的演展，乃測不準它的環境效應及解決問題的幅度。是以，在前述三種現象均出現之際，政策失靈就可能相當確定，也要讓主權者承擔一些代價。然而，當利害關係人要追究相關的責任時，由於任務編組可能已因階段性任務業已完成而裁撤，抑或因本質屬於委員會的性質，而無法找到適當問責的對象，發生問責無門或斷層的尷尬。

　　本來在民主政治的運作下，相關職司本要對自身的決策，在財政資源的便用上有無損失，抑或流失一些稅收，無法將其配置到其他任務的成就上；對利害關係人在成本效益的分配上是否公平，有無為富人減稅，增加中產階級的稅賦；在權力的使用，有無發生濫權的情勢，而作出偏頗的決定；在公共目標成就的績效上，是否已達致可以接受的門檻（Behn, 2001），要接受監督單位的問責。不過，在主事者已不存在之際，自然就有問責落差的窘境。

二、兩極發展

　　團隊作成的決定，恐會產生兩種常見的現象，一為團體盲思（group think），即團體對參與成員施加壓力，要其接受或支持已鎖定的政策方向，阻止團體對其他不同的、不尋常的及代表少數的政策見解，進行批判性的評估，以衡酌其對議題處理的攻克力。這樣一來，任務編組的政策選項就至為有限，而大幅妨礙政策績效的勝出。所以，這種盲思本是組織的一項病症，不利於健全政策的發展（Robbins & Judge, 2009）。

　　第二種現象就是團體政策思遷（group shift）的情形，即團體的成員

在討論一套政策方案及決定一項處方之際，他或她會誇大原先所持的政策立場，有時是堅持保守的取向，要求參與者在採行方案之時，要敬謹將事，不得過於倉促或草率；有時則會轉向風險的政策取向，蓋成員於討論之際，每會加深彼此之間的熟悉度，增強彼此壯膽的作為，何況團體決策已稀釋每位成員的責任分擔，更在重視抓住冒險機會的文化支撐下，轉向選擇較具風險性的方案，再觀其後變（Ibid.）。

不過，這種兩極化的發展，均對任務編組的使命完成有所阻礙，前者因為對話的不足，並由優勢者主導方案的選擇，極有可能忽視合理的示警而走向政策失靈之境；而後者由於適度的政策大躍進，難免會承擔一定的後果，非但原本想望追求的願景無法實現，而且會滋生不可承受的重擔，排擠其他政策領域可資配置的資源。

三、轄區入侵

原本政府依據事權專一與任務分工的原則，設立專司的機關，並以最終的績效決定當責的歸屬。不過，在重大議題發生之時，鑑於要處置的議題，因任務的不同，而設在不同轄區內管轄，但為求各政策轄區的行動步調一致，以應一時之需，並祈問題情境得能快速回復原狀，而成立任務編組，期時其各項決定，抑或處置安排，可能有界限延伸或入侵的現象，容易導引各自轄區的界限防守行為，進而發生組織之間的衝突。尤有甚者，原本設定的轄區，可能業已投入其他任務的履踐，而發生兩者任務無法直接相容及接軌的情勢；抑或對政策任務的優先設定有了不同的偏好；同時承擔別的專案，以致於工作的完成有所延宕；兩造之間，對議題或任務的迫切感不一，無法以一致的步調成就任務；何況，兩個組織安排各自對適當的組織角色及領導意見，持有互異的觀點，同心協力恐有所障礙；而運

用任務所要遵行的法律及程序規定，亦大有不同，不易推動毫無罅隙的任務接軌（Starling, 2008）。凡此，因聯合行動所生的複雜性，均大大有礙於績效的提升。

四、變相遊說

主權者只要依規定，有權進行公開透明地遊說有利於己的政策或制度。不過，若有利害關係人被揀選爲任務編組的運作成員，共同商議解決時下備受關注的議題，如有關稅制的改革，恐就有球員兼裁判的嫌疑，且未信守利益衝突迴避的倫理原則。蓋任務編組所作成的各項政策建議，類皆有可能轉化成正式的政策或規制。這代表著受政策或制度範限的人，卻主導政策形成的過程，每每有違程序正義的原則，而最終受益者又是自己，則實質正義也遭到毀損，終究未能顧及整體社會正義的時代要求。

這種因任務編組之成立，並以之作爲影響最終決策的窗口，可以說是變相遊說的現象，不符應追求租稅正義的想望，也會引發主權者對政治系統的不滿。是以，凡是要影響己身利害者，應依照遊說法的管道進行；而政府在成立處理議題的任務編組時，就應做好運作成員的揀選工程，以適格的人員參與，方可增強主權者的政策認同。

五、組織虛擬

相關主事者爲了因應新興而威脅社會平順運轉的議題，及爲表示對議題的重視與關注，乃分別成立不同名稱的任務編組，但由於核心部門原本就有自己的專門任務，盡力爲之就有時間資源匱乏的困境，那有餘裕再留意跨功能部門所打算處置的議題。這種任務衝突的情勢，非但造成原本

的政策轄區，扮演消極被動的勉強合夥人，於議題的處理並未見太大的效益。

　　這種只在意於任務編組的成立，而不關切成立之後的積極運作，顯已與當初成立的初衷背離，而逐步虛擬化。這種虛擬現象的出現，乃意謂著原本的政治判斷有了偏差，只重視應景的作為，並未考量要以實際行動來處置議題。這樣一來，政府的政策威信不易建立，更非優質形象管理的作風。是以，與其任令任務編組的走向虛擬，不如強化原本政策轄區的功能，並以臨時會報的平台，來取得步調一致的因應行動，以免設立有名無實的任務編組，打亂原本習慣的運作模式，但不易有顯著的績效，且無法以績效向主權者進行述職的交待。

六、組織累贅

　　議題的有效處理，要由政策轄區針對問題情境，採取必要而充分的行動，使其得到緩和。於是，光宣布任務編組的設立，但未能投入相關的人力與財力資源，本對議題的處理無濟於事。何況，同時組構功能類似而稱謂不同的任務編組，本非處理議題的萬靈丹，反而會因角色及責任的模糊不清，滋生成員之間的緊張或紛爭。

　　多元不同任務編組的安排，非對議題的處理有了實際的助益，反而增加溝通的交易成本，以及主張衝突的化解代價，而且又因形式主義的作為，而使任務編組快速淪為累贅，甚至是以會養會、疊床架屋的作為，只會增加複合行動的複雜性，延宕立即行動的時間。是以，擁有政治智慧的領航員，在推動領導之輪之際與成就偉大的組織事功之時，不得只仰賴臨時起念的任務編組，而要以有效的政策行動，對抗出現的問題情境。

　　任務編組既然是主事者處理議題而前置的組織性工具，與會成員當然

可能議論出對應之策，而減輕問題情境的蔓延範圍。然而，由於在運作成員的揀選上，主事者如若未能遴選對議題具有專業知識者的參與，而納入只在爭取自身利益的關係人加入，則任務編組所作成的政策建議，就會走向變相遊說的情勢，而扮演準遊說者的角色，乃與其所當扮演的角色不能對稱，而且又未遵守遊說法的相關規定。

再者，任務編組之設立，由於並非零風險，或可免除風險的牽掣，所以在使用這一類工具時，一定要審慎小心，一則要限定處置議題的界限，以免多設累贅而又滋生衝突的編組，而走向牴觸設立任務編組的核心精神；二則由於運作成員的雷同，加上各自時間的有限性，議題同質化的乏趣性，每會導致任務編組的有名無實，無法藉之協助議題之處理，失去設立的意義。

任務編組本要研擬長期性的政策及攸關發展的改革，因而有關短期因應問題情境的刺激手段或誘引工具，主管的政策轄區本就可權宜取捨，作出針對性的回應，不宜由任務編組來背書。是以，負責推動政務者要認清這類組織工具的本質，讓它發揮原本的功能，而避免對之有所扭曲或誤用，反而滋生另外的問題，抑或衍生有礙組織形象的衝突，致使任務編組存續的正當性受到影響。

結　論

任務編組本是因應議題處理而設立的組織性工具，一則要扮演偵測的機制，瞭解、詮釋及析譯問題情境的前因、後果，以及認定遭受風險而需要適時關注的對象；二則要扮演影響者的機制，架構有效的處方或政策建議，並由權責單位將其合法化，再由職司執行的體系，運用第一線的邊界

人員，使其與標的對象互動，完成服務傳輸的任務；三則扮演居中策應的
職能，成為協調及整合行動的中心，減輕聯合行動的複雜性，獲致步調一
致的意識，而邁向緊要議題的處理。嗣經前面四個構面的分析，吾人或可
學習到六項知識啓蒙。

1. 以**專業為導向**：任務編組如將核心任務設定於長期完整的政策規劃，則
要賦與足夠的專業討論空間，不能淪為利害關係人利益爭取的場域，後
者或可循遊說制度，遊說立委進行必要的制度變遷，不要混雜任務編組
的原型功能及運作要旨。

2. 以**諮詢為核心**：任務編組的核心任務之一，本要鎖定政策諮詢的角色，
推動誠摯性對話、知識交流，彼此互動或溝通出對議題處理的政策建
議，並由有權決策者決定，以爭取對應問題的時間。不過，運作成員之
間的同理性傾聽、相互學習、互為導航及視框反省，才能提供優質政策
見解的機會。

3. 以**證據為依靠**：任務編組的成員在提出政策建議時，定要有妥當而合理
的立論，最好以證據或充分的資訊作為基礎，不可對方案抱持過度樂觀
的想像，抑或一廂情願的結果認定。蓋過度樂觀的想像及一廂情願的思
維，均可能促銷政策的抉擇，而隱藏失靈的風險。

4. 以**當責為導向**：任務編組的成員，本於主權者的代理人，在商議解決議
題的對策，抑或消弭聯合行動的複雜執行問題時，必須擁有當責的取
向，就自己所論述或所為的建議，對被代理人回報、解釋、說明及對
成果表示負責。他或她不可隨意背書，抑或掌控結論，而不在意深度的
對話，甚至不安排諸多圈環性的討論會議，大幅壓縮部分成員的議論空
間。

5. 以**揀選為管理**：任務編組之能勝任任務，運作成員的適格最具關鍵性，

所以必須嚴格揀選，不能納入為自己利益爭取的人員，而致任務編組淪為準遊說團體，變質了原本設定的宗旨。而冀想爭取利益者，可以循正當管道，按照既定規範為之，方合乎程序正義，且不致侵犯了分配正義，並做好任務編組的形象管理。

6. **以短期為基礎**：任務編組最好以非正式及臨時性的機制出現，以應付環境巨幅變遷所引起的焦點事件，及因此而發生的議題。是以，平常之際應由政策轄區職司自己範圍內的議題處理，以免受到卸責的質疑。至於以相關法令而組成的跨功能機制，由於是常設的建制安排，不必將其歸類為短期而非正式的任務編組。

任務編組雖為組織處理議題的工具，但並非只是形式設立就認定是議題的最終處理。事實上，組織工具之安排只是解決問題的開始，參與的運作成員絕對要以當責的作風，盡力提出對應議題的方針及策略；在商議研擬過程中，要針對議題處理的討論，而不能涉及自身利益的爭取；要承諾做對的事，不可提出未必妥當合理的假定，而讓決策者選擇錯誤的政策方向；要以行動、付出及投入來展現它的存在，並理出成果來；且不得在依指示成立後，就任它隨勢浮沈。

參考書目

一、中文部分

方衍賓，1992。臺北市政府任務編組組織功能之研究。臺北市政府研究發展考核委員會，研究報告專輯第139號。

任可怡，1986。臺北市政府任務編組之研究。臺北市政府研究發展考核委員會，研究報告專輯第77號。

陳明通，1998。臺北市政府任務編組設立與運作之檢討。臺北市政府研究發展考核委員會，市政建設專題研究報告第278輯。

總統府新聞稿，2008年9月18日。總統宣布設立「財經諮詢小組」。

二、英文部分

Altier, W. J. 1986. "Task Forces—An Effective Management Tool," *Sloan Management Review*: 69-76。

Andersen, N. A. 2008. *Partnerships: Machines of Possibility*. Bristol: The Policy Press.

Ashkenas, R., D. Ulick, T. Jick & S. Kerr. 2002. *The Boundaryless Organizations*. San Francisco: Jossey-Bass.

Bardach, E. 1977. *The Implementation Game*. Cambridge, MA: The MIT Press.

Behn, R. D. 2001. *Rethinking Democratic Accountability*. Washington, D. C.: Brookings Institution Press.

Dealy, T. D. & A. R. Thomas. 2007. *Managing by Accountability*. Westport, CT: Prager.

Dewar, J. A. 2002. *Assumption-Based Planning*. Cambridge: Cambridge Univ. Press.

Dryzek, J. S. & A. Tucker. 2008. "*Deliberative Innovation to Different Effect: Consensus Conferences in Denmark, France, and the United States*," *Public Administration Review*, 68(5): 864-876.

Dunn, W. N. 2007. *Public Policy Analysis*. Uppers Saddle River, NJ: Prentice-Hall.

Fox, C. J. & H. T. Miller. 1995. *Postmodern Public Administration*. Thousand Oaks: Sage.

Galbraith, J. R. 1995. *Designing Organizations*. San Francisco: Jossey-Bass.

Gbikpi, B. & J. R. Grote. 2002. "From Democratic Government to Participatory Governance," in J. R. Grote & B. Gbikpi (eds). *Participatory Governance*. Opladen: Leske Burich.

Hall, J. L. & E. T. Jennings. 2008. "Taking Chances: Evaluating Risk as a Guide to Better Use of Best Practices," *Public Administration Review*, 68(4): 695-708.

Hood, C. C. 1986. *The Tools of Government*. Chatham, NJ: Chatham House.

Hood, C. C. & H. Z. Margetts. 2007. *The Tools of Government in the Digital Age*. NY: Palgrave MacMillan.

Milliken, F. J. 1987. "Three Types of Perceived Uncertainty about Environment: State, Effect, and Response Uncertainty," *Academy of Management Review*, 12(1): 133-143.

Osborne D. & P. Hutchinson. 2004. *The Price of Government*. NY: Basic Books.

Robbins S. P. & T. A. Judge. 2009. *Organizational Behavior*. Upper Saddle River, NJ: Prentice-Hall.

Roberts, N. C. 2002. "Calls for Dialogue," in N. C. Roberts (ed). *The Transformative Power of Dialogue*. Boston: JAI.

Rooney, D. & B. Mckenna. 2008. "Wisdom in Public Administration: Looking for a Sociology of Wise Practice," *Public Administration Review*, 68(4): 709-721.

Schachter, H. L. 1997. *Reinventing Government or Reinventing Ourselves*. Albany, NY: State Univ. of New York Press.

Starling, G. 2008. *Managing the Public Sector*. Boston: Thomson Wadsworth.

Sy, T. & L. S. D'Annunzio. 2005. "Challenges and Strategies of Matrix Organizations: Top-Level and Mid-Level Manager's Perspectives," *Human Resource Planning*, 28(1): 39-48.

國家圖書館出版品預行編目資料

公共政策：本土議題與概念分析／林水波著.
－－初版.－－臺北市：五南, 2011.08
　　面；　公分
ISBN 978-957-11-6318-5（平裝）
1.公共政策
572.9　　　　　　　　　　　100011133

1PM2

公共政策─本土議題與概念分析

作　　　者 ─ 林水波（133.3）

發 行 人 ─ 楊榮川

總 編 輯 ─ 龐君豪

主　　　編 ─ 劉靜芬　林振煌

責任編輯 ─ 李奇蓁　晏華璞

封面設計 ─ P. Design視覺企劃

出 版 者 ─ 五南圖書出版股份有限公司

地　　　址：106台北市大安區和平東路二段339號4樓

電　　　話：(02)2705-5066　　傳　　真：(02)2706-6100

網　　　址：http://www.wunan.com.tw

電子郵件：wunan@wunan.com.tw

劃撥帳號：01068953

戶　　　名：五南圖書出版股份有限公司

台中市駐區辦公室/台中市中區中山路6號

電　　　話：(04)2223-0891　　傳　　真：(04)2223-3549

高雄市駐區辦公室/高雄市新興區中山一路290號

電　　　話：(07)2358-702　　傳　　真：(07)2350-236

法律顧問　元貞聯合法律事務所　張澤平律師

出版日期　2011年8月初版一刷

定　　　價　新臺幣360元